Safi Nidiaye
Das Gott-Experiment

SAFI NIDIAYE

DAS
GOTT
EXPERIMENT

Eine Erfahrung,
die alles verändern kann

INTEGRAL

Verlagsgruppe Random House FSC® N001967
Das für dieses Buch verwendete FSC®-zertifizierte Papier
EOS liefert Salzer Papier, St. Pölten, Austria.

ISBN 978-3-7787-9254-4

Inhalt

Vor welchem Hintergrund dieses Buch entstanden ist .. 9

Wie ich dazu kam, mich mit Gott zu beschäftigen 19

Worum es in diesem Buch geht 29

Teil I – Der Faktor Gott

Gott – der fehlende Faktor? 35

Wer oder was ist Gott? 41

Haben wir Gott über Bord geworfen oder nur unsere
alten Vorstellungen von ihm? 45

Ein neuer Gott muss her oder warum es Zeit ist,
dass wir erwachsen werden....................... 49

Gott für Atheisten 57

Eine revolutionäre Hypothese 62

Teil II – Die alten religiösen Konzepte im Lichte der neuen Hypothese neu verstanden

Religion und Moral 71

Schuld, Strafe, Karma.......................... 76

Himmel und Hölle............................. 82

Liebe als Gebot 89

Das Heilige................................... 94

Teil III – Wege zur Wahrheit

Glaube als Weg 101
Die alten Überzeugungen entmachten.............. 108
Meditation oder das Einschalten der Bewusstheit 119
Körperzentrierte Herzensarbeit – Alltägliche Probleme als
Ausgangspunkt für den Weg 124
Gebet 140
Spirituelle Übungen 146

Teil IV – Dialoge mit Gott

Gesprächspartner Gott.......................... 151

Teil V – Das Experiment

Einführung.................................... 185
Die Vorbereitungsphase 189
Die Gestaltung der Übungszeit 203
Die Übungszeit 240
Berichte der Teilnehmer des Vorexperiments.......... 243

Teil VI – Auf dem Weg

Schritt für Schritt für Schritt 271
Vertrauen 277
Präsenz....................................... 282
Unglück muss kein Unglück sein 292
Übung, Disziplin und der Weg zu Gott 297

Danksagung 299
Quellen und Literatur 300
Anmerkungen................................. 305

Es wechseln immer wieder drei Generationen. Eine findet den Gott, die zweite wölbt den engen Tempel über ihn und fesselt ihn so, und die dritte verarmt und holt Stein um Stein aus dem Gottesbau, um damit notdürftig kärgliche Hütten zu bauen. Und dann kommt eine, die den Gott wieder suchen muss.

Rainer Maria Rilke[1]

Vor welchem Hintergrund
dieses Buch entstanden ist

*In einer nicht allzu fernen Zukunft kann auch in einer für
die modernen Menschen ganz verständlichen Form wieder
von diesen grundsätzlichen Fragen gesprochen werden ... so,
dass nicht nur ein Mensch unseres christlichen Europas,
sondern auch ein Japaner oder Chinese oder Afrikaner
versteht, was gemeint ist. Inhaltlich wird kaum etwas
anderes gesagt werden können, als was bisher in der christlichen Religion gemeint war oder im Buddhismus oder in den
chinesischen Philosophien ... Denn es handelt sich ja auch
hier letzten Endes um einen für uns alle gemeinsamen
Bereich der Wirklichkeit.*

Werner Heisenberg[2]

Wir leben in einer Zeit allgemeiner Verunsicherung. Anders als
in früheren Zeiten, als man nur seine kleine Welt überblickte,
werden wir heute über Konflikte und Katastrophen aus allen
Ecken und Enden unserer Welt informiert. Zugleich wird auch
unsere eigene Welt, die Welt, die wir direkt erleben, von Krisen,
Umweltproblemen und Naturkatastrophen bedroht. Unser Verstand ist hoffnungslos überfordert mit dem Versuch, einen
Über- oder Durchblick zu haben, um unser eigenes Leben intelligent zu planen und für die Welt unserer Kinder vorzusor-

gen. Mehr denn je ersehnen wir etwas, das über die Reichweite unseres Verstandes hinausgeht, etwas, das uns leitet, an das wir uns halten können und das uns verstehen hilft, wozu wir hier sind. Früher dienten uns die heiligen Schriften und die Kirchen dazu. Heute sind wir mit dem, was sie uns bieten, nicht mehr zufrieden. Laut Umfrage der Zeitschrift »Stern«[3] bezeichnen sich zwar 70 % der Deutschen als religiös, gleichzeitig wenden sich so viele von den Kirchen ab, dass man damit rechnen kann, dass etwa 2025 die Mehrheit der Deutschen keiner Kirche mehr angehören wird. In anderen europäischen Ländern dürfte das Verhältnis ähnlich sein. Gleichzeitig stellt man fest, dass das Bedürfnis nach Religion immer größer wird. Wir fühlen, dass uns ohne Religion – das Wort bedeutet Rückverbindung – etwas Wesentliches fehlt. Auch wächst in einer Welt, in der alles von wirtschaftlichen Interessen dominiert wird und Betrug und Selbstbetrug zu einer allseits akzeptierten Selbstverständlichkeit geworden ist, das Bedürfnis nach dem Echten, Wahren, Schönen, dem Heilen und Heiligen.

Ein erwachsener Umgang mit Gott … und der Welt

Der Umgang mit Gott, wie er uns einst vermittelt wurde, erscheint uns heute eher kindlich. Es wird von uns verlangt, etwas zu glauben, das wir nicht aus eigenem Erleben erkannt haben, und Gesetze zu befolgen, die irgendjemand vor langer Zeit in einem ganz anderen gesellschaftlichen, regionalen und historischen Kontext erlassen hat. Mit dieser Art von Religion können die meisten Menschen nicht mehr viel anfangen. Was wir brauchen, ist eine echte Rückverbindung mit unserem Ursprung, unserer Wahrheit, dem Kern unseres Wesens, dem Zweck unseres Daseins. Vielleicht sind wir heute reif für einen erwachsenen

Umgang mit der Instanz, die wir Gott nennen. Vielleicht ergibt sich aus einem erwachsenen Umgang mit Gott auch ein erwachsener Umgang mit der Welt – und möglicherweise ist es genau das, was gebraucht wird, um sie zu retten. Der amerikanische Wissenschaftler Stuart Kauffmann sagte 2010: »Wir stehen vor einer einzigartigen Herausforderung. Die Welt wächst zusammen zu einer globalen Zivilisation. Wenn wir die Weltkulturen jedoch verschmelzen wollen, brauchen wir etwas jenseits unserer säkularen Interessen, das wir alle teilen können. Dafür brauchen wir den Begriff des Heiligen. Der Mensch hat immer etwas gebraucht, was jenseits des ihm Begreiflichen stand.«[4]

Gruppen, Sekten, Lehrer: Misstrauen und Unsicherheit

Viele spirituelle Schulen, die aus fremden Kulturkreisen in unsere westliche Welt importiert und an unser Verständnis angepasst wurden, ebenso wie neue, die in unserem eigenen Kulturkreis entstanden sind, bemühen sich darum, uns zu einer solchen Rückverbindung zu verhelfen. Durch die vielen Angebote moderner Spiritualität haben wir heute alle die Möglichkeit, die größere geistige Realität, von der wir ein Teil sind, selber zu erforschen, anstatt einfach einem aufoktroyierten oder blindlings übernommenen Glauben zu folgen. Doch muss man sich einer Gruppe oder einem Lehrer anschließen, um diese Forschung erfolgreich durchführen zu können?

Da ich selber das Glück hatte, großartigen spirituellen Lehrern begegnet zu sein, kann ich nur sagen, dass dies für mich von entscheidender Bedeutung war. Die Frage, ob es auch ohne Lehrer geht, kann ich daher nicht aus eigener Erfahrung beantworten. Aber ich stelle fest, dass mit dem allgemeinen Anwachsen des Bedürfnisses nach Religion und Spiritualität das Vertrauen in spirituelle Gruppierungen und Gurus schwindet. Viele Menschen sind auf der Suche und sehnen sich nach Hinweisen, die ihnen helfen können, möchten sich aber nicht gleich einer bestimmten Richtung anschließen oder befürchten, in das enge Raster einer Sekte gepresst zu werden.

Die Suche nach der Wahrheit oder Gott ist nichts, was ausschließlich im Kopf stattfindet. Nur wenn wir mit dem ganzen Wesen dabei sind, können wir fündig werden. Es nützt wenig, von der Existenz Gottes überzeugt zu sein oder an Ihn oder Sie zu glauben, wenn diese Überzeugung oder dieser Glaube nicht auch zur Grundlage unseres Denkens, Fühlens und Handelns wird und uns verwandelt. Um noch einmal Werner Heisenberg zu zitieren: Alle Religion, schreibt er, beginne mit einem religiösen Erlebnis. Dies könne darin bestehen, dass uns auf einmal der Sinn des Lebens klar wird, oder dass wir Gott gegenüberstehen oder eine höhere Welt in unser Bewusstsein einbricht. Heisenberg betont, dass »nach derartigen Erlebnissen, die nicht unserem Willen unterworfen sind, das Empfinden einer Verpflichtung bleibt, die das ganze Leben anhält. Wer wirklich im Lauf des Lebens diese Verpflichtung vergessen sollte und ihr gegenüber gleichgültig wird, der hat den Zugang zum wertvollsten Teil des menschlichen Erlebens verloren.«[5]

Entdecken durch Tun: Nehmen Sie teil an einem Experiment

Ich biete in diesem Buch eine Möglichkeit, sich der Realität, die mit dem Namen »Gott« bezeichnet wird, auf praktische und konkrete Weise zu nähern, nämlich in Form eines Experiments. Ich stelle keinerlei Behauptungen auf, werde aber einige Auffassungen von dem, was unter »Gott« zu verstehen ist, vorstellen, die dem Menschen unserer Zeit mehr entsprechen als der alte Gott unserer Kindheit. Diese Auffassungen werden Sie für das Experiment, zu dem ich Sie einlade, nutzen können: Sie werden sich diejenige aussuchen, die Sie am meisten anspricht, um sie dann für eine vorher von Ihnen festgelegte Übungszeit Ihrem Leben, Handeln, Denken und Fühlen als Hypothese zugrunde zu legen. Danach geht es darum, so nüchtern und objektiv wie möglich zu beobachten und aufzuzeichnen, was geschieht, wenn Sie sich so verhalten, als handle es sich bei dieser Auffassung nicht eine Annahme, sondern um eine bewiesene Wahrheit. Wenn es Gott gibt und unsere Hypothese[6] der Wahrheit auch nur annähernd entsprechen sollte, dann muss es einen gewaltigen Unterschied machen, ob wir SIE (Sie/Ihn/Es) in unser Denken, Handeln, Fühlen einbeziehen oder nicht. Ja, wir müssten eigentlich entdecken, dass es *der* entscheidende Faktor ist. Der, ohne den unser Leben vergleichsweise armselig, unser Selbstbild falsch und unser Verständnis der Welt und des Lebens gleich Null ist.

Interessant ist hier also nicht die Frage, ob Gott existiert oder nicht und ob die verwendete Grundannahme wahr ist oder nicht, sondern wie es sich auswirkt, wenn wir so tun, *als ob sie wahr wäre*.

Vielleicht gibt es keine feststehende Antwort auf die Frage, ob Gott existiert, aber indem wir so tun, als ob Er/Sie tatsächlich existiert, und uns entsprechend verhalten, *wird* Er/Sie – durch uns – zur Realität. Und existiert somit tatsächlich.

Ein Experiment, das Emotionen aufrühren wird

Das klingt in manchen Ohren vielleicht ketzerisch (auch wenn Sie eine ähnliche Auffassung bei einem katholischen Priester, Teilhard de Chardin, finden werden, der von der »Menschwerdung Gottes« spricht).[7] Ich mache Sie gleich darauf aufmerksam, dass die Lektüre des vorliegenden Buches und die Durchführung des Experiments wahrscheinlich viele Emotionen in Ihnen wecken werden. Diese Emotionen bewusst wahrzunehmen ist ein wichtiger, ja sogar unverzichtbarer Teil der Übung. Dabei könnten sich gerade die unliebsamen Emotionen als Wegweiser zu unserem Ziel – der Wahrheit oder Gott – erweisen. Ich werde Ihnen daher – als eine der wichtigsten Übungen – eine Methode an die Hand geben, die Ihnen helfen wird, auf konstruktive Weise mit den auftauchenden Gefühlen umzugehen. Diese Methode ist die – vielen bereits bekannte – Körperzentrierte Herzensarbeit.[8]

Kann man den Weg ohne Lehrer gehen?

In vielen, wenn nicht allen spirituellen Traditionen meint man, es sei unmöglich, den Weg zur Wahrheit zu gehen, ohne einen lebenden Lehrer zu haben, dem man persönlich begegnet; auch ich neige, aus meiner eigenen Erfahrung, zu dieser Auffassung. Die Rolle eines spirituellen Lehrers oder Mentors besteht ja nicht nur darin, Lehren und Techniken zu erklären; dann würde es ja genügen, ein Buch zu lesen. Das Wichtige an einem Lehrer ist sein Vorbild und die Wirkung, die seine Ausstrahlung, seine Stimmung, seine Haltung – die seine innere Erkenntnis reflektieren – auf uns haben, sowie die Liebe, die er durch sein liebevolles Wesen in den Schülern weckt und die die harte Schale ihrer Herzen aufbricht. Er/sie dient als Brücke zum Unendlichen, Gestaltlosen, Unwägbaren, da er oder sie einen Teil dieser unfassbaren Realität selber bereits entdeckt und verwirklicht hat. Ohne gottbewusste oder gottverwirklichte Menschen hätten wir keine Ahnung, wer oder was Gott überhaupt sein und wie das Ziel der Reise aussehen könnte. Wie der große

Sufi-Heilige Hazrat Inayat Khan sagte, ist es in den Menschen, die gottbewusst sind, dass Gott Wirklichkeit wird, so dass er nicht mehr nur eine Vorstellung ist: »Es ist im Menschen, dass die göttliche Vollkommenheit gesehen werden kann. Der Mensch bringt einen lebendigen Gott auf die Welt, der ohne dies im Himmel bleiben würde.«

In manchen spirituellen Kreisen herrscht heute jedoch die Auffassung, die Zeit der Propheten, Meister, Gurus sei vorbei. Heute, so heißt es oft, entdecken wir den Propheten oder Meister in uns und nicht außerhalb von uns. Das ist es, was als »Christusbewusstsein« bezeichnet wird: Die Wiederkunft Christi geschieht nicht in einer neuen Inkarnation, sondern als ein Erwachen, das in unser aller Bewusstsein stattfindet.[9] (Das gleiche kann man vielleicht über Buddha oder Mohammed sagen.) Doch wenn wir keinen Menschen kennen, der den Weg schon gegangen ist, fehlt uns der Kompass und wir verlieren uns leicht in unserer Suche oder laufen Gefahr, Täuschungen zu erliegen.

Sich inspirieren lassen von den geistigen Pionieren

Die alten Mystiker – Yogis, die Jahrzehnte meditierend in einer Höhle im Himalaja zubrachten, Sufis und christliche Mystiker, die ihr ganzes Leben der Gottsuche und -verwirklichung widmeten, Buddha, Lao Tse und all die anderen – haben Pionierarbeit geleistet, indem sie Wege angelegt haben, so wie man Loipen für die Skilangläufer in den Neuschnee legt. Wir müssen also nicht alles neu erfinden. Wir können die Wege benutzen, die sie angelegt haben, und uns von ihnen inspirieren lassen. Somit könnte es sein, dass es heutzutage nicht unbedingt ein lebender Lehrer sein muss, den wir als Vorbild oder Inspiration

benutzen. Auch ein verstorbener Meister, Prophet oder Heiliger[10], zu dem man sich hingezogen oder mit dem man sich verbunden fühlt, könnte diesen Zweck erfüllen. Etwas vom Wesen,
von der Stimmung, von der Erkenntnis eines gottbewussten,
verwirklichten Meisters oder einer Meisterin strahlt auch durch
seine (oder ihre) Worte hindurch, und daher werde ich Ihnen in
diesem Buch viele Zitate solcher Menschen zur Verfügung stellen. Die einen werden Sie kalt lassen, die anderen werden Sie
berühren, und letztere können Sie als Wegweiser nutzen.

Ich schreibe dieses Buch für alle, die sich zwar nach einer höheren Realität sehnen, aber mit dem alten Gott nichts mehr anfangen können, die Gott seit langem gekündigt haben, die gott-
los aufgewachsen sind und eine leise Sehnsucht oder auch
einfach Neugier nach dem Göttlichen verspüren, die Gott weg-
gelegt haben wie ein altes Kinderbuch, die Gott suchen, die einfach verzweifelt sind und nach egal welcher Medizin greifen,
selbst wenn sie Gott heißt, die sich von Gott angezogen fühlen
wie die Motten vom Licht, und auch für diejenigen, die nichts
von Gott halten und die doch irgendein unterschwelliger Sog
veranlasst, dieses Buch zu lesen. Vor allem aber schreibe ich es
für alle, die seit langem auf einem religiösen oder spirituellen
Weg sind, aber das Gefühl haben, dass ihnen noch etwas Wesentliches fehlt, um zu Verständnis und Verwirklichung im ganz
normalen Leben zu gelangen, und zwar ohne Selbstvergewaltigung. Ich schreibe es auch für mich selber, meinen Mann, meine
Freunde und für alle meine Schüler auf dem Weg der Körperzentrierten Herzensarbeit[11], für die dieses Buch eine Herausforderung darstellen mag oder eine willkommene Erweiterung ihrer Perspektive. Vor allem aber schreibe ich es für den Einen, der
sich danach sehnt, gesehen, gefunden, entdeckt und gebraucht
zu werden – für Gott. Nicht dass Er dieses Buch bräuchte. Er
hat ja schon die Bibel und den Koran und Rilke[12]... Aber ist es

nicht Er, der mir seit Jahren in den Ohren liegt mit der Auffor-
derung, dieses Buch zuschreiben?

Apropos »Er«: Von Gott ausschließlich als »Er« zu reden, ist
nicht angemessen, da die Hälfte aller Lebewesen weiblich ist
und somit ganz sicher auch die Hälfte von Gott. Ich fand, wit-
ziger Zufall, für den Akkusativ »Sie/Ihn/Es« das Kürzel »SIE«
und für den Nominativ »Er/Sie« die Abkürzung »ES«. Für die
übrigen Fälle bleibe ich bei der männlichen Form: »Sein« und
»Ihm«. Die Pronomina für Gott sind im gesamten Text männ-
lich, weiblich und sächlich (er, sie, es). Letzteres entspricht der
Auffassung von Gott als etwas Abstraktem, nicht Personifizier-
tem – das Tao beispielsweise oder das Selbst oder das Leben.

Das Experiment, zu dem ich Sie später einlade, habe ich selber durchgeführt und eine Handvoll Freunde und Freundinnen
vorweg eingeladen, es zeitgleich mit mir durchzuführen und
mir davon zu berichten. Ihre Berichte, die Sie in einem späteren
Kapitel nachlesen können, waren mir wichtig um herauszufinden, ob das Experiment so, wie ich es angelegt hatte, sinnvoll ist.

Handwerkszeug Körperzentrierte
Herzensarbeit

Die Körperzentrierte Herzensarbeit ist ein zentrales Instrument auf dem Weg, den Sie mit Hilfe dieses Buches gehen können. Ich habe sie zu Beginn der 1990er-Jahre auf der Grundlage
von Intuition und Zen-Meditation entwickelt und seitdem
ständig angewandt, gelehrt und verfeinert. Sie ist vielen von Ihnen bereits bekannt, aber für alle, die sie nicht kennen – oder die
ihre Kenntnis hier auffrischen möchten –, beschreibe ich sie in
diesem Buch erneut, und zwar nicht erst im Praxisteil, sondern
schon ziemlich früh, da Sie sie bereits bei der Lektüre brauchen
können, um mit den auftauchenden Gefühlen in einer Weise

umgehen zu können, die den Zweck der Reise unterstützt, und auch, um manche meiner »Dialoge mit Gott« besser verstehen zu können.

Die Gottesvorstellungen, die ich Ihnen hier präsentiere, basieren unter anderem auf den ursprünglichen Inspirationen der großen Religionsgründer sowie auf den Erkenntnissen von Mystikern aller Zeiten und von großen Naturwissenschaftlern unserer Epoche. Einen kurzen Bericht über meinen spirituellen Hintergrund finden Sie im nächsten Kapitel.

Wie ich dazu kam, mich mit Gott zu beschäftigen

Meine Eltern waren »bekenntnislos«. Den Religionsunterricht in der Schule durfte ich daher schwänzen. Im Alter von 14 Jahren hatte ich mein erstes religiöses Erlebnis. Ich weiß nicht, was mich überkam, aber auf einmal spürte ich, dass es so etwas gab wie eine überirdische Schönheit und Liebe, die irgendwie mit Christus zusammenhing. Ich beschloss, in eine Religionsgemeinschaft einzutreten. Seltsamerweise überlegte ich, ob das Christentum, Islam oder Buddhismus sein sollte. Die schönen blauen Augen des Pastors gaben den Ausschlag: Ich ließ mich taufen.

Mit achtzehn trat ich wieder aus der Kirche aus. Das war die Phase, in der ich wie die meisten Gleichaltrigen damals gegen alles war, insbesondere gegen Institutionen. Außer gelegentlichen »religiösen Anwandlungen«, wie ich das nannte, vergaß ich die Religion wieder.

Mit der Liebe trat die Angst vor Trennung durch Tod in mein Bewusstsein, und ich begann mich für die Frage zu interessieren, ob das Leben nach dem Tod weitergeht. Fords »Bericht vom Leben nach dem Tode« fiel mir in die Hände, und das war der Beginn einer intensiven Beschäftigung mit der Esoterik, dem inneren Weg. Durch diese kam Gott wieder in mein Blickfeld. Aber das war ein etwas anderer Gott als der kirchliche. Weniger streng, weniger dogmatisch, freier und großherziger.

Nachdem ich mich durch Berge von Literatur gearbeitet hatte, stellte ich fest, dass Lesen mir nicht reichte. Es war hochinteressant gewesen, ich hatte die Bücher geradezu verschlungen, aber es hatte weder mich noch mein Leben verändert.

Ich beschloss also, mich auf einen spirituellen Weg zu begeben und meditieren zu lernen. Mein erster Lehrer war Swami Hariharananda Giri, der indische Nachfolger von Yogananda[13] (Kriya Yoga). Von ihm lernte ich, »einen Teil der Aufmerksamkeit immer bei Gott zu lassen«, wobei er diesen in der einfachen, etwas kindlichen Sprache, die er für uns unwissende Westler verwendete, an einem Punkt hinter der Stirn lokalisierte. Genau in der Mitte zwischen den Ohren. Das war ganz hilfreich, denn ohne diese Ortsangabe hätte ich mit der Anweisung, immer an Gott zu denken, nicht viel anfangen können. Wie denkt man an Gott? Was soll man da denken: Oh Gott, oh Gott? Oder was? Ich lernte Atemübungen, Körperübungen und Mantras. Letztere halfen mir sehr, eine extrem schwierige Lebenssituation zu bewältigen.

Durch Rhea Powers, eine spirituelle Lehrerin aus den USA, lernte ich die New-Age-Auffassung von der Göttlichkeit unseres Wesens kennen, verbunden mit einem sehr modernen, amerikanischen Stil – humorvoll, liebevoll, leicht. Bald entdeckte ich die Fähigkeit, mit höheren Ebenen des Bewusstseins in Kontakt zu treten. Ich entdeckte in mir das Ich mit dem großen I, das eine Ich in allen. Besonders intensiv arbeitete ich daran, mit Hilfe der Erkenntnisse, die ich aus dieser Entdeckung ableitete, mein damals größtes Problem zu lösen: Geldmangel und einen Schuldenberg. Ich wollte sozusagen Gott zu Geld machen. Bis zu einem gewissen Grad gelang mir das auch, wenn auch unter Umkehrung der Reihenfolge. »Gott statt Geld« brachte schließlich Geld.[14]

Ich beschäftigte mich eine Zeitlang mit positivem Denken und begann mit Affirmationen zu experimentieren. Das sind Sätze, die man ständig wiederholt, um sein Unterbewusstsein positiv umzustimmen. Ich benutzte hierfür nicht irgendwelche Sätze, die ich gelesen hatte, sondern Erkenntnisse, die mir selber in tiefer Meditation zuteil geworden waren, und dennoch ging es gründlich schief. Sagte ich mir »Ich bin unendliche Fülle und grenzenloser Reichtum« (durchaus eine Realität auf einer höheren Ebene), so protestierte etwas in mir: »Ach ja, und wieso kannst du dir dann noch nicht einmal ein richtiges Essen leisten?« Die Diskrepanz zwischen meiner Realität und den positiven Aussagen – die im alltäglichen Bewusstseinszustand lediglich Behauptungen waren – machte mich ebenso verrückt wie der Abgrund, der zwischen den positiven Gefühlen, die ich damit zu erzeugen versuchte, und meinen wahren Gefühlen klaffte. (Damals war die Methode der Körperzentrierten Herzensarbeit noch nicht entwickelt, die mich befähigt hätte, beides zu vereinbaren.) Ich merkte, dass ich mich mehr und mehr spaltete, und gab es schließlich ganz auf.

Da ich zur Radikalität neigte, warf ich mit dem positiven Denken gleich alles über Bord, was ich je auf spirituellem Gebiet gelesen, gehört, gelernt und mir als Überzeugung angeeignet hatte. Ich machte Tabula Rasa. Alles erschien mir plötzlich falsch. Ich war entschlossen, noch einmal von Punkt Null[15] anzufangen. Ab sofort wollte ich nichts mehr voraussetzen, nur noch wahrnehmen – ganz nüchtern und objektiv. Keine Lehre interessierte mich mehr. Meine Meditation war nur noch Zen. Objektiv, nüchtern, präsent: wahrnehmen, wahrnehmen, wahrnehmen. Folgte ich einer geführten Meditation bei einem geistigen Lehrer, so hörte ich mit kritischen Ohren zu. Äußerte er eine Überzeugung, so erkannte ich sie als Überzeugung und wies sie innerlich von mir. Nur noch wahrnehmen. Gedanken als Gedanken wahrnehmen.

Es war erfrischend. Ich liebte Zen. Was für eine Offenbarung zu entdecken, dass man mit seinen Gedanken nicht identifiziert sein muss, sondern sie einfach wahrnehmen kann! Diese Entdeckung wurde später zur Basis der Körperzentrierten Herzensarbeit. Ich liebte alles, was mit Zen zu tun hatte. Die Haltung. Die Achtsamkeit. Die Künste. Die Schlichtheit. Die Schriften, von denen ich allerdings kein Jota verstand. Jedoch, es fehlte mir etwas.

Schließlich begegnete ich dem Meister, der rund zwanzig Jahre lang (bis zu seinem Tod im Jahre 2004) mein Lehrer sein sollte, Pir Vilayat Khan. Er war ein universaler Geist, mit nie ermüdender Experimentierfreude und Begeisterungsfähigkeit und zugleich einem nüchternen und scharfen Verstand. Pir Vilayat Khan war Oberhaupt eines interreligiösen und internationalen Sufi-Ordens, Sohn und Nachfolger des großen indischen Sufi-Meisters Hazrat Inayat Khan, der zu Beginn des 20. Jahrhunderts die Sufi-Lehre und die Idee der Einheit aller Religionen in den Westen gebracht hatte. Pir Vilayat Khan war tief eingeweiht nicht nur in seine eigene spirituelle Schule, den Sufismus, sondern auch in die Lehren des Buddha, in das Christentum, das Judentum, die Religion Zarathustras, in Yoga und Vedanta sowie in Philosophie, Psychologie, Musik und in die Geheimnisse der modernen Naturwissenschaft. Er verstand es, die Botschaft der Propheten und Meister der Weltreligionen und verschiedenen spirituellen Traditionen für uns Heutige verständlich und den Geist dieser Meister so lebendig zu machen, als seien sie anwesend. Durch ihn begann ich das, was ich in christlichen, yogischen und buddhistischen Zeiten praktiziert, aber nicht verstanden hatte, zu begreifen. Er war es, von dem ich die Bedeutung der Phasen der katholischen Messe erfuhr, von dem ich lernte, dass Buddha entgegen der gängigen Meinung doch über Gott gesprochen hatte, welchen Zweck Atemübungen haben und warum Licht der Schlüssel zum Erwachen ist. Und bei ihm fand ich auch die Elemente, die mir gefehlt hatten: das Feuer des Herzens, die himmlischen Ebenen, ein Verständnis für den Sinn des Ganzen.

Zu Beginn der 1990er-Jahre – ich hatte meine journalistische Karriere[16] an den Nagel gehängt und begonnen, spirituelle Trainingsgruppen und Meditationen zu leiten und Bücher zu schreiben – begann sich aus meiner damals ausschließlich von Intuition geleiteten Arbeit mit mir und anderen eine Methode herauszukristallisieren, die ich schließlich zu lehren und in Büchern darzustellen begann. Ich nannte sie »Körperzentrierte Herzensarbeit«, weil sie mit der Körperwahrnehmung beginnt und bei der Öffnung des Herzens endet. Ihre Basis ist die nüchterne und objektive Wahrnehmung, wie man sie in der Zen-Meditation übt. Ihre Elemente entstanden aus konzentrierter Beobachtung, geleitet von Intuition. Die Ebene des Herzens, die sozusagen den krönenden Abschluss bildet, hatte ich bei den Sufis kennengelernt. In ihrer Essenz ist die Methode nichts weiter als die schrittweise Wiederherstellung eines eigentlich natürlichen Zustandes. Es geht darum, die eigenen Gefühle und die anderer bewusst und mit offenem Herzen wahrzunehmen.

Diese Methode wurde mir zum wertvollen Begleiter auf meinem spirituellen Weg, zeitweise sogar zum Weg selbst. Mit ihrer Hilfe gelang es mir endlich, eine Brücke zu bauen zwischen den hohen inneren Erlebnissen, die ich in Meditationen und Retreats[17] kennengelernt hatte, und meiner alltäglichen Persönlichkeit. Ich hatte den Eindruck, etwas entdeckt zu haben, das jeder brauchen kann, der sich auf dem spirituellen Weg – welcher auch immer es sei – befindet: eine Technik, die hilft, sich seiner Gefühle bewusst zu werden; sein Herz zu öffnen; die Fähigkeit neutraler und bewusster Wahrnehmung zu entwickeln und somit eine Plattform zu haben, von der aus man die Reise des Erwachens mit nüchterner Bewusstheit antreten kann, ohne sich in Fantasie oder Spinnerei zu verlieren, ohne seine momentanen Erkenntnisse in bleibende Überzeugungen zu verwandeln und vor allem auch, ohne seine Emotionen zu verdrängen, weil man einem spirituellen Ideal entsprechen will.

In den Jahren, die folgten, konzentrierte ich mich hauptsächlich auf die Körperzentrierte Herzensarbeit, die mir ein anderer Weg zu sein schien als der Sufi-Weg, diesen aber ergänzte. Jedoch, nach der Entdeckung des »entscheidenden Schrittes«[18] merkte ich, dass ich auf meinem eigenen Weg zu dem gleichen Ergebnis gelangt war wie die Sufi-(und andere)Mystiker: zu der Entdeckung, dass unser Leben eine Gelegenheit ist, die göttlichen Qualitäten zu verwirklichen und somit Gott zu einer Realität zu machen.

Einen wichtigen Beitrag zur Realisation des vorliegenden Buches leistete meine schwierige Lebenssituation. Ungefähr zu Beginn des neuen Jahrtausends hatte ich begonnen, ein körperliches Leiden zu entwickeln, das Folge der damals beginnenden explosionsartigen Ausbreitung des Mobilfunks war. Wie sich nach langer Forschung herausstellte, litt und leide ich noch immer an »Elektrosensibilität«. Was in meinem Fall bedeutet[19], dass was auch immer ich tue – sei es schlafen, ruhen, meditieren, arbeiten – zu unvorhersehbaren Zeiten bei Tag und bei Nacht durch heftige »Funkattacken« (so nenne ich es, wenn mein Körper auf künstliche elektromagnetische Felder reagiert) unterbrochen wird, auf die der Körper mit starken Symptomen reagiert. Eben wann immer es in meiner direkten oder weiteren Umgebung aktive Handys, WLAN, Antenne-zu-Antenne-Verbindungen, Schnurlostelefone oder sonstige funkende Phänomene gibt. Tiefschlaf und tiefe Meditation waren nicht mehr möglich. Die Folge war permanente Müdigkeit, Überforderung, Stress und diverse Krankheitssymptome. Geistige und körperliche Disziplin, wie ich sie bis dahin gepflegt hatte, war nicht mehr möglich. Gemeinsam mit meinem Mann, der ebenfalls elektrosensibel ist, begann eine abenteuerliche Odyssee, die Suche nach einem funkgeschützten Platz zum Leben, die uns durch verschiedene Länder führte und uns einige Male mit dem (Beinahe-)Tod konfrontierte.

Zum Glück hatten wir die Körperzentrierte Herzensarbeit, so dass wir den Emotionen wenigstens nicht ausgeliefert waren, die dieser drastische Wechsel in ein Wanderleben in uns weckte – ein Leben, in dem wir alles hinter uns lassen mussten: Land, Freunde, Möbel, Bücher, überhaupt alles Feste und Gewohnte, da wir immer wieder Hals über Kopf in lebensbedrohlichem Funkstresszustand unsere Zelte abbrechen mussten; ein Leben, in dem wir ohne Handy und WLAN trotzdem überall, wo die Suche uns hinführte, weiter mit Hilfe von Telefonzellen und Internetbüros unseren Beruf ausüben und »funktionieren« mussten; ein Leben, in dem guter Schlaf eine Seltenheit und Wohlbefinden eine ferne Erinnerung geworden war und wir überdies nicht mehr am gesellschaftlichen und kulturellen Leben teilnehmen und uns nicht mehr in Städten und kaum noch in Städtchen aufhalten konnten.[20] Mit Hilfe der Herzensarbeit gelang es uns, trotz aller Gefühle von Ohnmacht, Wut, Stress, Panik, Todesangst, Aggressivität, Trauer, Aussichtslosigkeit, Depression, Selbstmordanwandlungen unsere Herzen offen zu halten und immer wieder zu wunderbaren Erkenntnissen zu gelangen und neue Entwicklungsschritte zu machen.

Mein spirituelles Weltbild bekam allmählich Risse. Konnte ich früher meine durch viel Meditation und Übung erworbenen geistigen Erkenntnisse mit einer gewissen Mühelosigkeit anwenden, um Lebenssituationen zu ändern und Körpersymptome zum Verschwinden zu bringen, so war dies auf einmal nicht mehr möglich. Nichts half mehr. Die alten Überzeugungen, die ich mir in Zeiten des spirituellen Höhenflugs angeeignet oder aus meinen Erfahrungen mit der Herzensarbeit abgeleitet hatte, hielten der neuen Realität nicht stand. Ich erkannte, wie leichtfertig ich früher manchmal Menschen gesagt hatte: »Du musst einfach grünes Licht visualisieren« oder: »Stell dich in einen Schutzkreis« und dergleichen. Und wie unüberlegt ich aus meinen Erfahrungen mit der Körperzentrierten Herzensarbeit geschlossen hatte, jedes körperliche Leiden sei grundsätzlich die Verkörperung einer Emotion; man müsse nur seine Emotionen ins Bewusstsein holen, und schon würde das Symptom verschwinden. So hatte ich es bei mir selber Hunderte von Malen erlebt und Tausende von Malen bei Klienten und Seminarteilnehmern. Hier war ich wieder einmal gezwungen, mich aus der Identifikation mit liebgewonnen Überzeugungen zu lösen und erneut bei Punkt Null anzufangen. Obwohl ich es als beängstigend, traurig und fast vernichtend empfand, war mir sofort klar, dass dies ein Fortschritt war.

Nach und nach erkannte ich, dass ich mich hier nicht nur mit einem persönlichen Problem herumschlug, wie ich erst gedacht hatte, nach dem Motto: »Du leidest, weil du deine Hausaufgaben nicht gemacht hast«, sondern mit einem kollektiven. Wir begegneten anderen Menschen, die das gleiche Problem hatten. Menschen, die nicht mehr wussten wohin. Die versucht hatten, in Höhlen zu leben, oder die nur noch im Wohnwagen herumzogen. Wir forschten. Wir studierten wissenschaftliche Untersuchungen, befragten Umweltmediziner. Ergebnis: Nicht nur die nach amtlichen Angaben 5 bis 10 Prozent »Elektrosensiblen« leiden unter dem Überhandnehmen der künstlichen elektromagnetischen Felder, sondern alle Menschen und auch die Natur. Wir begannen beunruhigende Veränderungen an unseren Mitmenschen wahrzunehmen[21], während zugleich die allgemeine Besorgnis wegen Klimawandel, Naturkatastrophen und wirtschaftlicher Krise zunahm.

In dieser Phase tauchte plötzlich »der Faktor Gott« in meinen Gedanken auf. Erst verstand ich das so, dass ich diesen »Faktor« wieder mehr in mein Leben und Denken einbeziehen sollte. Aber immer wenn dieser Begriff auftauchte, verband er sich mit dem Gedanken, ich müsse ein Buch zu diesem Thema schreiben. Diesen Gedanken schob ich drei Jahre lang zur Seite. Wie kann man – wie kann ich – ein Buch über Gott schreiben? Das haben schon wesentlich weisere und klügere Menschen als ich unternommen. Aber der Gedanke drängte sich hartnäckig immer wieder auf. Wenn ich auch keine Ahnung hatte, wovon dieses Buch handeln sollte, war mir doch sofort klar, dass der »Faktor Gott« heute dringender gebraucht wird denn je. Als ich endlich begann, das Buch zu schreiben, merkte ich, dass all das, was ich im Zuge meiner spirituellen Suche und Schulung gelernt hatte, eine wertvolle Grundlage für die Arbeit an diesem Buch liefern würde – insbesondere der Glücksfall, dass mein letzter und langjährigster Lehrer in die Lehren und Mysterien aller großen Religionen eingeweiht und zugleich ein begeisterter Anhänger der Naturwissenschaften gewesen war. Als ebenso wertvolle Grundlage für die Arbeit an diesem Buch erwies sich die lange Leidensphase, die ich durchlaufen hatte und immer noch durchlief. Denn wie kann man besser feststellen, welchen Stellenwert, welche Bedeutung, welche Wirkung der »Faktor Gott« hat, als anhand der eigenen Probleme in einer schwierigen Lebensphase?

Im Laufe der Arbeit am Gott-Projekt und in der Zeit danach (es ist jetzt ein Jahr her, seit ich das erste Buchmanuskript fertiggestellt habe) trat mein Leid und die ewige Frage, wie ich es loswerden könne, endlich in den Hintergrund und machte Platz für den Gedanken, dass es um etwas ganz anderes geht als darum, möglichst sicher und frei von Leid durchs Leben zu kommen. Dass es weniger um das geht, was wir erleben, sondern mehr darum, wer wir sind – und werden. Dieser Gedanke war mir früher schon gekommen – theoretisch. Aber eine reale Bedeutung bekam er erst angesichts meines eigenen Leidens. Es verhalf mir zu der Ahnung, dass unser Schicksal das Werkzeug ist, mit dem unsere Persönlichkeit geschmiedet wird, und dass unsere Persönlichkeit nicht einfach eine vorübergehende und letztlich belanglose Erscheinung ist, sondern Teil eines gewaltigen Werks: der Sichtbarmachung jener unfassbar großartigen, wunderbaren Realität, die wir Gott nennen. Und dass diese Realität, wenn wir mit ihr in Berührung kommen, alle unsere vorgefertigten Konzepte zertrümmert, die sich als von Angst diktierte Versuche erweisen, etwas Unendliches, Unfassbares in eine Form zu pressen, mit der wir umgehen können, die wir in gewisser Weise sogar unter Kontrolle haben.

Wie Sie an meiner Schilderung gemerkt haben, bin ich kein Guru, keine Meisterin und keines jener von ständigem Gottbewusstsein erleuchteten großen Wesen. Ich bin auf dem Weg, mal mehr, mal weniger, kämpfe und leide wie alle, bin kein gutes Vorbild und möchte auch nicht als solches betrachtet und angesprochen werden. Ich gebe in diesem Buch so viele Zitate von erleuchteten Meistern und großen Denkern wieder, weil diese Menschen unendlich viel weiter gegangen sind als ich, weil ihre Aussagen mich sehr berühren und weil ich hoffe, dass sie auch Ihnen Türen öffnen können. Was immer ich in diesem Buch über Gott und die Realität schreibe, möchte ich als Hypothesen verstanden wissen, mit denen es sich vielleicht lohnt zu arbeiten, als Anregung zu eigenen Meditationen, Forschungen, Erfahrungen. Auch wenn es manchmal so klingt, enthält dieses Buch keine einzige Behauptung, die den Anspruch erhebt, die Wahrheit zu sein. Bleiben wir Wahrnehmende und lassen wir uns nicht von unseren eigenen Gedanken verblenden, so einleuchtend sie auch sein mögen.

Tatsächlich kannst du das Wesen Gottes nur erkennen, wenn Seine Liebe dich zutiefst verletzt hat, dann, wenn du erkennst, dass alles, was du zu wissen glaubtest, ohne jeden Wert war.

Pir Vilayat Khan[22]

Worum es in diesem Buch geht

Dies sind die Themen, von denen dieses Buch handelt und mit denen Sie sich beim Lesen und Üben auseinandersetzen werden:

Was geschieht, wenn ich den »Faktor Gott« in mein Leben, Denken, Handeln einbeziehe?
Wer oder was ist Gott?
Wer ist Gott für mich? An welchen Gott glaube ich beziehungsweise glaube ich nicht mehr?
Welche Gefühle weckt das Gottesbild, das mir anerzogen wurde, in mir?
Welche Vorstellung von Gott entspricht meiner heutigen Erkenntnis beziehungsweise spricht mich an oder scheint mir plausibel? Diese Vorstellung werden wir genau formulieren, jede(r) für sich, mit Hilfe von Vorschlägen und Zitaten großer Weiser.

Was geschieht, wenn ich mein Leben als Experiment betrachte und ihm diese (genau formulierte) Vorstellung als Arbeitshypothese zugrundelege? Wie wirkt sich das aus?
Wie finde ich den Weg zu Gott?
Wozu bin ich hier? Wozu ist alles da?
Was bedeutet Glaube? Wie kann ich glauben, was ich nicht glaube? Was bedeutet Vertrauen? Wie kann ich

vertrauen, wenn ich kein Vertrauen in mir habe? Und wem oder was vertraue ich?

Warum leiden wir? Was hat Gott mit unserem Leid zu tun? Wie verstehe ich das Leid im Licht meiner Definition von Gott?

Welche Instrumente brauche ich, um den Weg zu Gott oder zur Wahrheit gehen zu können? Welche Instrumente entsprechen mir, sprechen mich an?

Auf die hier aufgezählten philosophischen Fragen werde ich keine Antworten geben können – und auch Sie werden, wenn Sie ehrlich sind, vermutlich keine haben. Ich gebe Ihnen dazu lediglich etliche Anregungen, Hypothesen und Aussagen weiser oder erleuchteter Menschen. Aber ich werde Sie zu einem Experiment anregen, und das, was während dieses Experiments mit Ihnen geschieht, wird Ihnen neue Perspektiven auf diese Fragen eröffnen. Das Experiment wird mit Ihnen arbeiten. In dem Maße, in dem Sie sich ihm öffnen und anvertrauen, wird es Sie verändern, erweitern, entfalten, und wenn Sie am Ball bleiben, werden Sie am Ende selber die Antwort sein, nach der Sie gesucht haben.

Die Kapitel im *ersten Teil* dieses Buches sind als Grundlage für die Durchführung des Experiments wichtig. Hier werden Themen behandelt wie: Wozu brauchen wir überhaupt »Gott«? Der alte Gott, der neue Gott, westliche und östliche Auffassung von Religion, Atheismus. Und schließlich wird eine neue Hypothese dazu aufgestellt, wer oder was Gott nach neuestem Verständnis sein könnte.

Im *zweiten Teil* untersuche ich, was einige der alten religiösen Konzepte im Licht dieser neuen Hypothese bedeuten könnten und wie wir sie auf neue Weise verstehen und nutzen können.

Im *dritten Teil* finden Sie einen Dialog mit Gott. Wie würde Gott sich selber vorstellen? Wie würde ES (Er/Sie) die Fragen beantworten, die mich beschäftigen – und die stellvertretend für Ihre Fragen stehen.

Im *vierten Teil* finden Sie die Praxis: vorbereitende Übungen und das Experiment selber mit vielen Instrumenten und Texten, aus denen Sie sich ein eigenes Set zusammenstellen können.

Im *fünften Teil* gehe ich auf Themen ein, die nach dem Experiment im Alltag von Bedeutung sein können.

Teil I

Der Faktor Gott

Gott – der fehlende Faktor?

Seltsam erscheint unsere Lage auf dieser Erde. Jeder von uns erscheint da unfreiwillig und ungebeten zu kurzem Aufenthalt, ohne zu wissen, warum und wozu. Im täglichen Leben fühlen wir nur, dass der Mensch um anderer willen da ist, solcher, die wir lieben, und zahlreicher anderer, ihm schicksalsverbundener Wesen.

Albert Einstein[23]

Der Sinn unseres Lebens ist ein Rätsel ebenso wie die Frage, ob es überhaupt einen solchen gibt. Studiert man die Natur, wie Naturwissenschaftler es tun, kann man allerdings nicht umhin zu der Schlussfolgerung zu gelangen, dass alles sinnvoll ist – ist es doch unglaublich intelligent angelegt. Einstein sagte, jeder tiefe Naturforscher müsse eine Art religiöses Gefühl haben, »weil er sich nicht vorzustellen vermag, dass die ungemein feinen Zusammenhänge, die er erschaut, von ihm zum ersten Mal gedacht werden.«

Auch wenn wir es oft vergessen, wir Menschen sind ebenfalls Teil der Natur. Somit liegt es nahe anzunehmen, dass auch unser Leben – selbst wenn es uns unbedeutend erscheint – irgendeinen Sinn haben muss. Menschen, die ihr Leben als sinnvoll empfinden, sind deutlich glücklicher als Menschen, die es für sinnlos halten. Gibt es einen übergeordneten Sinn, etwas, das von Gott oder einer höheren Instanz festgelegt wurde und das man in Momenten der Meditation oder durch Befragung eines Gurus, Hellsehers oder Orakels herausfinden könnte, so wäre es natürlich hilfreich ihn zu kennen.

Stellen Sie sich vor, Sie geraten zufällig in eine Ansammlung von Menschen, die in einem großen, hübsch mit Bildern dekorierten Raum in kleinen Grüppchen herumstehen und sich unterhalten. Sie stellen sich zu dem einen oder anderen Grüppchen dazu und machen eine nette Bemerkung über das Wetter oder über die neuesten politischen Nachrichten, aber die Angesprochenen schauen Sie nur verständnislos an, wenden sich ab oder lachen Sie aus. Hinterher erfahren Sie, dass die Veranstaltung ein Künstlerwettbewerb gewesen war. Die Bilder an den Wänden waren die ausgestellten Kunstobjekte, und die kleinen Gruppen waren Teile der Jury. Man diskutierte über die Vergabe der Preise. Ihr Verhalten war also völlig fehl am Platz – weil Sie nicht wussten, worum es bei dem Ganzen ging.

So könnte es sich ja mit Ihrem ganzen Leben verhalten: Sie sind da irgendwie hineingeraten und haben bis zum Schluss nicht mitbekommen, worum es eigentlich geht. Im Moment Ihres Todes würde es Ihnen plötzlich aufgehen – oder bei Ihrer Ankunft im Jenseits würde es Ihnen mitgeteilt. »Ach du liebe Güte«, würden Sie sagen, »warum habe ich das nicht früher gewusst, dann hätte ich mich doch ganz anders verhalten!?«

Es könnte aber auch sein, dass ein derart festgelegter Sinn gar nicht existiert – sondern dass Ihr Leben den Sinn hat, den Sie ihm geben. Wenn Sie glauben, dass es sinnvoll ist, dann ist es eben sinnvoll – für Sie. Sind Sie jedoch überzeugt, dass es sinnlos ist, so ist es eben sinnlos (ein guter Anlass sich zu betrinken). Niels Bohr, der dänische Physik-Nobelpreisträger (1885-1962), sagte einmal: »Der Sinn des Lebens besteht darin, dass es keinen Sinn hat zu sagen, dass das Leben keinen Sinn hat.«[24]

Und wenn es nun gar nicht darum ginge, ob Sie das Leben sinnvoll finden oder nicht, sondern wenn Sie selbst der Sinn wären?

Denken Sie an eine Frau, die ein lange ersehntes Kind zur Welt bringt. Würde sie sich fragen, ob die Existenz dieses Babys sinnvoll ist oder nicht? Ganz sicher nicht, denn das Kind selber wäre der Sinn. So könnte es ja auch mit uns sein, falls es ein liebendes Wesen gibt, das uns erschaffen hat oder zumindest auf irgendeine Weise der Ursprung unserer Existenz ist. In diesem Fall würde es ja gar nicht darum gehen, einen bestimmten Sinn zu erfüllen, sondern einfach zu existieren und man selber zu sein.

Doch nehmen wir einmal an, es gäbe einen objektiv erfassbaren Sinn und diesen Sinn würden wir, Sie und ich, mit allen Wesen teilen. Diesen Sinn würden wir »Gott« nennen. In unserem Leben, in unser aller Existenz ginge es darum, Gott zu erkennen, zu finden, zu verwirklichen und damit die gewaltige Reichweite unseres wahren Wesens kennenzulernen – nicht nur theoretisch zu erfassen, sondern tatsächlich zu entdecken, indem wir sie leben, verkörpern, ausdrücken. Es ginge darum, unendliche Fähigkeiten und Möglichkeiten aus dem unerschöpflichen Urgrund unseres Wesens schöpfen zu können, um die Freude, an unserer eigenen ständigen Neuerschaffung und damit an der Menschwerdung Gottes teilzuhaben – und an der Selbsterkenntnis, Selbstentdeckung und Selbstverwirklichung Gottes. Was für einen ungeheuren Unterschied würde es dann machen, ob wir uns dessen bewusst sind oder nicht! Unterschied übrigens nicht nur für uns selber, sondern auch für Gott. Denn ohne unsere Erkenntnis Gottes, so lesen wir es bei den Mystikern, erkennt Gott sich selber nicht.

Das Universum, das sein Potential im Menschen verkörpert
... entdeckt sich selbst nur insoweit, als wir das Universum
in uns als wir selbst entdecken.

Pir Vilayat Khan[25]

Fehlt uns der wichtigste Schlüssel zum Verständnis von allem?

Nehmen wir einmal an, Sie kommen als Besucher von einem anderen Planeten auf die Erde. Sie haben eine umfangreiche Ausbildung erhalten, um die Erdenmenschen zu verstehen, sich wie ein solcher zu verhalten und so viele Informationen wie möglich über die irdische Rasse nach Hause mitbringen zu können. Doch während Sie versuchen, sich wie ein ganz normaler Erdenmensch zu verhalten, stoßen Sie überall an Grenzen. Man weist Sie zurück, verweigert Ihnen Dinge, die Sie haben möchten, wirft Sie mancherorts sogar hinaus. Kurz, das meiste am Verhalten der Menschen ist Ihnen völlig unverständlich. Zurückgekehrt auf Ihren Heimatplaneten, berichten sie dies dem Komitee, das Sie auf diese Erkundungsexpedition geschickt hat. »Scheint, dass du deine Ausbildungskurse nicht alle mitgemacht hast«, meint ein Kollege. »Ich habe nur einen einzigen verpasst«, verteidigen Sie sich, »aber der schien mir nicht so wichtig zu sein.«

»Das war dummerweise aber der wichtigste«, sagt der Kollege. »Der, in dem es um den entscheidenden Faktor im Leben auf der Erde geht. Um Geld.« Er erklärt Ihnen, was Geld ist und welche Rolle es auf dem Planeten Erde spielt, und im Lichte dieser Erklärungen wird Ihnen auf einmal alles verständlich, was Ihnen dort so rätselhaft erschien. Hätten Sie den Begriff »Geld« und seine Bedeutung in der Menschengesellschaft erkannt, so hätten Sie die Menschen besser verstanden. Und hätten Sie Geld besessen, so hätte man Ihnen gegeben, was Sie haben wollten, und Sie eingeladen statt Sie hinauszuwerfen.

Nehmen wir einmal an, so verhielte es sich auch mit Gott. Kennen Sie SIE (Sie/Ihn/Es) nicht, so fehlt Ihnen der Schlüssel zum Verständnis von allem. Besitzen Sie SIE nicht, so fehlt Ihnen der Schlüssel zum Erhalt von allem. Sie haben vielleicht

Kenntnis von Gott und beten daher: »Lieber Gott, bitte gib mir dies«, aber Sie warten vergeblich auf Antwort und erhalten auch nicht, was Sie wünschen. Weil Sie Gott zwar als Idee kennen, aber nicht besitzen. Ähnlich wie der Mensch, der zwar weiß, dass Geld existiert und was es ist, jedoch keines besitzt, in der Welt schwerlich bestehen kann, ergeht es Ihnen im Hinblick auf die geistigen Gesetze, die die Welt regieren, wenn Sie Gott zwar kennen, aber nicht besitzen.

Wie gottbewusste Menschen Gott empfinden

»Gott oder nicht Gott« ist, wenn man die Menschen fragt, die Gott nahe sind, jedoch wesentlich mehr als das. Es ist weit mehr, als den Schlüssel zum Verständnis der Welt und zur Erfüllung seiner Wünsche zu besitzen. Stellen Sie sich das Allerliebste, Kostbarste, Wunderbarste, Schönste und Geheimnisvollste vor. Stellen Sie sich vor, Sie trügen es immer bei sich – ähnlich wie eine Schwangere ihr ungeborenes Kind, nicht nur unter, sondern auch in ihrem Herzen trägt. Was Sie da immer bei sich tragen, ist etwas unaussprechlich Heiliges, dem man sich nur mit größter Ehrfurcht und Zartheit nähert, etwas so Wunderbares, dass, würde es offenbar, die ganze Welt zu Ihnen pilgern würde, um es zu sehen – so wie einst die drei Magier weit gereist sind, um das Christuskind in der Krippe zu sehen. Das Zarteste und Zerbrechlichste, das Sie sich überhaupt vorstellen können, Ihnen ganz anvertraut, hineingegeben in Ihr Herz, und zugleich etwas, das ganz und gar unzerstörbar ist, wenn Sie es erst einmal entdeckt haben. Etwas, das Ihnen ein Lächeln auf die Lippen zaubert, wann immer Sie sich an diesen Schatz erinnern, das Ihnen ein Hochgefühl verleiht wie Ihre erste große Liebe, das Ihnen Kraft und Mut verleiht wie das Löwenjunge der Mutter, die es beschützen muss; etwas, das Sie zu den großartigsten Kunstwerken inspiriert, zu den schönsten Taten, dazu, immer und überall nur Ihr Bestes zu geben, ohne dabei Energie zu verlieren, denn diesen Schatz in Ihrem Herzen zu fühlen ist ein unerschöpflicher Quell der Energie.

Stellen Sie sich ferner vor, einem Wesen zu begegnen, das so gewaltig, majestätisch, glanzvoll, erhaben und schön ist, dass Sie von seinem Strahlen geblendet, von seiner Schönheit überwältigt, nur auf die Knie fallen und es anbeten können – und das Ihnen zugleich tief vertraut ist, vertrauter als Sie selbst.

Das klingt alles sehr schön, aber wie kommt man dahin, jemanden zu lieben, zu verehren, gar anzubeten, den man überhaupt nicht kennt? Den man nicht sehen, nicht hören, nicht anfassen kann, für dessen Existenz es keinerlei Beweis gibt und mit dessen überlieferten Lehren und Repräsentanten man womöglich schlechte Erfahrung gemacht hat?

Wie kann man Gott »besitzen«?

Und wer ist überhaupt Gott?

Die Natur zeigt uns von dem Löwen zwar nur den Schwanz. Aber es ist mir unzweifelhaft, dass der Löwe dazu gehört, wenn er sich wegen seiner ungeheuren Dimensionen dem Blick nicht unmittelbar offenbaren kann.

Albert Einstein[26]

Wer oder was ist Gott?

Einen Menschen aufzufordern, Gott zu erklären,
ist als ob man von einem Fisch verlangt, das Wasser,
in dem er schwimmt, zu erklären.

Fred Alan Wolf[27]

Gott ist zunächst einmal nur ein Wort oder ein Name. Es gibt mehr Namen Gottes, als es Sprachen auf unserer Erde gibt: Dieu. Allah. Jehovah. Adonai. Krishna. Shiva. Kali. Unser Wort Gott, engl. *god*, kommt vom germanischen *gud*, was »ursprünglich offenbar ein Neutrum« war und erst »bei der Übertragung auf den christlichen Gott (8. Jh.) allgemein zum Maskulinum geworden ist«.[28] Entwickelt hat sich der Begriff aus *gheu* (rufen, anrufen oder gießen). Gott ist also der, der angerufen wird oder dem Trankopfer dargebracht werden. Allah kommt von *ilah* (mit Artikel *al-ilah* = »der Gott«) ist sprachlich verwandt mit *Alaha* (aramäisch) und *Eloah* (hebräisch, das im Pluralis majestatis *Elohim* heißt und in der hebräischen Bibel als Bezeichnung für »Gott« vorkommt). Krishna klingt ähnlich wie Christus und es gibt erstaunliche Parallelen zwischen Krishna und Jesus. Beispielsweise wurde beiden aufgrund einer Prophezeiung als Baby nach dem Leben getrachtet. Shiva bedeutet »der Glückverheißende, der Gütige«, Rudra, ein anderer Name desselben Gottes, bedeutet »der Wilde, der Schreckliche«. Ebenso ambivalent erscheint Kali (»die Schwarze«, die Mutter, die ihre Kinder gebärt und wieder auffrisst), sprachlich verwandt mit Kala (»Zeit«); die das tötet, was seine Zeit hatte, damit etwas Neues entstehen kann.

Der Name drückt etwas vom Wesen des Benannten aus, schränkt es aber gleichzeitig ein. Daher steht wohl im *Tao Te King*: »Der Name, der genannt werden kann, ist nicht der ewige Name.«[29] ES (Er/Sie) sollte keinen Namen haben. Jeder Name macht uns glauben, ES sei etwas anderes als alles andere. Hier ich, dort Gott. Hier die Welt, da Gott. Oder: Hier Gott, da Allah, dort Krishna.

Außerdem ist »Gott« ein Er. Der Name deckt somit nur die Hälfte der Realität ab, die männliche. Und »Göttin« ist kein Name, mit dem man jemanden ansprechen kann (»oh Göttin!«), außerdem nur eine Ergänzung des männlichen »Gott«. Als wenn wir »Menschin« sagen würden.

Das, woran die Geister – atheistisch oder gläubig, dies oder das glaubend – sich scheiden, ist nur ein Name. Dennoch macht es einen gewaltigen Unterschied, ob wir auf den Namen (den Begriff »Gott«) verzichten oder ob wir ihn anwenden.

Was bedeutet »Gott« für Sie?

Jeder versteht etwas anderes unter dem Begriff »Gott«. Was bedeutet er für Sie? Selbst wenn Sie sagen, »Gott gibt es nicht«, müssen Sie ja eine Idee davon haben, wer dieser Gott ist, den es nicht gibt. Gott in welcher Eigenschaft gibt es nicht? Als weiser Schöpfer? Als Herr über unser Schicksal? Als gütiger Vater, als liebende Mutter?

Wer ist »Gott«?

Das Wesen, das alles erschaffen hat? Das unser
Schicksal lenkt? Unsere Quelle, unser Ursprung – unse-
re Mutter, unser Vater?
Der oberste Moralrichter?
Das Universum? Das Ganze? All-das-was-ist?[30]
Das Wesen, dessen Ausdruck dieses Universum ist?
Das Ideal, das auf den Grund unserer Seele eingeprägt
ist?
Der/die Geliebte?
Die höchste Ebene unseres eigenen Wesens?
Unser innerstes Selbst?
Das Heilige?
Die Liebe?
Die Wahrheit?
Eine Erfindung des Menschen?
Das unendliche Bewusstsein?[31]
Der Geist aller Seelen?[32]
Das Sein?
Das Leben?
Das personifizierte Gute?
Die personifizierte Vollkommenheit?
Der unpersönliche Grund unseres Wesens?
Die kosmische Intelligenz?
Der höchstmögliche Bewusstseinszustand, derjenige der
Einheit?

»Wenn ich sage: Gott, so ist das eine große und nie erlernte
Überzeugung in mir«, sagte der Dichter Rainer Maria Rilke.
Jeder von uns weiß, was gemeint ist, wenn man »Gott« sagt –
etwas Unerklärliches und Selbstverständliches. Über dieses di-
rekte Wissen legen sich jedoch all die Assoziationen, die sich
geschichts-, religions- und kulturbedingt mit dem Namen Gott

verbinden, die Definitionen, die ihm aufgeprägt wurden, die Erinnerungen – eigene und kollektive –, an die Geschichte der Religion, an Verbrechen, die im Namen Gottes oder Allahs begangen wurden. Die Erklärungen, die man uns gegeben hat, als wir klein waren. »Gott sieht alles.« »Wenn du nicht brav bist, wird Gott dich bestrafen.« »Vor Gott sind alle gleich.« »Wenn du Gott gefallen willst, musst du …«

So gibt es zwei Versionen von Gott in uns – einmal das ganz Unerklärliche und völlig Selbstverständliche und dann der von unseren Erziehern, unserer Gesellschaft, unserer Kirche und unserer Geschichte definierte Gott. (Diesen nenne ich in den folgenden Kapiteln »den alten Gott«.) In diesem Buch wird es um eine dritte Version gehen: den Gott, der unserem heutigen, höchstmöglichen Verständnis entspricht. In der Welt Newtons, sagte kürzlich der amerikanische Wissenschaftler Stuart Kauffman, musste Gott noch Gesetze brechen, um eingreifen zu können; das erscheint uns Heutigen töricht. Und dann nimmt er Bezug auf die gewaltige Veränderung, die sich im wissenschaftlichen Weltbild vollzogen hat (und die übrigens von uns Normalsterblichen noch gar nicht nachvollzogen wurde):

Wenn es aber Facetten der Welt gibt, die sich der Beschreibung durch Naturgesetze entziehen, wenn der Ausgang vieler Vorgänge offen ist, dann bleibt Raum für mysteriöse Kräfte. Uns steht frei, sie Gott zu nennen.

Stuart Kauffman[33]

Haben wir Gott über Bord geworfen oder nur unsere alten Vorstellungen von ihm?

Man kann gut verstehen, warum Menschen sich gegen Gottesvorstellungen auflehnen, es geht eine Eiseskälte von ihnen aus ... Wir müssen auf jeden Fall über das Gefühl der Andersheit Gottes hinauskommen, das eine sehr gefährliche Vorstellung ist.

Pir Vilayat Khan[34]

»Gott brauchen wir nicht«, sagen viele. »Gott hat uns nur Ärger gebracht. Wie viele Verbrechen sind im Namen Gottes begangen, wie viele Kriege geführt, wie viele Menschen unglücklich gemacht worden, zum Beispiel weil sie sich wegen so unschuldiger Dinge wie Sex schuldig gefühlt haben!«

»Gott gibt es nicht«, sagen andere. »Wie kann es einen Gott geben, wenn überall auf der Welt Menschen verhungern, leiden, gefoltert werden, wenn so viele schlimme Dinge in der Welt passieren? Auf einen Gott, der so etwas zulässt, kann ich verzichten.«

Nach dem Zweiten Weltkrieg haben wir uns gefragt: Wo war Gott, als Millionen Menschen gefangen, gefoltert, ausgehungert, missbraucht, unvorstellbaren Demütigungen und Quälereien ausgesetzt und vergast wurden? Wo war da Gott?

Also haben wir uns von Gott losgesagt.

Doch was wir über Bord geworfen haben, war nicht Gott, sondern die Vorstellung von Gott, die man uns vererbt oder anerzogen hat, die Vorstellung von einem außerhalb von uns existierenden, allmächtigen, weisen, moralischen und liebenden Wesen, das die Geschicke der Menschen lenkt. Sie passte nicht zu der Realität, die wir erfahren hatten. Dieser liebende, weise, allmächtige Gott konnte unmöglich zulassen, dass so etwas geschah. Also konnte es ihn nicht geben. Und wenn es Gott doch gab, musste er grausam oder gleichgültig sein. Oder ohnmächtig. Also nicht Gott.

Wir waren erschüttert und ernüchtert. Wir waren auf dem Weg, erwachsen zu werden. Gott hatte sich als Illusion erwiesen. Wir hatten erkannt, dass er nicht existiert. In Wirklichkeit waren wir allerdings wütend auf Gott, enttäuscht, verbittert. Somit existierte er immer noch in uns. Und wir waren, auch als Anti-Gott-Rebellen, immer noch im Kind-Bewusstsein gefangen. Wie ein Jugendlicher, der gegen seine Eltern rebelliert, nachdem er erkannt hat, dass sie nicht vollkommen sind.

Unter den Menschen, die selber von dem grausamen Schicksal getroffen worden waren, um dessentwillen wir Gott abgeschworen hatten, gab es übrigens viele, die ganz anders reagiert haben als wir, die wir ihr Elend aus der Ferne verfolgten und unsere eigenen Schlussfolgerungen daraus zogen. Wenn wir das Leid anderer nur von außen und aus der Ferne beobachten, tun wir uns leicht damit, deren Schicksal als sinnlos grausam oder ungerecht zu betrachten, als Beweis dafür, dass Gott nicht existieren könne.

Menschen, die dieses Leid selber durchmachen, erleben das oft ganz anders. Es ist wahr, dass viele, die das Schicksal schwer getroffen hat, Gott abschwören und in Bitterkeit verfallen. Ebenso wahr ist jedoch, dass viele Menschen auch und gerade unter den entsetzlichsten Umständen niemals aufhören, ihr

Bestes zu tun, um ihr Leben dem Zweck zu widmen, zu dem Gott, der Gott, an den sie glauben, sie geschaffen hat. Wie Lili Strausz, die sich ins Konzentrationslager deportieren ließ, um ihre Freundin Gitta Mallasz und ihr gemeinsames Werk, die Veröffentlichung von *Antwort der Engel* zu schützen. Überlebende Mitgefangene des Konzentrationslagers Ravensbrück (in dem Lili starb) berichteten, Lili habe eine derart starke Liebe ausgestrahlt, dass Gefangene sich freiwillig für die schwersten Aufgaben meldeten, um in ihrer Nähe zu sein.[35] Oder wie Noor Inayat Khan, eine künstlerisch sehr begabte junge Frau von hoher Spiritualität, die im Krieg im besetzten Frankreich als Funkerin Kontakt zu den alliierten Truppen hielt und damit einen entscheidenden Beitrag leistete, um die Landung dieser Truppen in Nordfrankreich zu ermöglichen. Das führte schließlich zur Beendigung der Nazi-Schreckensherrschaft, doch Noor bezahlte mit ihrem Leben dafür. Sie war freiwillig in Paris geblieben, als sie und ihre Untergrundkollegen bereits nach London abberufen worden waren, weil sie wusste, dass ohne sie die einzige noch existierende Funkverbindung zu den Landetruppen abbrechen würde. Von einer Nachbarin verraten, wurde sie von der Gestapo verhaftet, monatelang in Ketten gehalten und schließlich im KZ Dachau zu Tode geprügelt. Noor war bis zuletzt von Würde, Sanftheit und Freundlichkeit erfüllt und innig mit ihrem Gott verbunden. Ihr Bruder, Pir Vilayat Khan, der sie sehr geliebt hatte, musste für den Rest seines Lebens mit der Erkenntnis leben, dass seine Schwester, seine zarte, liebevolle, begabte, wunderbare Schwester nach Monaten in Ketten als »blutiger Klumpen« (Augenzeugenberichte) geendet hatte. Er brauchte lange Zeit, um den Mut zum Weiterleben zu finden. Was ihm dabei half, war die Hohe Messe von Bach. Immer wieder lauschte er dieser Musik, gab sich ganz in sie hinein, lebte sie mit. Das Kyrie Eleison. Herr, Erbarme dich. Das Lamm Gottes, das geopfert wird. Die Kreuzigung. Der Jubel der Auferstehung. Das Glaubensbekenntnis. Der Frieden. Er schwor Gott nicht ab, im Gegenteil, er hörte nicht auf Gott zu suchen, zu finden, zu leben, zu verwirklichen. Das Leid seiner Schwester bewegte ihn nicht dazu, Gott zu verleugnen, sondern gab ihm im Gegenteil Anlass, sich noch tiefer mit der Realität Gottes zu beschäftigen. Jahrzehnte später dirigierte er die Aufführung der H-Moll-Messe von Bach im KZ Dachau[36] zu Ehren seiner Schwester und ihrer Mitgefangenen.

In den Konzentrationslagern der Nazis gab es noch viele weitere Menschen, deren Glauben an Gott oder deren Gewissheit der Existenz Gottes so groß war, dass sie ihren Mitgefangenen damit helfen und ihre Kerkermeister damit verblüffen konnten.

An welchen Gott glaubten diese Menschen?

Mit welchem Recht können wir aus dem tragischen Schicksal anderer Menschen, das wir nur aus der Ferne und von außen kennen, schlussfolgern, Gott könne es nicht geben?

Was wäre, wenn Menschen wie sie gerade der wandelnde Beweis für die Existenz Gottes wären?

Dann müsste Gott allerdings nicht etwas sein, das von oben über unser Schicksal entscheidet, sondern etwas, das mit uns unser Schicksal erleidet und sich durch unser Wesen und in unserem Leben manifestiert.

Gott wäre dann in uns, statt außerhalb von uns zu sein. Mehr noch, Gott existierte dann nicht nur in uns, sondern als wir.

Begreifen Sie Gott als Wir statt als Er. Und lassen Sie die ungeheure Weite dieser Vision die Enge Ihres Bewusstseins erschüttern.

Pir Vilayat Khan[37]

Ein neuer Gott muss her oder warum es Zeit ist, dass wir erwachsen werden

Er ist der Geist aller Seelen, der zu allen Zeiten als Gott personifiziert wurde.

Hazrat Inayat Khan[38]

Als wir kleine Kinder waren, waren unsere Eltern für uns Gott und der Horizont ihres Denkens war die Grenze unserer Welt. Ihr Wort war die Wahrheit, die Regeln, die sie – bewusst und unbewusst – aufstellten, waren unser Gesetz. Durch ihre Beschreibung erschufen sie für uns eine Welt. »Das ist eine Ente. Das ist ein Baum. Das ist grün. Das ist grau. Grün ist schön. Grau ist hässlich. Das Leben ist hart, man muss für alles bezahlen. Wer zuerst kommt, mahlt zuerst.«

Es dauerte lange, bis wir herausfanden, dass es andere Wahrheiten gab und dass andere Leute anderen Regeln unterworfen waren.

Es dauerte noch länger, bis wir herausfanden, dass unsere Eltern Menschen waren und keine Götter. Dass sie, ebenso wie wir selber, ihren Charakter und die Basis ihres Welt- und Selbstbildes geerbt hatten und nicht viel anderes hatten tun können, als so zu sein, wie sie eben waren. Dass sie nicht alles wussten, nicht alles konnten, nicht alles beherrschten, sondern manchmal dumm und ohnmächtig waren wie wir selber. Dass sie nicht in erster Linie Eltern waren, sondern eigene Menschen, die eine Zeitlang für uns die Elternrolle übernommen hatten. Als wir das erkannten, waren wir erwachsen geworden.

Von der Großen Mutter zu »Gott ist tot«

Als die Menschheit unseres Kulturkreises ein sehr kleines Kind war, dachte sie, Gott sei eine große Mutter und ihr Antlitz sei im Mond zu erblicken. Man ehrte die unendliche Fruchtbarkeit der großen Mutter und die eigene, in der sich die der Großen Mutter fortsetzte. Ebenso wie im Himmel herrschte auch auf Erden die Mutter (das Matriarchat).

Als die Menschheit ein etwas größeres Kind war und angefangen hatte, sich von der Mutter abzunabeln und ihr eigenes Wesen zu entdecken, was mit Trotz und Rebellion einherging, wie das so ist bei Kindern, schuf sie sich einen männlichen Gott. Nun dachte man, dass Gott ein großer Chef sein müsse, ein Häuptling, ein König, ausgestattet mit der Funktion eines Gesetzgebers, Richters, Schöpfers und Herrn.

Als die Menschheit noch ein wenig weiter herangewachsen war, dachte sie, Gott müsse so etwas sein wie ein Vater, der zwar streng, doch auch voller Güte auf seine Kinder herabschaut. Der allerdings, wie der alte Richtergott, seine Kinder in brave und böse Kinder unterteilen und nach dem Leben entsprechend belohnen oder bestrafen würde.

In der Pubertät der Menschheit beschloss man, diesen Gott abzuschaffen. Man befand, im Namen Gottes seien schon viel zu viele Kriege geführt, zu viele Menschen ermordet und gefoltert worden, und überhaupt seien die alten Geschichten über Gott nichts als Legenden, die nur dumme Menschen für bare Münze nähmen. In Wirklichkeit gäbe es Gott ebenso wenig wie den Weihnachtsmann.

Wissenschaft statt Religion …

Die Menschen waren allerdings schon immer daran interessiert herauszufinden, wie die Welt entstanden sei, woraus sie bestehe und wie sie funktioniere. Statt von der Kirche erwartet man die Antworten heute von der Wissenschaft.

Viele Menschen haben Religion durch Wissenschaftsgläubigkeit ersetzt. Wissenschaft ist verlässlicher, meinen sie, da weiß man, woran man sich halten kann. »Das ist wissenschaftlich erwiesen.« »Das ist nicht wissenschaftlich erwiesen.«

… oder Wissenschaft und Religion

Doch Gott ist nicht totzukriegen. Gerade durch die Hintertür der Wissenschaft kommt er immer wieder herein. Der wissenschaftsgläubige Normalsterbliche hat es vielleicht noch nicht begriffen, aber viele der großen Naturwissenschaftler bezeugen die Existenz Gottes. Religion und Wissenschaft sind für sie keine Gegensätze. Als der Physik-Nobelpreisträger Werner Heisenberg gefragt wurde, ob er an einen persönlichen Gott glaube, fragte er zurück, ob er die Frage auch anders formulieren dürfe, nämlich so: »Kannst du oder kann man der zentralen Ordnung der Dinge oder des Geschehens, an der ja nicht zu zweifeln ist, so unmittelbar gegenübertreten, mit ihr so unmittelbar in Verbindung treten, wie dies bei der Seele eines anderen Menschen möglich ist? … Wenn du so fragst, würde ich mit Ja antworten.«[39]

Und Stephen Hawking (geb. 1942), der wohl größte Wissenschaftler unserer Zeit, schrieb in seinem Bestseller *Eine kurze Geschichte der Zeit*, wenn wir die Antwort auf die Frage, warum es uns und das Universum gibt, fänden, so wäre das der endgültige Triumph der menschlichen Vernunft, »denn dann würden wir Gottes Plan kennen«.

In spiritueller Hinsicht erwachsen zu werden, könnte bedeuten, Gott nicht einfach für tot zu erklären, sondern die alte Vorstellung, die wir von Ihm/Ihr haben, zu revidieren.

Im Osten lief alles ganz anders

In Indien ging man einen anderen Weg. Schon vor Jahrtausenden hatten Yogis, Seher, Mystiker herausgefunden, dass es nur eine einzige, allem zugrundeliegende, zusammenhängende Realität gibt, die in der indischen Philosophie Brahman oder Atman (Brahman = »das ewige, unvergängliche Absolute, die höchste, nicht-duale Wirklichkeit«; Atman = »das wirkliche, unsterbliche Selbst des Menschen, das im Westen als Seele bezeichnet wird«[40]) genannt wurde. Wie der indische Mönch Totapuri es formulierte: »Brahman ist die einzige Wirklichkeit. Es ist ewig rein, erleuchtet, frei, jenseits der Grenzen von Zeit, Raum und Kausalität.«

Als Grundlage aller Realität wurde nicht eine Person betrachtet, sondern etwas, das keine Form und Gestalt hatte. Diese grundlegende, formlose, zeitlose Realität verkörperte sich in verschiedenen Gestalten: als Kali, als Shiva, Krishna, Rama und Sita, und nicht immer nur in menschlicher Form – auch als Hanuman (halb Mensch, halb Affe) und als Ganesha (in Elefantengestalt). Das Eine war zu allem geworden. Die ganze Schöpfung war sein Spiel (»Maya«). Das Ziel der spirituellen Suche bestand und besteht heute noch darin, zu dieser *einen* grundlegenden Realität zu erwachen.

Die Wahrheit, die Buddha fand

Das Erscheinen des Buddha[41] ist vor diesem Hintergrund zu sehen. Was seinen Weg von dem seiner Vorgänger unterscheidet, ist vermutlich das Motiv. Sein Motiv war nicht der Wunsch nach eigener Erleuchtung, sein Motiv war Mitgefühl. Ihm selber – Sohn eines Königs, reich, schön, behütet, gesund – fehlte nichts, aber er war, wie die Legende erzählt, zutiefst schockiert von all dem Elend, das ihm begegnete, als er sich einmal aus seinem Palast fortstahl. Er verließ Palast und Familie, zog sich zur Meditation in die Wälder zurück, entschlossen, der Frage des menschlichen Leidens auf den Grund zu gehen und einen Weg zu finden, das Leid zu beenden. Was er herausfand, war, dass das Leid in dem besteht, was er »Anhaftung« nannte. Weil wir an unseren Wünschen »anhaften«, also innerlich daran klebenbleiben, sind wir unglücklich. Loslösung war somit das Rezept zur Befreiung. Diese Loslösung wird hauptsächlich dadurch erreicht, dass man meditiert, und die Meditationstechnik führt dazu, dass man aufhört, sich mit seinen Wünschen und Gedanken zu identifizieren, die man stattdessen mit absoluter Neutralität wahrnimmt. (Was Buddha »Anhaftung« nannte, scheint mir übrigens dasselbe zu sein, was wir heute im Kontext der Körperzentrierten Herzensarbeit »Identifikation« nennen. Nicht das Wünschen ist somit die Ursache unseres Leidens, sondern die Identifikation mit unseren Wünschen.)

Auch für Buddha war die grundlegende Realität eine Einheit. Auf die Frage, ob es einen persönlichen Gott gebe, antwortete er einem Frager mit Nein, einem anderen mit Ja, einen dritten forderte er auf, sich still neben ihn zu setzen und mit ihm zu meditieren (was diesem Erleuchtung bescherte). Befragt, warum er den Menschen so verschiedene Antworten gebe, antwortete der Buddha: »Um nach Gott zu suchen, sind Worte vollkommen nutzlos.«[42]

Was die Lehren von Ost und West gemeinsam haben

Wenn wir die Religionen vergleichen, so meinen wir immer, dass sich die monotheistischen Religionen unseres Kulturkreises von den östlichen Philosophien wie Vedanta, Buddhismus (einschließlich Zen) und Taoismus unterscheiden. Jedoch finden wir in allen dieselbe Grundauffassung von der Einheit aller Realität vertreten.

In der Großen Anrufung des Judentums heißt es: »Shema Israel, Adonai Elohenu, Adonai Ehod« (Höre, Israel, der Herr der Heerscharen, der Herr ist eins). Die Anhänger des exoterischen – äußeren – Weges interpretieren: Es gibt also nicht viele Götter, sondern nur einen Gott. Doch *ehod* bedeutet »eins« und damit ist nach dem esoterischen Verständnis des Judentums, der Kabbala, die Zahl Eins gemeint. Diese Zahl repräsentiert die ursprüngliche Einheit, aus der alles hervorgegangen ist. So übersetzt, heißt *Adonai ehod* »Gott ist die Einheit, aus der alles hervorgegangen ist und die allem zugrundeliegt.«[43]

Der christlichen Religion[44] liegt dieselbe Erkenntnis oder Offenbarung zugrunde. Wir finden sie in vielen Worten von Jesus:

>»Ich bin der Weg, die Wahrheit und das Leben.«
>(Johannes 14.6)
>»Richte den Stein auf, und daselbst wirst du mich finden; spalte das Holz, und ich bin dort.«[45]
>»Ich bin das Licht, das über allem ist.«[46]

Wen bezeichnet Jesus hier als »ich«? Es ist ganz sicher nicht seine Person, die wir unter dem Stein finden werden oder als Licht über allem ... Ich verstehe vielmehr daraus, dass Jesus, als er diese Sätze sprach, nicht mit seiner Person identifiziert war, sondern mit seinem wahren Wesen – Gott oder anders ausgedrückt, dem *einen* und einzigen Wesen. Und dies ist ein Privileg, das seinen eigenen Worten zufolge nicht ihm allein zusteht, sondern zumindest potentiell jedem von uns: »Ihr werdet Größeres erreichen als ich ...«[47]

Die vielleicht schönste Aussage über die grundlegende Einheit allen Seins finden wir in einer Spruchweisheit (*Hadith*) Mohammeds: »Ich war ein verborgener Schatz und ich liebte es, erkannt zu werden, und deshalb schuf ich die Welt, so dass ich erkannt werden könnte.«[48]

Meiner Ansicht nach besteht der grundlegende Unterschied zwischen der fernöstlichen Philosophie und den monotheistischen Religionen unseres Kulturkreises nicht in ihren grundsätzlichen Aussagen, sondern in der Art, wie diese interpretiert und in die Praxis umgesetzt wurden. Im Orient hat die Meditation immer eine große Rolle gespielt. Man begnügte sich nicht damit, die Lehren der großen Meister zu glauben, sondern man setzte sich hin und ging den Dingen – den Spuren der Meister und ihren Hinweisen folgend – selber auf den Grund. Religion wurde zu einer inneren Erfahrung.

Im Westen und im Nahen Osten, der Heimat unserer drei »monotheistischen« Religionen (Judentum, Christentum und Islam), war der äußere Weg mehr verbreitet als der innere. Man nutzte die Lehrer als Vorbilder für das eigene Leben und machte sich ihre Aussagen als Glaubenssätze zueigen. Man glaubte, betete und befolgte Ge- und Verbote.

Doch auch im Judentum, im Christentum und im Islam gab es zu allen Zeiten Mystiker, Menschen, die den inneren Weg gingen: die chassidischen Weisen (der berühmteste war der Baal Shem Tov), die christlichen Mystiker (wie Meister Eckhard, Johannes vom Kreuz und Hildegard von Bingen), die Sufis (wie Jelaluddin Rumi, Rabia al-Adawiya und Ibn Arabi). Die Schlussfolgerungen, zu denen sie kamen, gleichen fast aufs Haar denen der fernöstlichen Mystiker und auch dem berühmten Satz des Hermes Trismegistos: »Wie oben, so unten.«

Alles – oben und unten – ist eine Einheit.

Rabbi Israel ben Eliezer, genannt Baal Shem Tov[49]

Der erkennt Gott recht, der Ihn in gleicher Weise in allen Dingen erkennt.

Meister Eckhart[50]

In allen Manifestationen sieht er den einen lebendigen Gott, der auf unergründlichen Wegen wirkt.

Pir Vilayat Khan[51]

Gott allein IST – einerlei, ob man sich Ihn als einen Gott oder als mehrere Götter denkt; denn alle Zahlen sind nur Ausdehnungen der Eins.

Hazrat Inayat Khan[52]

Gott für Atheisten

Der Mensch hat zwei Beine und zwei Überzeugungen –
eine, wenn's ihm gut geht und eine, wenn's ihm schlecht geht.
Die letztere nennt man Religion.

Kurt Tucholsky[53]

Es gibt zwei Arten von Atheisten. Die einen sind einfach der Auffassung, dass es keinen Gott gibt. Die anderen haben etwas gegen alles, was mit Gott zu tun hat. Sie befinden sich eigentlich im Krieg mit Gott, mit der Kirche, vielleicht mit der Obrigkeit grundsätzlich. Dies sind eigentlich keine Atheisten, sondern Anti-Theisten. Für einen solchen »Anti-Theisten«, der ich auch mal war, ist »Gott« und ist »Religion« einfach ein rotes Tuch. Das ist ein psychologisches Thema und hat mit der Realität oder Nichtrealität Gottes nichts zu tun. Wenn wir diesem Thema auf den Grund gehen, stoßen wir auf eine Sehnsucht, eine Enttäuschung, einen Schmerz, auf Wut, auf Groll, Verbitterung und Trotz und entdecken letztlich, dass wir auf Gott und die Kirche Erfahrungen projiziert hatten, die aus der Beziehung mit unseren Eltern oder sonstigen früheren Beziehungen resultieren. Wenn man sich mit Hilfe der Körperzentrierten Herzensarbeit durch dieses Thema hindurchfühlt, wird der Geist wieder offen und frei für neutrale Wahrnehmung, anstatt von unterschwelligen Glaubenssätzen und Emotionen verbarrikadiert zu sein.

Als Atheist – Philosophie, in die auch ich hineingeboren wurde[54] – halte ich den Glauben an einen Gott für unvernünftig, unreif, ja kindlich, möglicherweise sogar schädlich und meine in der Realität keinerlei Beweise für die Existenz eines solchen höheren Wesens zu finden. Möglicherweise halte ich sogar die Natur für den Gegenbeweis. Fressen nicht die Tiere einander auf, und ist nicht das Ganze ein gnadenloser Kampf um Existenz, in dem einfach der Stärkere gewinnt? »Gott ist eine faustgrobe Antwort, eine Undelicatesse gegen uns Denker –, im Grunde sogar bloss ein faustgrobes Verbot an uns: ihr sollt nicht denken!«, schrieb Nietzsche in seiner Autobiografie.[55] Und Einstein schrieb in einem Brief: »Das Wort Gott ist für mich nichts als Ausdruck und Produkt menschlicher Schwächen, die Bibel eine Sammlung ehrwürdiger, aber doch reichlich primitiver Legenden.«[56] Und doch geht aus unzähligen anderen Äußerungen hervor, dass derselbe Einstein ein tiefreligiöser Mensch war, der nur eben nicht an den »alten Gott« glaubte: »Einen Gott, der die Objekte seines Schaffens belohnt und bestraft, der überhaupt einen Willen hat nach Art desjenigen, den wir an uns selbst erleben, kann ich mir nicht einbilden.« Im selben Aufsatz erklärte er jedoch: »Das Wissen um die Existenz des für uns Undurchdringlichen, der Manifestationen tiefster Vernunft und leuchtendster Schönheit, die unserer Vernunft nur in ihren primitivsten Formen zugänglich sind, dieses Wissen und Fühlen macht wahre Religiosität aus; in diesem Sinn und nur in diesem gehöre ich zu den tief religiösen Menschen.«[57]

Oft berufen sich Atheisten auf die Wissenschaft. Doch wie Einstein waren die meisten bedeutenden Wissenschaftler religiöse Menschen, nur eben nicht im Sinne der konventionellen Religion. Physik-Nobelpreisträger Max Planck sagte, für den gläubigen Menschen stehe Gott am Anfang, für den Wissenschaftler am Ende aller Überlegungen.[58]

Werner Heisenberg, ebenfalls Physik-Nobelpreisträger und einer der wichtigsten Wissenschaftler des 20. Jahrhunderts, hatte selbst religiöse Erlebnisse, auf die er in verschiedenen Texten anspielt: »Dieses Bewusstwerden der anderen, höheren Welt ist dabei etwas, das ganz unvermittelt, gewissermaßen von außen an uns herantritt, so dass wir gar nicht daran zweifeln können, dass eben eine andere Welt uns plötzlich gegenübersteht und uns fordert.«[59]

Die Glaubensbekenntnisse eines Atheisten und eines Gläubigen unserer Zeit

Das Glaubensbekenntnis eines Atheisten, der auf dem wissenschaftlichen Stand des 21. Jahrhunderts ist, könnte lauten:
»Ich glaube daran, dass alles, was existiert, ein zusammenhängendes Ganzes ist, das intelligent ist, sich selbst organisiert, dabei Kreativität an den Tag legt und im Zuge dieser fortschreitenden Selbstorganisation Erkenntnis hinzugewinnt.«

Das Glaubensbekenntnis eines modernen Gläubigen könnte sein:
»Ich glaube daran, dass alles, was existiert, ein zusammenhängendes Ganzes ist, das intelligent ist, sich selbst organisiert, dabei Kreativität an den Tag legt und im Zuge dieser fortschreitenden Selbstorganisation Erkenntnis über sich selbst hinzugewinnt, und dieses Ganze nenne ich Gott.«

Sie merken, worauf ich hinaus will? Der Unterschied ist nur, dass der Religiöse dem Ganzen einen Namen gibt und es als etwas Wesenhaftes betrachtet, das man ansprechen kann, während der Atheist darauf verzichtet. Inhaltlich ist das so gut wie kein Unterschied, in der Praxis des Lebens jedoch ein sehr großer. Ob ich mit dem Großen Ganzen in Beziehung trete oder nicht – dieser Unterschied wirkt sich sowohl in den kleinsten als auch in den bedeutendsten Angelegenheiten meines Lebens aus. Der große Sufi-Weise Hazrat Inayat Khan erklärte, dass der Sufi sowohl im Analysieren als auch im Idealisieren Erfahrungen sammelt und dadurch Ausgeglichenheit erlangt. Wer nur analysiert, dem entgeht etwas Wertvolles, vielleicht sogar das Wertvollste. »Der mit Verstand und Logik begabte Ungläubige, der an Ideen nur so weit glaubt, wie die objektive Welt sie ihm zu bestätigen scheint, mag mit dem Zunehmen seiner Intelligenz zuletzt ein vollkommenes Denken entwickeln; er mag die Veränderlichkeit der Natur erkennen sowie die Tatsache, dass die Essenz alles Seienden ein- und dieselbe ist. Er mag sogar erkennen, dass es hinter der Bühne der sichtbaren Welt ein ewiges Leben gibt. Aber der Mangel an Idealisierung lässt ihn nicht an die Identität Gottes als Gegenstand der Anbetung glauben.« Und gefragt, wieso Anbetung denn so wichtig sei, antwortete er: »Weil wir mit dem Bestreben anzubeten geboren wurden.« Letztlich wecke das Idealisieren und Anbeten in uns selber die Eigenschaften, die wir im Ideal anbeten.[60]

Letztendlich mag sich der philosophische Unterschied zwischen beiden Glaubensrichtungen darin erschöpfen, ob man das Grundprinzip des Ganzen als abstrakte, unpersönliche Kraft betrachtet oder als ein Wesen. Doch für die großen Meister der Meditation ist dies kein Widerspruch: »Gott ist zugleich persönlich und unpersönlich«, brachte es Ramakrishna auf den Punkt.

Was den entscheidenden Unterschied macht, ist für mich allerdings gar nicht die Auffassung, die ich vom Grundprinzip habe, sondern die Frage, ob ich mit dem Grundprinzip des Ganzen in eine persönliche Beziehung eintrete oder nicht – ob es mir ein Du wird oder ein Es bleibt.[61] Und ob ich die Beziehung, in der ich zu diesem Grundprinzip stehe, erforsche und diese Erforschung nicht nur eine theoretische Angelegenheit ist, die sich im Kopf abspielt, sondern etwas, das sich auf mich und mein Leben auswirkt – oder nicht. Wie ich mit dieser Frage umgehe, macht den entscheidenden Unterschied – ganz gleich ob ich an Gott glaube oder Atheist bin. Wie Einstein schrieb: »Das Schönste und Tiefste, was der Mensch erleben kann, ist das Gefühl des Geheimnisvollen. Es liegt der Religion sowie allem tieferen Streben in Kunst und Wissenschaft zugrunde. Wer dies nicht erlebt hat, erscheint mir, wenn nicht wie ein Toter, so doch wie ein Blinder.«[62]

Wenn ich an Gott glaube, dieser Glaube aber eine theoretische und oberflächliche Sache bleibt, die mein Leben, mein Handeln, mein Fühlen, meine wahre, persönliche Weltsicht und Perspektive nicht berührt, dann ist Gott keine Realität für mich, sondern ein Gedanke. Glaube ich nicht an Gott, sehe aber im Universum eine Intelligenz wirken, eine Schönheit sich zeigen, und diese Intelligenz, diese Schönheit, dieses Wunder berühren mich und machen mich zu einem Staunenden, Ehrfürchtigen, Demütigen oder wecken meinen Drang, das, was dahintersteckt, zu erforschen, so bin ich religiöser als derjenige, der an Gott glaubt, ohne dass dieser Glaube ihn berührt oder verwandelt.

Zu empfinden, dass hinter dem Erlebbaren ein für unseren Geist Unerreichbares verborgen sei, dessen Schönheit und Erhabenheit uns nur mittelbar und in schwachem Widerschein erreicht, das ist Religiosität. In diesem Sinne bin ich religiös. Es ist mir genug, diese Geheimnisse staunend zu ahnen und zu versuchen, von der erhabenen Struktur des Seienden in Demut ein mattes Abbild geistig zu erfassen.

Albert Einstein[63]

Eine revolutionäre Hypothese

Immer denken wir von Gott als von einem anderen Wesen;
wenn wir nur begreifen könnten, dass wir Gott sind! Es ist
nicht einmal so, dass Er durch uns wirkt; wir sind Er.

Pir Vilayat Khan[64]

Dass Gott allgegenwärtig sei, haben Sie schon oft im Kontext unserer christlichen Religion gehört. Auch haben Sie sicher schon gehört oder gelesen, dass der indischen Philosophie des Vedanta zufolge Gott unser eigenes Selbst ist. Jedoch unabhängig davon, wie vertraut wir durch Lektüre oder eigene Meditationen mit solchen Ideen sein mögen – in Wirklichkeit stellen wir uns Gott doch unbewusst automatisch als etwas unabhängig von uns Existierendes vor, etwas anderes. Oder jemand anderen.

Sogar »das Selbst« scheint durch eben diese Formulierung immer noch jemand anders zu sein als wir selbst. Wenn ich mich meine, sage ich einfach »ich«. Aber »mein Selbst«? »Das Selbst«? Wer ist das?

Im religiösen Sinne erwachsen zu werden könnte bedeuten, sich der Klärung dieser Frage zu nähern, um vielleicht zu entdecken, dass Gott eben nicht jemand oder etwas anderes ist als wir selber.

Meine Freundin Antje Besser-Anthony[65] erhielt eines Morgens im Halbschlaf folgende Worte, die sie sogleich aufschrieb:

Gott träumt.

Gott träumt, er sei nicht Gott.

Gott träumt, er sei ich.

Ich bin ein Traum Gottes.

Ich bin Gott, der träumt, er sei ich.

Ich bin Gott, der träumt.

Ich erwache als der, der ich bin.

Ich bin Gott.

Wenn das nun der Wahrheit entspräche? Gott als unser eigenes wahres Wesen? Wären wir dann nicht alle wie jener Mann, der weite Reisen und große Anstrengungen unternahm, um an Geld zu kommen, ohne zu ahnen, dass sich in seinem eigenen Haus eine gefüllte Schatztruhe befand? »Die meisten Menschen sind wie Waisen«, sagt Pir Vilayat Khan, »denen das Wissen um ihr Geburtsrecht verwehrt ist, und die die transzendente Dimension ihres Wesens nicht kennen. Getrennt von der Gewissheit ihres himmlischen Erbes leiden sie an Verzweiflung und Begrenzung.«[66]

Gott als unser eigenes wahres Wesen – das ist eine Hypothese, mit der zu experimentieren sich lohnt. Allein darüber nachzudenken, welche Folgen diese Erkenntnis haben könnte ... Es würde ja bedeuten, dass unser Potential – die Möglichkeiten, die in uns schlummern – unendlich ist. Es würde bedeuten, dass wir durch unser Leben und unsere Entwicklung dazu beitragen, Gott zu verwirklichen. Dass unser Leben somit nicht bedeutungslos wäre. Dass unsere Erkenntnisse Teil des Selbsterkenntnisprozesses dieses einen Wesens wären.

Gott als wir, als der Grund unseres eigenen Wesens. Viele Mystiker, wenn nicht alle, behaupten, dass dies die Wahrheit ist. Nur nützt es uns wenig, einfach zu sagen: Diese Leute wissen, wovon sie reden, also wird es schon stimmen. Haben wir die Möglichkeit, irgendeinen Beweis für diese Behauptung zu finden?

Sollte Gott tatsächlich nicht etwas außerhalb von uns sein, sondern etwas in uns, nämlich unser wahres Wesen, dann müssen wir uns ja einfach nur selber auf den Grund gehen. »Wer bin ich?« war die Frage, die der weise Ramana Maharshi seinen Schülern als einzige Meditationsanleitung mit auf den Weg gab. Die Technik, mit der man sich selber auf den Grund geht, nennt man Meditation. Sie erschließt uns unsere innere Welt.

Und andersherum muss es ebenso funktionieren: indem man sich statt nach innen nach außen wendet und die Natur studiert. »Richte den Stein auf, und daselbst wirst du mich finden; spalte das Holz, und ich bin dort.«[67] Wenn Gott unser wahres Wesen ist, dann ist Er/Sie zugleich das innere Wesen von allem, was existiert. Somit müsste man in allem, was existiert, Hinweise auf seine Natur finden.

Wer die Wahrheit finden will, muss wahrnehmen lernen

Welchen Weg auch immer wir einschlagen, den inneren oder den äußeren, Voraussetzung dafür, dass er zur Wahrheit führt und uns nicht in Fantasien verstrickt, ist, dass wir die Fähigkeit zu neutraler Wahrnehmung kultivieren. Für den Wissenschaftler ist es eine Grundvoraussetzung, nicht aus jeder Entdeckung sofort eine Schlussfolgerung zu ziehen und daraus eine Überzeugung zu schmieden, sondern Wahrnehmender zu bleiben. Das Gleiche gilt für den inneren Weg. Wir müssen neutral Wahrnehmende bleiben, anstatt sofort aus jedem inneren Erlebnis eine neue Philosophie oder religiöse Überzeugung abzuleiten. Diese Qualität der neutralen Wahrnehmung lernt man vor allem durch die Praxis der Zen- oder Vipassana-Meditation und ebenso durch die Körperzentrierte Herzensarbeit. Ich werde in einem späteren Kapitel noch näher darauf eingehen.

Bezogen auf Gott, hat die Sache mit der Wahrnehmung allerdings zwei Haken.

Haken Nummer eins: Gott kann man nicht wahrnehmen.
Haken Nummer zwei: Es gibt keine objektive Wahrnehmung.

Warum man Gott nicht wahrnehmen kann

Gott kann man nicht wahrnehmen; nicht weil Er/Sie unsichtbar ist, sondern weil wir nicht etwas wahrnehmen können, das wir selber sind. (Immer vorausgesetzt, dass unsere Grundhypothese stimmt, nämlich Gott unser eigenes wahres Wesen ist.) Gott kann kein Objekt unserer Wahrnehmung sein, weil ES das Subjekt ist. Der/die Wahrnehmende. Die Wahrheit (Gott) können wir also nicht finden, wie man eine Schatztruhe, eine mathematische Formel oder eine lang vermisste Person findet: »Hallo, da bist du ja.« Man kann sie nur finden, indem man sie *ist.*

Wir werden Gott also immer nur auf der Spur sein, ihn aber niemals finden – außer wir erkennen, dass wir Gott sind, und in diesem Moment sind wir nicht mehr wir. »Wenn du Gott finden willst, musst du dich verlieren«, sagte der berühmte jüdische Mystiker Baal Shem Tov.

Warum es objektive Wahrnehmung nicht gibt

In den Naturwissenschaften hat man schon seit geraumer Zeit entdeckt, dass es die Aufteilung in objektive Beobachter und beobachtete Phänomene, die früher die Grundlage jeder Wissenschaft war, nicht wirklich gibt. Denn das Beobachten hat einen Einfluss auf das, was man beobachtet. Beobachter und Beobachtetes hängen irgendwie zusammen und beeinflussen einander wechselseitig. Ähnlich wie wir es auch tun, verhält sich ein Teilchen, das beobachtet wird, anders als eines, das nicht beobachtet wird. Auch von wem und mit welcher Haltung es beobachtet wird, spielt dabei eine Rolle. Das ist ja auch kein Wunder, wenn wir es im Licht unserer Grundannahme betrachten: Es gibt nur *ein* Wesen, und alles ist Teil davon – Teilchen und beobachtender Wissenschaftler sind somit nicht zwei getrennte Wesenheiten, sondern Teil einer einzigen.

Wenn wir nun Gott suchen, verhält es sich eher so, dass das Teilchen zum Beobachter wird, um den Beobachter zu entdecken. Auch hier müsste ja die Sache mit der wechselseitigen Einflussnahme gelten, was bedeutet, dass wir einen Einfluss auf das göttliche Wesen haben, dem wir durch unsere Suche auf der Spur sind. Mit anderen Worten, wir werden nie etwas objektiv wahrnehmen können, da bereits der Akt des Wahrnehmens das verändert, was wir wahrnehmen. Erst wenn wir eins mit dem Beobachter geworden sind – nicht gedanklich, sondern tatsächlich –, hört dieser Zwiespalt auf und wir sind bei der Wahrheit gelandet.

Hier nochmals die beiden Sätze, die es wert sind, dass wir darüber nachdenken oder besser meditieren:

- Gott kann nicht das Objekt unserer Wahrnehmung sein, ES ist das Subjekt.
- Wir können überhaupt nichts objektiv wahrnehmen, es gibt nur ein Subjekt und sonst gar nichts.

Somit stehen diejenigen, die Gott suchen, vor einer paradoxen Aufgabe. Entsprechend paradox ist auch die Sprache derjenigen, die Ihn gefunden haben. Beispiel: »Gott entdeckt sich selbst ... in dem Maße, in dem wir in uns selbst den göttlichen Archetypen (das göttliche Urbild) entdecken, von dem wir das

Exemplar sind«, sagte Pir Vilayat Khan.[68] Wenn Gott das Subjekt ist, können wir Sie/Ihn/Es nur erkennen, indem wir SIE verwirklichen. Im Wort »Realisation« ist beides untrennbar verbunden, erkennen und verwirklichen. Das eine geht nicht ohne das andere. Wir können Gott nur realisieren, indem wir SIE zur Realität machen. Mit anderen Worten, indem wir seine Eigenschaften in uns erkennen und angesichts der Herausforderungen unseres Lebens anwenden und entfalten. Durch das fortschreitende Verwirklichen entdecken wir immer mehr von Gott oder Er/Sie von sich selber.

Hier ist also meine Hypothese, abgeleitet aus den Aussagen großer Mystiker verschiedener Religionen und Epochen sowie der Naturwissenschaftler unserer Zeit und gefiltert durch mein – natürlicherweise begrenztes – Verständnis:

1. Alles, was existiert, ist ein zusammenhängendes Ganzes. Dieses zusammenhängende Ganze ist von Intelligenz beseelt. Das Universum kann also als der Körper (oder die Offenbarung, der Ausdruck) einer Intelligenz oder eines intelligenten Wesens betrachtet werden.

2. Dieses eine Wesen – ob wir es Gott nennen oder Brahman oder Tao oder das Selbst - enthält alle überhaupt möglichen Qualitäten in vollkommener Weise, als Potenzial.

3. Es sehnt sich danach, diese Qualitäten und Fähigkeiten kennenzulernen.

4. Um sie kennenlernen zu können, muss es sie in Anwendung bringen. Dies tut es, indem es sich in einer Vielzahl von Wesen zum Ausdruck bringt.

5. Indem es sich so in Erscheinung bringt, verwirklicht es sein Potenzial und entdeckt seine eigenen Eigenschaften und Möglichkeiten.

6. Das Leben und Werden eines jeden von uns ist Teil dieser Selbstentdeckung des einen Wesens.

Kurz zusammengefasst: Alles ist ein Wesen, wir sind Teil und Ausdruck davon, und unser Leben ist Teil seines Selbstentdeckungsprozesses.

Ich schlage vor, dass Sie dem Experiment, das Sie in Teil IV finden werden, diese Hypothese zugrundelegen, vorausgesetzt sie leuchtet Ihnen ein.

Zunächst aber möchte ich untersuchen, was die alten religiösen Konzepte im Lichte dieser Hypothese bedeuten könnten und wie wir sie auf neue Weise verstehen können, statt sie einfach für null und nichtig zu erklären.

Das Tao, das enthüllt werden kann, ist nicht das ewige Tao.
Der Name, der genannt werden kann, ist nicht der ewige Name.
Das Namenlose ist das Beginnen von Himmel und Erde.
Das Benannte ist die Mutter der zehntausend Dinge.

Laotse[69]

Teil II

Die alten religiösen Konzepte
im Lichte der neuen Hypothese
neu verstanden

Religion und Moral

Was immer es in der Welt von Gott und dem Guten gibt,
muss sich durch uns auswirken und ausdrücken. Wir können
nicht danebenstehen und Gott die Arbeit machen lassen.

Albert Einstein[70]

Wozu brauchen wir überhaupt einen Gott und eine Religion? Viele Menschen meinen, wir bräuchten beides um der Moral willen. Weil der Mensch an sich nicht gut sei, sondern erst dazu erzogen werden müsse – indem man ihm Ge- und Verbote auferlegt und eine höhere Instanz erschafft, die über die Durchführung dieser Gesetze wacht.

Jedoch, sich »gut«, also sozial und fürsorglich zu verhalten, ist eigentlich ganz natürlich. Dass in unseren zivilisierten Gesellschaften viele Kinder bereits eine erschreckende Bösartigkeit an den Tag legen, ist kein Gegenbeweis dafür, denn diese Kinder leiden wie alle Zivilisierten an fundamentalen emotionalen Mängeln. Anders als die Kinder von Naturvölkern, werden wir von klein auf gemaßregelt und bewacht, leiden entweder an zu viel oder zu wenig Aufmerksamkeit und uns wurde die Erfüllung bestimmter natürlicher Grundbedürfnisse verweigert. Vielleicht kennen Sie Jean Liedloff. Sie hat mit ihrem Buch *Auf der Suche nach dem verlorenen Glück* in den 1980er- und 1990er-Jahren Furore gemacht. In diesem Forschungsbericht schildert sie das soziale Leben und insbesondere die Aufzucht der Kinder bei zwei Indianerstämmen im Amazonasgebiet, mit denen sie jeweils längere Zeit gelebt hat. Grob verkürzt zusammengefasst, besteht die wichtigste Aussage in Liedloffs Bericht darin, dass diese Völker – anders als wir – in Übereinstimmung mit dem »Kontinuum« leben, also Teil einer ungebrochenen Tradition sind, die sich über Jahrmillionen Evolution erstreckt. Jedes neugeborene Menschenkind bringt aus dieser Evolutionsgeschichte heraus bestimmte Erwartungen mit auf die Welt. Die beiden wichtigsten: am Körper der Mutter getragen zu werden, bis sich das Kind von selber davon unabhängig macht, und gestillt zu werden, bis das Bedürfnis danach von selber erlischt. Sicher geborgen am Leib der Mutter nehmen die Kinder in der ersten Phase ihres Lebens passiv und geschützt am gesellschaftlichen Leben teil, starten also mit der Erfahrung des Getragenseins ins Leben. Sie werden gestillt, solange sie es möchten. Daher leiden sie nicht jenen fundamentalen Mangel, der bei uns sehr weit verbreitet ist und uns so suchtanfällig macht. Sie stehen nicht im Zentrum der Aufmerksamkeit und entwickeln daher nicht die Egozentriertheit und Unterhaltungssucht von Menschen, die als Kind zu viel Aufmerksamkeit bekommen haben. Sie werden nicht ständig bewacht und kontrolliert; man vertraut vielmehr ihrem Überlebensinstinkt, der sie in der Tat davon abhält, sich zu weit von der Mutter zu entfernen, in Gruben zu fallen und dergleichen. Sie leiden daher nicht an Unsicherheit, Mangel an Selbstvertrauen und Abhängigkeit. Niemand schreibt dem Kind vor, was es zu tun hat, da man erwartet, dass es sich so verhalten wird, wie es seinem Überleben und dem Wohl der Gattung dient. Und tatsächlich verhält es sich auch so. Ist es die Annahme eines angeborenen Sozialtriebes, die hier als sich selbst erfüllende Prophezeiung wirkt? Oder ist es einfach natürlich, dass sich diese Kinder sozial, liebevoll, selbstbewusst und vertrauensvoll verhalten und somit zu moralischen Menschen werden, ohne dass sie das Wort »Moral« überhaupt kennen oder kennenlernen müssen?

Ich selber habe bei meinen Besuchen in Westafrika[71] Ähnliches erlebt. Das Kind, das auf selbstverständliche Weise die Erwachsenen und größeren Kinder nachahmt, ihnen hilft und gehorcht, hat noch nicht gelernt, dass es da einen Gott im Himmel gibt, der das von ihm verlangt. Es tut es einfach. Und ebenso wenig braucht die Mutter, die ihr Kind auf natürliche Weise selbstlos liebt, die Vorstellung eines Gottes, der dies von ihr verlangen und sie andernfalls bestrafen würde.

Wenn wir nun all die Moralgesetze, Ge- und Verbote eigentlich nicht gebraucht hätten, da der Mensch von Natur aus gut ist – wozu hat dann Moses die Gesetzestafeln vom Berg gebracht und wozu haben alle spirituellen Großmeister dieser Welt Verhaltensvorschriften oder -empfehlungen formuliert?

In der Art, wie wir über Fragen dieser Art nachdenken, offenbart sich wieder einmal die fundamentale Spaltung in unserem Denken: hier der Mensch, dort Gott. Doch wenn dies nicht zwei verschiedene Realitäten sind, sondern eine einzige – dann wäre ja Gott als Erfinder und Richter der Moral nicht jemand anders außerhalb von uns, sondern eine Instanz in uns, und zwar die, die man »Gewissen« nennt. Interessanterweise gibt es im Französischen nur ein Wort für »Gewissen« und »Bewusstsein«: *conscience*. Wenn ich mir meiner Handlungen und Gedanken bewusst bin und mich entsprechend meiner Bewusstheit verhalte, brauche ich kein schlechtes Gewissen zu haben, nicht wahr? Wenn wir im moralischen Sinne falsch handeln, tun wir dies entweder aus Unbewusstheit oder weil wir uns eines Zusammenhangs zwar bewusst sind, ihn aber absichtlich ignorieren.

Doch bleiben wir beim Thema Moralgesetze. Wenn Gott als Gewissen in uns ist, dann muss ja auch die Essenz der Moralgesetze irgendwie in uns selber enthalten sein. Es kann eigentlich nicht anders sein. Wenn alles, was existiert, zusammenhängt, also Teil einer Einheit ist, dann muss das Wissen darum oder die Erinnerung an diese Tatsache in uns vorhanden sein – entweder tief verborgen, vergessen, vergraben oder mehr oder weniger bewusst. Die Zehn Gebote sind nichts anderes als ein Katalog von Verhaltensweisen, die im Bewusstsein der Einheit oder Verbundenheit mit allem Leben ganz natürlich sind. Wenn ich weiß, dass du Teil desselben Wesens bist wie ich, letztlich also auch ich oder ich in einer anderen Gestalt, werde ich dich weder töten noch betrügen, weder belügen noch berauben.

Dass die Zehn Gebote gerade zu jener Zeit von Moses als göttliche Offenbarung empfangen wurden, könnte dann damit zusammenhängen, dass damals die Erinnerung an die ursprüngliche Einheit in seinem Volk oder Kulturkreis völlig verschwunden war. Wenn das Bewusstsein der Einheit verlorengegangen ist, kann man es nicht durch ein Fingerschnippen wieder wecken. Eher bedarf es eines Paukenschlages, der in unser Bewusstsein dringt, zusammen mit einer Botschaft, die uns dort erreicht, wo wir uns befinden: im Bewusstseinszustand der Abgetrenntheit.

Die Zehn Gebote haben uns zwar das Bewusstsein der Einheit nicht wiedergeschenkt, wohl doch eine entfernte Erinnerung daran; denn man kann die Wahrheit ahnen, die sich indirekt darin ausdrückt. Und deshalb wirken sie so stark. Nicht weil sie uns mit der Religion anerzogen wurden, sondern weil sie uns an die Wahrheit erinnern.

»Was ihr dem Geringsten unter euch getan habt, das habt ihr mir getan« (Matthäus 25, 30-46). Im Licht der allem zugrundeliegenden Einheit besehen, ist das ganz logisch, nicht wahr? Aber gehören Sie auch zu den Menschen, bei denen dieser Satz sofort ein schlechtes Gewissen auslöst? Womit wir bei einem weiteren wichtigen Kapitel wären: Schuld, Sünde, Sühne, Strafe und Karma.

Schiller definiert die Tugend als »Neigung zur Pflicht«. Fasst man »Pflicht« nur weit genug, als Harmonie mit dem Unendlichen, dann ist Tugend eben schon der Weg der Freude.

Prentice Mulford[72]

Schuld, Strafe, Karma

Die natürliche Schuld ist für die Spezies die Manifestation des unbewussten körperlichen Gerechtigkeits- und Integritäts-Empfindens der Tiere. Sie bedeutet: Ihr werdet nicht mehr töten, als ihr dies für die physische Versorgung benötigt. Sie war als Präventivmaßnahme gedacht.

Jane Roberts[73]

Ursprünglich war das Schuldgefühl, wie von Jane Roberts im obigen Zitat ausgedrückt, eine Präventivmaßnahme der Natur, eine Empfindung, die nur warnen sollte: Tu dies nicht wieder! Irgendwann haben wir Menschen daran die Idee der Notwendigkeit einer Bestrafung geknüpft. Besonders dem Christen ist Schuld – aus welchen historischen Gründen auch immer – tief eingeprägt worden. Erstens einmal sei der Mensch schon per se schuldig, auch wenn er noch gar nichts angestellt habe, seit nämlich jener gewisse Apfel vom Baum der Erkenntnis gepflückt worden sei; wobei Eva etwas mehr Schuld zufällt als Adam. Und als wäre das nicht genug, ist dann auch für unsere Schlechtigkeit Gottes eigener Sohn einen grässlichen Tod am Kreuz gestorben, womit wir uns noch schuldiger fühlen durften.

Somit war es uns nicht möglich, die Erlösung, die uns das beschert haben sollte, zu feiern. Vielmehr wurde das Kreuz unserer Schuld noch tiefer auf unsere Schultern gedrückt. Und anstatt die Überwindung des Todes und der Identifikation mit dem sterblichen Ich zu feiern, was die Auferstehung Christi uns vielleicht lehren wollte, nageln wir ihn an seinem Kreuz fest, wodurch uns unser schlechtes Gewissen immer wieder in Erinnerung kommt.

Wer an Schuld festhält, hat auch einen Nutzen davon

Schuldgefühl hat etwas Klebriges, man will nicht gern davon lassen. Wenn Sie einmal einem persönlichen Schuldthema per Körperzentrierter Herzensarbeit auf den Grund gehen sollten, vergessen Sie nicht, sich auch das gute Gefühl anzuschauen, welches das Festhalten an der Schuld Ihnen gibt. Solange ich mich für schuldig halte und an dieser Identifikation festhalte, bin ich noch auf der guten Seite. Wer sich selber schuldig spricht, sich zu seiner Schuld bekennt, sich womöglich ständig selbst für seine echten oder imaginären Vergehen geißelt, kann nicht wirklich schlecht sein. Das Schuldgefühl schützt uns davor, uns mit unserem »Schlechtsein« konfrontieren zu müssen. In anderen Fällen schützt es auch davor, Verantwortung übernehmen, handeln oder sein Herz öffnen zu müssen für das Leid derjenigen, die man geschädigt hat. Manchem gibt die Identifikation mit Schuld auch etwas Heroisches, sogar Frommes.

Wenn alles eine Einheit ist, dann ist Schuldgefühl einfach das Gefühl, das uns an diese Einheit erinnert, mehr nicht. Es verlangt weder nach Strafe noch nach Sühne. Wenn ich einem anderen Ich, einem anderen Teil meiner selbst, geschadet habe, ist dem dann damit gedient, dass ich mich nun selber strafe? Nehmen wir an, ich habe mir aus Unachtsamkeit oder Wut beim Aufstampfen den Fuß verstaucht. Hat dieser Fuß dann etwas davon, dass ich mir auch noch die Hand verletze? Was ihm jedoch nützen würde, diesem Fuß, wäre, wenn ich mich um ihn kümmere (wofür die Hand im unversehrten Zustand gebraucht wird) und mir im Übrigen ernsthaft vornehme, in Zukunft achtsamer zu sein.

Aufräumen mit der alten Schuld

Alle diese alten Schuld- und Moralthemen gehören gründlich entstaubt. Dies geschieht, indem wir uns die übernommenen Glaubenssätze und die damit zusammenhängenden Gefühle einmal bewusst anschauen. Ohne all die Verzerrungen, die durch politische Manipulationen und Aberglaube in die religiösen Morallehren gekommen sind, mit dem klaren Auge des Denkers betrachtet, ist die Sache nämlich ganz einfach. Der Physiker Werner Heisenberg sprach von einer »zentralen Ordnung«, die im Universum herrscht. In allen Religionen gehe es letztlich um die Beziehung des Menschen zu dieser zentralen Ordnung. Durch menschliches Tun könnten Teilordnungen erschaffen werden, die nicht zu der zentralen Ordnung passen ... Doch die setze sich letztlich immer durch. »Wenn nach den Werten gefragt wird, so scheint also die Forderung zu lauten, dass wir im Sinne dieser zentralen Ordnung handeln sollen – eben um die Verwirrung zu vermeiden, die durch abgetrennte Teilordnungen entstehen kann. Die Wirksamkeit des Einen zeigt sich schon darin, dass wir das Geordnete als das Gute, das Verwirrte und Chaotische als das Schlechte empfinden.«[74]

Der Sinn des Beichtens

Beichten ist mehr als eine christliche Sitte, die den Menschen an Schuldbewusstsein und Abhängigkeit von der Kirche bindet. Es steckt ein Sinn dahinter. Beichten ist eine Art seelischer Hygiene. Prentice Mulford, der unkonventionelle, freche amerikanische Weisheitslehrer des 19. Jahrhunderts, schrieb einen ganzen Aufsatz über den Wert der Beichte. Es sei wichtig, so schrieb er, seine Sünden laut herauszusprechen – einem Freund gegenüber, der einen versteht und achtet, oder allein in der Natur. Dies sei enorm entlastend.[75] (Für den Freund kann es allerdings belastend sein, falls es sich um ein Geheimnis handelt.) Das Wort sei »das Fahrzeug, das das Unedle aus der Seele fortträgt«. Ich habe die Erfahrung gemacht, dass es herzöffnend und entlastend sein kann, seine Verfehlungen nicht einem Menschen, sondern einem Baum zu erzählen. (Falls man Sie dabei erwischt, laufen Sie ja heutzutage keinerlei Gefahr, für verrückt gehalten zu werden. Sie brauchen nur die Hand ans Ohr zu heben, und jeder wird denken, dass Sie gerade telefonieren.)

Was ist mit tatsächlicher Schuld?

Gibt es aber nicht auch Schuld als Tatsache?

Wenn ich einen Menschen umbringe, beraube oder vergewaltige, dringe ich in seinen Lebensraum ein, eigne mir etwas zu, das mir nicht zusteht und nicht gehört, und gehe mit dem anderen das ein, was man eine »karmische Verbindung« nennt. Diese Verbindung kann nur durch Revanche (und die Annahme der Revanche, sonst geht der Krieg endlos weiter), Wiedergutmachung oder Vergebung gelöst werden. Das hat nicht irgendeine himmlische Obrigkeit so festgelegt, das kann man in sich selber spüren, wenn man einem solchen Thema aus gegebenem Anlass wirklich auf den Grund geht. Doch was tatsächlich eine Schuld darstellt, können wir nicht wissen. Das könnte nur jemand sagen, der das Ganze überblickt, also die göttliche Perspektive innehat. Wer weiß, was dem Ereignis im Innen und im

Außen vorausgegangen ist? Wer weiß, ob die Bilanz zwischen den Betreffenden tatsächlich unausgeglichen ist oder nicht? Ob das Opfer von heute nicht der Täter von gestern war und umgekehrt? Wer weiß, ob sich die Seele ihre Erfahrungen nicht selber aussucht? Wo wäre da Platz für Schuld? Die Seele unternimmt eine Reise durch sich selbst, und alle Ereignisse und Begegnungen, ob angenehm oder unangenehm, gehören zu dieser, ihrer ureigensten Reise und enthüllen letztendlich einen Sinn, der unterschwellig immer vorhanden war. So könnte es auch sein.

Wenn in Wahrheit alles eine zusammenhängende Einheit ist, dann versündigen wir uns jedes Mal, wenn wir so handeln, als seien wir ein Abgesondertes und der Rest der Welt ginge uns nichts an (also ständig). Das ist insofern eine Sünde, als es einfach nicht der Wahrheit entspricht. Es »stimmt« nicht und wir spüren das und fühlen uns unwohl damit. Diese Sünde braucht uns keine höhere Instanz zu vergeben, sie ist bereits vergeben, denn wenn wir so handeln, dann, weil wir es nicht besser wissen. »Herr, vergib ihnen, denn sie wissen nicht, was sie tun.« Einfacher ausgedrückt: Die einzige Sünde ist die, Gott zu vergessen.

Nach meiner Erfahrung besteht die Befreiung vom Terror all dieser Konzepte – Sünde und Schuld, Himmel und Hölle, Strafe und Sühne – darin, aus der Identifikation mit den dazugehörigen Gefühlen zu erwachen und sein Herz für sie zu öffnen. Geh diesen Gedanken, wenn sie akut auftauchen, auf den Grund, während du an ein Schuld-Sünde-Strafe-Thema denkst. Öffne dein Herz für alle Gefühle, die dabei in dir hochkommen. Erkenne, welche du von anderen übernommen hast, und gib sie diesen anderen (etwa dem christlichen Kollektiv, den Eltern, der Kirche) zurück. Letztendlich wirst du frei sein vom Filter der alten Programmierungen und die Wahrheit wird in deinem Herzen aufstrahlen – vielleicht nicht als etwas, aus dem du ein neues Konzept machen kannst, aber als etwas, das du fühlst, das dich befreit und verwandelt.

Die Wahrheit wird euch frei machen.

Jesus (Joh. 8,31)

Himmel und Hölle

Himmel und Hölle sind die materiellen Wirkungen ange-
nehmer und unangenehmer Gedanken.

Hazrat Inayat Khan[76]

Eine Anekdote über die Mystikerin Rabia al'Adawija[77] erzählt:
Rabia ist mit einer Fackel und einem Eimer Wasser unterwegs.
Gefragt, was sie damit vorhabe, antwortet sie: »Mit der Fackel
möchte ich den Himmel in Brand stecken und mit dem Wasser
die Feuer der Hölle löschen, damit niemand mehr Gott aus
Streben nach Belohnung oder aus Angst vor Strafe liebt, sondern einzig und allein um Seiner selbst willen!«

Gott zu lieben ist ja eigentlich in sich schon der Himmel.
Davon zeugen die Aussagen der Liebhaber Gottes, wie diese
von Hazrat Inayat Khan: »Jeder Schritt auf Deinem Pfad zieht
mich näher zu Dir. Jeder Atemzug im Gedanken an Dich erfreut meinen Geist. Jeder kleinste Schimmer Deines Lächelns
inspiriert meine Seele. Jede aus Liebe zu Dir vergossene Träne,
Geliebter, versetzt mich in Entzücken.«[78]

Nur, wie kommt man in diesen wunderbaren Zustand? Kann
man das lernen? Gott zu lieben wird uns in der Welt unserer
drei monotheistischen Religionen wahrhaftig nicht leicht gemacht – mit der Hoffnung auf den Himmel im Herzen, der
Angst vor der Hölle im Nacken und einem Vorschriftenkatalog

samt Erzählungen aus einer längst vergangenen und reichlich fremdartigen Epoche als einziger Navigationshilfe. Ist es da möglich, den Gott, der das alles erfunden hat, zu lieben – einen Gott, der noch dazu bereit ist, uns wegen der Schwächen der menschlichen Natur, die Er selber erschaffen hat, in eine ewige Folterkammer zu stecken?

Das Ganze wäre lebbarer, könnte man als Mensch, der wie alle Menschen mal brav und mal böse ist, auf ein einigermaßen erträgliches ewiges Leben hoffen, aber uns wurden nur zwei Möglichkeiten in Aussicht gestellt: der Himmel als Superlativ des Wohlbefindens, in den man nur kommt, wenn man fast übermenschlich brav war, oder die Hölle als Superlativ des Leidens, in die man leider nicht nur kommt, wenn man übermenschlich schlecht war, sondern in die man auch als ganz normaler Mensch nur allzu leicht geraten kann. Zum Glück gibt es Maria, jedenfalls für die Katholiken (wobei die Gottesmutter da glaube ich keinen Unterschied macht), deren segensreiche Funktion im folgenden Witz[79] illustriert wird: Jesus inspiziert den Himmel. Er entdeckt einige Gestalten, die dort nicht hingehören. »Was haben die hier verloren?«, fragt er Petrus. »Ich dachte, du solltest ihnen den Zutritt verwehren?« »Habe ich ja«, brummt Petrus. »Nur steht deine Mutter an der Hintertür und lässt sie alle herein.«

Um überhaupt zu einer Ahnung von der Wahrheit, der Realität Gottes durchdringen zu können, müssen wir in der Tat, wie Rabia es so drastisch bildhaft darstellte, die alten Vorstellungen von Himmel und Hölle in uns ausrotten. Es reicht aber nicht, dies durch geistige Erkenntnis zu tun. Selbst gründliche Meditation über diese Themen, die uns zu einem tieferen Verständnis führen würde, reicht nicht aus, um Himmel, Hölle und den alten Gott zu überwinden. Zu tief sind diese Vorstellungen in unsere kollektive Psyche eingeprägt. Glaubenssätze und daran haftende Gefühle überwindet man nicht, indem man sie unterdrückt, für falsch erklärt, zur Seite schiebt oder durch andere ersetzt. Man überwindet sie, indem man daraus erwacht. Damit dies möglich wird, muss man sich ihrer erst einmal bewusst sein. Sie werden überrascht sein, welche alten kindlichen Überzeugungen Sie in sich entdecken, wenn Sie einmal ganz bewusst hinschauen. Ganz gleich, wie klug und weise wir theoretisch bereits sein mögen, die alten religiösen Vorstellungen beherrschen uns weiter. Man muss sie beim Schopf packen, wenn sie gerade einmal wieder aktiv werden. Wenn wir uns mal wieder schuldig fühlen, ein schlechtes Gewissen haben oder unsicher sind, ob dies oder das in Ordnung ist oder nicht, oder wenn wir gerade wütend sind auf den, der uns unser Schicksal aufgebrummt hat. In solchen Momenten lohnt es sich, einmal innezuhalten und sich der Gefühle und Gedanken bewusst zu werden, mit denen man identifiziert ist. Wenn Sie auf solche Gefühle stoßen, öffnen Sie einfach Ihr Herz dafür. (Mehr darüber im Kapitel über Körperzentrierte Herzensarbeit.) Sie werden sehen: Wenn Ihr Herz offen ist, entfällt diese ganze Spaltung in gut und böse, Belohnung und Bestrafung, all das Urteilen. Im Herzen können wir einfach fühlen. Durch dieses Fühlen verstehen wir, und dieses Verstehen erzeugt in uns Achtung und Mitgefühl. Das entspricht Maria, die an der Hintertür zum Himmel steht und alle hineinlässt.

Die jüdische Religion, Stammmutter der christlichen und islamischen, kennt Himmel und Hölle nicht in diesem Sinne. Es gibt hier den Begriff *Gehinom*, der oft mit »Hölle« übersetzt wird, aber eher im Sinne eines Therapieprozesses zu verstehen ist. Rav Naftali Bacharach, ein Kabbalist aus dem 17. Jahrhundert, erklärt: »Gehinom ist wie ein Schwamm; es saugt alles Negative auf, das sich während der Reise der Seele auf Erden an sie geklebt hat, und erlaubt dadurch der Seele, zu ihrem originalen Status zurückzukehren.«

Himmel und Hölle existieren auf Erden

Himmel und Hölle sind Realität auf dieser Erde. Es gibt sie in Form von äußeren Umständen und unabhängig davon, in welchen Umständen wir leben, auch als innere Zustände. Die Hölle als äußere Erfahrung existiert auf unserer Erde, daran herrscht absolut kein Zweifel, wenn wir daran denken, was viele Menschen durchmachen müssen, Krieg, Hunger, Durst und Folter. Die eigentliche Hölle ist jedoch ein Gemütszustand. Wie bereits in der Einführung berichtet, gibt es Menschen, die im Außen die Hölle erleben, aber dennoch den Himmel im Herzen tragen und ihre Mitmenschen daran teilhaben lassen. Ich selber kenne beide, die Hölle als körperliches Leid und die Hölle als inneren Zustand. Letztere erlebe ich immer, wenn ich von starken negativen Emotionen besetzt bin, erfüllt von Bitterkeit und Rache oder trotziger Gleichgültigkeit, völlig verfinstert, bis irgendetwas an mein Herz rührt und der Schmerz in mir aufbricht, der von diesen negativen Reaktionen verdeckt wurde. Diesen Schmerz zuzulassen bedeutet, von der inneren Hölle in den himmlischen Zustand überzugehen. Mein Herz zu öffnen für diesen Schmerz – und für den Schmerz, den ich möglicherweise durch mein Verhalten in anderen ausgelöst habe – bedeutet, nach Hause zu finden in den himmlischen Zustand, den eigentlich natürlichen Zustand von Liebe und Verstehen. Am Ende bin ich der emotionalen Sphäre enthoben, kann die Vögel wieder zwitschern hören und auch wieder lachen. Absturz in die Hölle – Aufstieg in den Himmel – wieder präsent auf der Erde. Bis eine andere alte Wunde berührt wird, ich erneut in emotionale Reaktionen katapultiert werde und der Zyklus von Neuem beginnt: von der Hölle verschlungen – heimgekehrt in den Himmel – wieder präsent auf der Erde.

Es gibt zwei Zustände, die uns den Zutritt zum Himmel verwehren, sagte Pir Vilayat Khan in einer Erklärung zur H-Moll-

Messe von Bach, der eine heißt Schuld, der andere Groll. Daher müsse man sich, wolle man an der himmlischen Feier teilnehmen, als Erstes um seine Gefühle von Schuld und Groll kümmern – um alles, wofür man sich selber schuldig spricht oder andere in der Schuld festhält. Daher steht das *Kyrie Eleison, Christe Eleison* am Beginn der katholischen Messe. Mit dem Kyrie Eleison bittet man um Erbarmen für seine Schuld, mit dem Christe Eleison um Erbarmen für seinen Groll.

Wie wir uns selbst in die Hölle verdammen

Wir haben eine große Skala von Gefühlen zur Verfügung. Das eine Ende dieser Skala bilden die höllischen Emotionen: Hass, Rache, Bitterkeit oder Schuld und Selbstverdammung. Am anderen Ende finden wir die himmlischen Emotionen, angefangen mit Freude, Unschuld, Liebe und Dankbarkeit bis hin zu Ehrfurcht, Staunen, Bewunderung, Verherrlichung und Ekstase. In der Mitte der Skala steht der Schmerz. Wenn mir etwas geschieht, was einen Schmerz in mir auslöst, habe ich die Wahl, diesen als Ausgangspunkt für eine Heimkehr in den Himmel zu nutzen, indem ich bewusst durch alle damit verbundenen Gefühle hindurchgehe und ihnen mein Herz öffne, oder ihn als Ausgangspunkt für einen Abstieg und ein ausgiebiges Verharren in der Hölle zu nutzen, indem ich die Gefühle nicht bewusst durchlaufe, sondern mich von ihnen überwältigen lasse. So wird aus nicht gefühltem Schmerz Wut und, wenn diese sich mit Ohnmacht verbindet, Bitterkeit. Aus Bitterkeit wird Gleichgültigkeit, Kälte, Grausamkeit und all das ist stets durchdrungen von Schmerz, denn all diese Versuche, dem Schmerz zu entrinnen, machen ihn nur noch schlimmer. Anstatt ihn zu durchleiden, versuchen wir ihn an andere abzugeben, und so wird er immer größer. Das ist die wahre Hölle.

Doch wie verfinstert wir auch sein mögen, es gibt immer einen Ausweg: Erwachen. Bewusstheit einschalten, sich daran erinnern, dass es sich um Gefühle handelt, und sie eins nach dem anderen anschauen und ins Herz holen. (Siehe Kapitel »Körperzentrierte Herzensarbeit«.) Je dunkler die Nacht war, in der wir uns befanden, je größer der Schmerz, für den wir unser Herz öffnen, desto heller scheint nachher das Licht in uns.

Als verkörperte Wesen erfahren wir unsere Gemütszustände als innere Eindrücke, die meistens durch die Eindrücke aus der Außenwelt abgedämpft und relativiert werden. So können wir gerade von Trauer oder Ärger erfüllt sein, das aber nicht bemerken, weil wir durch eine Unterhaltung, einen Film, eine schöne Landschaft oder unsere Arbeit davon abgelenkt werden oder uns absichtlich ablenken. Wir können natürlich immer Zuflucht zur Wahrnehmung äußerer Eindrücke nehmen, wenn Gefühle uns zu überwältigen drohen. Aber eines Tages werden wir diesen Körper ablegen, und was ist dann? Unsere typischen Gedanken und Gefühle legen wir offenbar nicht so schnell ab. Sie begleiten uns wahrscheinlich noch ein Stück. Jedoch gibt es vermutlich eine äußere Welt, wie wir sie kennen, nicht mehr. Denn die besteht ja nur aus der Art, wie unsere körperlichen Sinnesorgane Realität wahrnehmen. Wenn wir nun keine Augen und Ohren mehr haben, weil wir ja gar keinen Körper mehr haben, könnte das, was jetzt innere Realität für uns ist – unsere Gemütszustände – durchaus die äußere Welt werden. Einen Vorgeschmack davon erleben wir immer dann, wenn wir so sehr von einem Gefühlszustand absorbiert sind, dass wir die Außenwelt nicht mehr wahrnehmen. So wird uns die Fähigkeit der bewussten Wahrnehmung von Gedanken und Gefühlen vielleicht auch nach dem Tod des Körpers sehr nützlich sein.

Den Himmel wiederfinden

Schmerz ist das Gefühl, das entsteht, wenn wir aus der ursprünglichen Einheit hinauskatapultiert werden. Wenn ein Kind zu früh vom Körper der Mutter weggenommen und in den Kinderwagen oder das Bettchen gesteckt wird; wenn wir uns von Mutter oder Vater abgelehnt, verurteilt, verraten, nicht wahrgenommen, nicht geliebt, nicht geachtet fühlen ... Auch tragen wir alle den Schmerz in uns, aus dem einstigen Paradies – der Einheit – verstoßen worden zu sein. Diese Einheit ist zwar als Grundzustand immer noch in uns vorhanden, nur können wir sie nicht mit den äußeren Sinnen wahrnehmen und nicht mit dem Verstand herbeidenken. So weit die Einsicht der fortgeschrittensten Wissenschaftler unserer Zeit, die längst erkannt haben, dass alles ein zusammenhängendes Ganzes ist, auch geht – erfahren, erleben, wirklich finden können wir all das nur mit dem Herzen. Deswegen nützt auch Meditation nicht viel, wenn das Herz nicht dabei oder wenn es verschlossen ist. Nur mit offenem Herzen können wir eine Ahnung, einen Geschmack bekommen von dem, den wir suchen und den die Sufis als den Geliebten (oder die Geliebte) bezeichnen. Er ist, wie Yogananda sagte: »der Eine, den Millionen vergessen – und das ist der Grund, warum sie leiden.«

Der Himmel ist der Zustand, in dem wir Gott nah sind, die Hölle der, in dem wir Gott fern sind.

Ist der Geliebte dir nah, so weinst du vor Freude; ist Er dir fern, so lachst du im Vergessen und die Seele wird stumpf.

Safi Nidiaye[80]

Liebe als Gebot

Liebe ist das Hauptrezept, das große Heilmittel der vielen beliebten spirituellen Lehren ... Darin liegt aber impliziert, dass Liebe etwas sei, was wir tun können und müssen. (Jedoch:) Liebe ist das Wesen der Wirklichkeit ... In Wahrheit wirkt es der Liebe direkt entgegen, wenn wir versuchen, sie geschehen zu machen, und führt zu einer Aufsplitterung der Lebenskraft. Vielleicht liegt es daran, dass wir, je mehr wir versuchen, liebevoll zu sein, immer ärgerlicher werden oder unsere Lebendigkeit zu unterdrücken.

Richard Moss[81]

Liebe ist natürlich *der* Ausweg aus all dem Schlamassel mit Gut und Böse, Himmel und Hölle und so fort. Jedoch, Liebe kann man nicht erzeugen. Im Gegenteil, der Versuch führt meistens zu einem noch größeren Schlamassel; denn nun kommt auch noch eine Unterdrückung unserer wahren Gefühle dazu und am Ende möglicherweise Scheinheiligkeit heraus.

»Liebe deinen Nächsten wie dich selbst.« Dieses von Jesus formulierte Gebot – eigentlich keine große Sache, denn was könnte natürlicher sein als unsere Mitmenschen zu lieben? – hat uns viele Schwierigkeiten bereitet. Wer ist überhaupt gemeint mit »Nächster«? Die Person, die mir am nächsten steht, also Ehemann, Frau, Kind? Fällt der Nachbar auch noch darunter? Oder ist darunter jeder Mitmensch zu verstehen? Muss ich jetzt auch die Leute lieben, die ich nicht ausstehen kann? Wie mache ich das? Indem ich meine wahren Gefühle unterdrücke und ihnen liebevoll begegne?

Viele machen sich die Sache noch schwerer, indem sie den Satzbestandteil »wie dich selbst« weglassen und sich bemühen, nur den Nächsten zu lieben, nicht aber sich selbst. Sich selbst liebt man nicht. Das ist egoistisch.

Der Satzteil »wie dich selbst«, in dem ja implizit das Gebot der Selbstliebe enthalten ist (oder sollen wir das verstehen als »liebe den Nächsten genau so wie du dich selbst liebst«, also eventuell überhaupt nicht?), wirft ähnliche Fragen auf: Wie geht das, sich selbst lieben? Was muss man da tun? Wer ist übrigens dieses Selbst, das ich lieben soll? Meine Person? Das, was ich im Spiegel sehe? Mein innerstes Wesen? Der Dalai Lama äußerte sich vor Jahren einmal überrascht, als ihm in einem Gespräch gesagt wurde, viele Menschen der westlichen Welt hätten keine Selbstliebe. Es war ein ihm unbekanntes Phänomen.

Wie können wir lieben, wenn wir Liebe nicht erfahren haben?

Für uns aber ist es traurige Realität. Nicht nur weil Selbstliebe mit Egoismus verwechselt und daher gebrandmarkt wird, sondern vor allem auch deshalb, weil wir sie nicht gelernt haben. Wer in der Anfangsphase seines Lebens nicht die Erfahrung gemacht hat, geliebt worden zu sein, beziehungsweise es nicht so empfunden hat, dem steht kein inneres Modell für »Liebe« zur Verfügung. Natürlich lieben die meisten Eltern ihre Kinder – auf ihre Weise. Doch viele Kinder spüren dies nicht, da sie die Erfahrung machen, dass ihnen wichtige Aspekte von Liebe fehlen: Verständnis, die Erlaubnis, so sein zu dürfen, wie sie sind, Achtung, in ihrem Sosein anerkannt zu werden, Raum für ihre Entwicklung zu bekommen ... In der Körperzentrierten Herzensarbeit graben wir viele sehr schmerzhafte Grundüberzeugungen aus, die wir aus dem Verhalten unserer Eltern abgeleitet haben, bis hin zu »nicht existieren dürfen«, »nicht wahrgenommen werden« oder »schlecht sein«.

Uns fehlt also die Erfahrung, wie Liebe sich überhaupt anfühlt. Wir müssen erst jemandem begegnen, der uns zu dieser Erfahrung verhilft, und wir müssen für sie offen sein. Dies könnte natürlich die Funktion unseres Lebenspartners sein, vorausgesetzt, er spiegelt nicht einfach unseren Mangel an Selbstliebe. Oft ist es auch die Aufgabe des spirituellen Lehrers, die Herzen seiner Schüler zu berühren oder zu erschüttern, so dass sie sich öffnen. Daher die dem Uneingeweihten übertrieben erscheinende Liebe vieler Menschen zu ihren spirituellen Lehrern. Es ist einfach die Liebe, die durch den Lehrer in ihnen geweckt wird, was zum Prozess des Erwachens gehört. Sie wandelt sich allerdings wieder in Nicht-Liebe, wenn der Schüler sich darauf beschränkt, die Liebe, die der Lehrer in ihm geweckt hat, auf diesen zu projizieren. »Diesen liebe ich, alle anderen nicht. Ich will an seiner Seite sein und wehe, jemand macht mir diesen Platz streitig.« Habe ich diese Projektion überwunden, öffnet mir der Gedanke an den geliebten Lehrer einfach das Herz und verhilft mir dazu, meinem »Nächsten«, mir selbst, meiner Arbeit und meiner Welt mit offenem Herzen zu begegnen.

Aber man braucht keinen spirituellen Lehrer und keinen liebenden Partner zu haben, um dem Erleben der Liebe teilhaftig zu werden. Es gibt Momente, in denen sie einfach aus unserem Herzen hervorbricht – ausgelöst durch die Blüten im Apfelbaum, durch ein Kind, das uns angelacht hat, eine Musik ... In diesem Augenblick hat die Liebe unser Herz berührt, und wir befinden uns in einem Gnadenzustand, der unsere ganze Welt mit einem Schlag erleuchtet und verzaubert. Aus einem solchen »Gnadenerlebnis« gehen wir verwandelt hervor. Diese Verwandlung resultiert oft in einer erneuten Motivation zu leben, zu lieben, zu dienen.

Früher habe ich den – von mir damals heiß ersehnten – Zustand des offenen Herzens als Gnade empfunden, die auf unvorhersehbare – und unbeeinflussbare – Weise über mich hereinbrach und wieder verschwand. Daher war es ein reines Wunder für mich, in der Entwicklungszeit der Körperzentrierten Herzensarbeit zu entdecken, dass wir die Öffnung unseres Herzens selber bewirken können, ohne einen solchen berührenden Anlass. Seitdem weiß ich, dass ich jederzeit, in jeder Situation und jeder Beziehung, bei jedem Problem und in jeder Schwierigkeit diese wunderbare Möglichkeit habe, mein Herz zu öffnen und mich damit in diesen Gnadenzustand zu begeben. Alles, was dazu nötig ist, ist die Bereitschaft und das Gewusst wie (das Sie im Kapitel über Körperzentrierte Herzensarbeit erlangen können).

Liebe als Grundzustand

Wenn es letztendlich nur ein einziges Wesen gibt, dann ist Liebe einfach der Grundzustand dieses einzigen Wesens und zugleich das, was es mit seinen Teilen oder Manifestationen verbindet. Diese Liebe können wir nicht erzeugen, weil sie ohnehin da ist und nicht erzeugt zu werden braucht. Sie kann jedoch ins Bewusstsein treten oder eben nicht oder daraus verdrängt werden.

Wenn nun Liebe der Grundzustand hinter allem und somit die eigentliche Wahrheit ist, dann wäre Wahrheit zu leben die Aufgabe für diejenigen, die sich als Anhänger der Liebe verstehen. Wichtiger als liebevoll zu sein wäre dann wahrhaftig zu sein, denn je dichter ich in meinem Denken und Handeln bei der Wahrheit bin, desto dichter bin ich bei der Liebe, beziehungsweise desto ungestörter kann die Liebe durch mich wirken.[82]

Wenn nun die ganze Schöpfung überhaupt um der Liebe willen entstanden wäre?

»Ohne den Spiegel, der ich bin, würde die Schönheit Deines geliebten Wesens nicht erscheinen ... Der/die Liebende ist Gott und der/die Geliebte ist Gott.«

Jami[83]

Das Heilige

Das ist die Tiefe des spirituellen Lebens: das Gefühl der Heiligkeit. Es ist das, was man in Wahrheit unter Gott versteht.

Pir Vilayat Khan[84]

Keine Eigenschaft beschreibt Gott – das, was wir unter Gott verstehen – besser als das Heilige. Das Heilige ist etwas, das man nicht erklären kann, auch wenn wir alle es kennen. Man spürt es. Man tritt ein in eine Sphäre der Stille. Auf einmal fällt das weltliche Ich von einem ab und man ist wieder ganz rein, wie man es als kleines Kind war. Man nähert sich ihm mit Ehrfurcht. Die Handflächen vor dem Herzen gegeneinander zu legen und sich zu verneigen, ist auf einmal die natürlichste Geste der Welt. Das Herz ist erfüllt und berührt von etwas Unaussprechlichem. Dies kann geschehen, wenn man einem Heiligen begegnet oder einem Menschen, der gerade ganz auf das Heilige eingestimmt ist, etwa einem Meister, der dabei ist, eine Einweihung zu geben, einem Priester, der sich auf die Messe vorbereitet, einem Mönch oder einer Nonne nach dem Abendgebet. Es kann in besonderen Momenten geschehen, etwa während der Kommunion in der Messe, während eines Gottesdienstes, beim Hören einer wunderschönen spirituellen Musik; in der Natur, wenn die Stille, das Plätschern eines Bachs, das Rau-

schen der Bäume uns auf einmal aus unseren Gedanken aufwe-
cken und am Leben der Natur teilhaben lassen. Auch in den
Augen eines Babys begegnet uns das Heilige und ebenso in der
Atmosphäre, die ein neugeborenes Kind ausstrahlt.

In der jüdischen Tradition heißt es, dass die Engel der höchsten Ebene mit ihrem Gesang den Klang erzeugen, der die
Grundstruktur der Schöpfung formt, und dass ihr Gesang aus
einem Wort besteht, das sie wiederholen, und dieses Wort heißt:
»heilig«, hebräisch: *kadosch*. Das will heißen, dass die ganze
Schöpfung heilig ist, aus dem Heiligen hervorgegangen und in
ihrem Kern immer noch heilig.

Was wir lieben, ist uns heilig, ob es unser Kind ist oder unser
Mann, unsere Frau, unser spiritueller Lehrer, unsere Mutter
oder Vater, Schwester oder Bruder, unser vierbeiniger Begleiter ... Niemand darf dem geliebten Wesen ein Haar krümmen
und niemand darf sich erlauben, es zu kritisieren. Lassen wir
dies zu, empfinden wir es als Verrat. Als wäre das Heilige besu-
delt oder verletzt worden. Heiligkeit, sagte Pir Vilayat Khan, sei
das, was uns in Menschen begegnet, wenn wir uns der göttlichen Gegenwart bewusst sind oder wenn wir uns in der Pflicht
fühlen, jene Heiligkeit zu schützen, welche die Essenz aller Wesen ist. »Es entsteht aus dieser Erfahrung eine große Hochach-
tung für jedes Wesen, selbst wenn sein Handeln gänzlich unwürdig ist, denn man ist der göttlichen Gegenwart gewahr, die
unter der Begrenzung leidet und dennoch immer vollkommen
ist.«[85]

Wenn wir unser Herz öffnen, merken wir, dass das Heilige der
Kern unseres eigenen Wesens ist, und wenn wir mit den Augen
des Herzens schauen, können wir es im Herzen jedes Menschen wahrnehmen, der uns begegnet – und ebenso in jedem
Tier, jeder Pflanze und in den Elementen der Natur.

»Es lässt sich durch Worte nicht beschreiben. In besonderen
Momenten senkt es sich auf uns wie ein feiner Hauch, eine un-

hörbare Musik. Es lässt uns verstummen vor dem unaussprech-
lichen Geheimnis Gottes.« So wird das arabische Wort *Quddus*,
das die Entsprechung des hebräischen *kadosch* ist, beschrieben.[86]
Es ist eine göttliche Eigenschaft oder ein Name Gottes. (Wenn
wir Gott anrufen, meinen wir niemals Gott selber in seiner Totalität, den wir nicht kennen, sondern immer Gott in einer bestimmten Eigenschaft. Daher nennen die Sufis die göttlichen
Eigenschaften die »Namen Gottes«.)

Das Heilige wiederfinden

Wir müssen nicht auf besondere Momente warten, wenn wir
das Heilige entdecken wollen. Es ist überall und wir können
es auch überall finden, wir müssen nur unser Herz offenhal-
ten. Wir finden es in den Menschen, die uns begegnen; in den
Augen eines Kindes, eines Tiers, in der zarten Schönheit einer
Blume, in der Klarheit eines sprudelnden Bergbaches. Wir können uns auf das Heilige einstimmen, indem wir innerlich ganz
still werden und es einladen, oder indem wir eine Musik hören, die eine heilige Stimmung ausdrückt. Beispiele: Das »Mi-
serere« von Allegri, das »Agnus Dei« oder das »Sanctus« aus der
H-Moll-Messe von Bach, das »Ave Maria« von Gounod, auch
die wunderschönen Chöre orthodoxer Mönche. Auch in den
Ragas der indischen Tradition oder manchen Sufi-Gesängen,
beispielsweise aus dem Iran, finden Sie eine gute Einstimmung
auf das Heilige, aber das sind Musikarten, die für westliche Ohren zunächst schwierig sein können.
Je mehr wir uns von der Religion, der Rückverbindung mit
unserer Seele und dem Göttlichen, entfernen, desto mehr ent-
weihen, entheiligen wir unsere Welt. Wir zerlegen sie in ihre
Einzelteile, die wir immer genauer kennenlernen, beschreiben,
fotografieren, katalogisieren. Bald können wir, wenn wir im

Wald spazieren gehen, die Bäume durch unsere Handys anschauen und ablesen: »Aha, das ist eine Eiche, sie ist 200 Jahre alt«, anstatt in die geheimnisvolle Ausstrahlung der alten Eiche einzutreten und ihr zu lauschen. Diese Tendenz ist übrigens nicht neu, schon im 19. Jahrhundert schrieb der Dichter Rilke:

»Sie wissen alles, was wird und war;
kein Berg ist ihnen mehr wunderbar ...
Ich will immer warnen und wehren: Bleibt fern!
Die Dinge singen hör' ich so gern.
Ihr rührt sie an: sie sind starr und stumm.
Ihr bringt mir alle die Dinge um.«[87]

Während ich das Buch *Intimität* schrieb, begab ich mich in einen Prozess, der mir das Bewusstsein der Lebendigkeit der Natur, das Mysterium der Begegnung und die Wiederentdeckung des Heiligen in allen und allem zurückbrachte. Auf einmal ist jeder Baum, den du anschaust, ein lebendiges Wesen, das deiner gewahr ist wie du seiner. Aus dem Anschauen wird eine Begegnung. Der Mensch, mit dem du zu tun hast, ist nicht mehr das Objekt deiner Betrachtung, deiner Wünsche oder Abneigungen, sondern wird dir ein Du. Du bist heimgekehrt in die Welt der Zugehörigkeit und damit in das Heilige.

Die wahre Übung
geht aus dem Glück der Begegnung hervor ...
Werde ein Kind des Augenblicks wie Ich,
alles abstreifend, was dich hindert,
gegenwärtig zu sein.
Siehst du, dies zaubert ein Lächeln auf deine Lippen,
und mit diesem Lächeln kann Ich wieder einziehen
bei dir.

Safi Nidiaye[88]

Teil III

Wege zur Wahrheit

Glaube als Weg

Glauben ist der erste Schritt.
Durch diesen Prozess wird Gott im Innern
geweckt und lebendig gemacht.

Hazrat Inayat Khan[89]

Der Gläubige begnügt sich damit, an Gott zu glauben. Er braucht keine Beweise und er muss auch keinen inneren Weg gehen, um Ihn zu finden. Er setzt Gott einfach voraus.

Den Weg des Glaubens konsequent zu gehen, bedeutet weit mehr, als einfach die Regeln der jeweiligen Kirche zu befolgen und ab und zu das Glaubensbekenntnis zu sprechen. Es bedeutet, sich so zu verhalten, als sei das, woran man glaubt, Realität. Entsprechend der Art, wie mein Glaube Gott (das Gottesbild) gestaltet, gestaltet er auch meine Persönlichkeit. Glaube ich, dass Gott liebevoll und großherzig ist, so werde ich ebenfalls liebevoll und großherzig. Glaube ich, dass Gott streng und fordernd ist, so werde ich streng und fordernd mit mir selber umgehen (und in der Folge wahrscheinlich auch mit anderen). Glaube ich, dass Gott im Prinzip zwar streng ist, ab und zu aber auch ein Auge zudrückt, so werde ich zu einer ähnlichen Haltung neigen. Glaube ich, dass Gott eine moralische Instanz ist, die bestraft und belohnt, so werde ich versuchen, meinen hohen Moralanforderungen zu genügen und mich wahrscheinlich schuldig fühlen, weil das so gut wie unmöglich ist. Auf diese Weise gestaltet mein Glaube meine Persönlichkeit.

Ein weiterer wichtiger Faktor auf dem Weg des Glaubens ist die Prüfung. Mein Glaube wird immer wieder auf die Probe gestellt. Ich glaube, dass Gott gütig und liebevoll ist? Was geschieht mit diesem Glauben, wenn ich mit Grausamkeit und Ungerechtigkeit konfrontiert werde? Betrifft es andere, weit entfernt, so kann ich mir noch eine Erklärung zusammenreimen, die zu meinem Glauben passt, und sei es: »Gottes Wege sind unergründlich.« Doch was, wenn es mich selbst oder meine Liebsten trifft? Kann ich dann immer noch an Gottes Liebe und Güte glauben? Oder ich glaube, dass Gott allmächtig ist und jedes Gebet hört und erhört. Nun leide ich seit Jahren an einer schweren Krankheit und bete und bete, werde aber nicht gesünder. Was geschieht dann mit meinem Glauben? Werfe ich ihn über Bord? Verändert er sich, erweitert er sich? Was geschieht, wenn ich an ihm festhalte? Verändert sich meine Interpretation des Geschehens, vertieft sich meine Einsicht ins Leben? Wird aus mir ein anderer Mensch?

So kann der Glaube ein Weg sein, der zur Erkenntnis der Wahrheit und zu ihrer Verwirklichung führt. Letztendlich führt der Glaube, wenn man ihm unverbrüchlich treu bleibt, zur Gewissheit.

Doch wie kommt es überhaupt zu religiösem Glauben?

Jemand hatte eine Erleuchtung oder Offenbarung und teilt sie seinen Mitmenschen mit. Wir alle kennen die Wahrheit, wir sind ja Teil der Wahrheit. Wir haben sie nur vergessen, sie ist uns nicht bewusst. Wenn sie in uns selber auftaucht, nennen wir sie Intuition oder Ahnung. Wenn nun jemand ein großes Stück der Wahrheit wiedergefunden hat – per Erleuchtung oder Offenbarung – und sie uns mitteilt, dann erkennen wir sie. Daher glauben wir ihm. Bei den großen Propheten und Religionsstiftern kam sicherlich hinzu, dass sie beeindruckende Persönlichkeiten mit oft außergewöhnlichen Fähigkeiten waren. Wir alle haben, bewusst oder unbewusst, einen großen Hunger nach Wahrheit und wenn jemand diesen Hunger stillen kann, bleiben wir nur allzu gern in seiner Nähe, folgen ihm, werden seine Anhänger. So kamen Zarathustra, Buddha, Moses, Jesus, Mohammed zu einer Schar von Anhängern, die ihrerseits weitere Anhänger warben. Die ursprüngliche Offenbarung des Propheten wurde, gefiltert durch das eigene Verständnis seiner Anhänger, weitergegeben. Die neu Hinzugekommenen fassten die nun bereits leicht verzerrte Lehre wiederum auf ihre eigene Weise auf und so fort, bis vom Original nicht mehr viel übrigblieb. Die Reden des Betreffenden wurden aufgezeichnet, manche schon zu Lebzeiten, die meisten aber erst viel später, doch da es keine Tonbandgeräte gab, lässt die Originaltreue der Wiedergabe sicherlich einiges zu wünschen übrig. Das Leben des Propheten wurde zur Legende, die man nur allzu gern uminterpretierte, ausschmückte und von Mängeln befreite. So entstand eine Religion. Irgendwann trat ein Komitee zusammen und sagte sinngemäß: Was ist denn nun die Wahrheit, diese oder jene Interpretation? Lasst uns gemeinsam darüber beschließen. Lasst uns auch schauen, welche Regeln wir aus den Aussagen des Propheten ableiten können, welche dieser Aussagen in den offiziellen Kanon aufgenommen werden und welche nicht, welche unseren Zwecken dienen und welche ihnen hinderlich sind und welchen Rahmen wir dieser Religion geben. Ist es ein Zufall, dass »Christus« wie »Krishna« klingt und dass es im römischen Reich, der Wiege der christlichen Religion, bereits einen Gott gab, der per jungfräulicher Geburt zur Welt gekommen war? Wie viel von der christlichen Religion basiert wirklich auf Jesus, wie viel wurde hinzugefügt und wie viel ist gestrichen worden? Welche der vielen islamischen Richtungen vertritt die ursprüngliche Offenbarung des Propheten am reinsten? Welcher Buddhismus ist Buddha am nächsten? Hazrat Inayat Khan stellt klar, dass es darauf nicht ankommt: »Was macht es aus, ob Krishna Christus war oder Brahma Abraham? Eines ist wahr: dass es immer Einen gegeben hat, gibt und geben wird, der Gott kennt, die Seelen liebt und der Menschheit dient.«[90]

Der Prophet hatte nicht vorgehabt, eine Religion zu gründen. Er hat einfach nur die Wahrheit ausgesprochen, die er erkannt hatte oder die in seinen Mund gelegt worden war. Oder er hat seine Offenbarung, seine Erleuchtung in Worte gefasst. Glaube entsteht aus Wissen. Das, woran wir glauben, entspricht einer Ahnung, einer Intuition, dem Überrest eines inneren Wissens, einer Erinnerung an die ursprüngliche Wahrheit. Sonst würden wir es nicht glauben.

Manche Leute glauben allerdings nicht nur an den eigentlichen Kern der Lehre, sondern auch an ihre Ausschmückungen, Interpretationen und Verzerrungen. So kommt es, dass manchmal an die seltsamsten Dinge geglaubt wird, etwa dass man auf ewig lebendig in einen Topf mit siedendem Öl geworfen wird, wenn man die Empfängnis eines weiteren Kindes verhütet, oder dass die Frau eines lieblosen Mannes, die Genuss und Liebe in den Armen eines anderen Mannes suchte, es verdient, zu Tode gesteinigt zu werden.

Im Kern das Licht, am Rand das Dunkel

Das Licht der Wahrheit finden wir in dem, was den eigentlichen Kern der Religion ausmacht, in der ursprünglichen Erleuchtung oder Offenbarung ihres Begründers. Es berührt und erleuchtet uns noch heute, die Worte dieser großen Wesen zu lesen oder zu hören. Was im Laufe der Zeit von den Anhängern und den Nachfolgern dieser Anhänger um diese Worte herum gesponnen wurde, hat meist nicht mehr viel mit ihrer ursprünglichen Bedeutung zu tun. Bildlich gesprochen kommt es mir vor, als sei Religion im Zentrum Licht und werde zur Peripherie hin immer dunkler.

Jeder von uns hat seinen Glauben, auch der Atheist, und dieser Glaube ist – mehr oder weniger verzerrt – ein Ausdruck, eine Facette der uns innewohnenden und daher unterschwellig bekannten Wahrheit. Je klarer diese Wahrheit in einem Menschen zum Ausdruck kommt, nicht nur in seinen Worten, sondern auch in seiner Persönlichkeit, desto leichter fällt es Menschen, die ihm begegnen oder zuhören oder auch nur seine Worte lesen, sie zu erkennen und daher zu glauben.

Glaube hat neben seiner passiven Seite – etwas für wahr halten – auch eine aktive Seite. Glaube wirkt auch schöpferisch. Er erschafft das, woran man glaubt. Er wirkt wie eine sich selbst erfüllende Prophezeiung. Daher sagte Jesus: Wenn du um etwas bittest, dann glaube daran, dass du es bereits erhalten hast. Demnach lehren die vielen Schulen des positiven Denkens, angefangen mit Prentice Mulford: Wenn du ein Unternehmen beginnst, dann glaube an seinen Erfolg. Ein Wissenschaftler und Bewusstseinsforscher unserer Zeit, Vadim Zeland, sagte sinngemäß[91]: Wenn du dir etwas wünschst, stelle es dir deutlich vor und siehe dich auf dem Weg dahin in einer solch selbstverständlichen Weise, wie du etwa beschließt, am Kiosk eine Zeitung zu kaufen. Du würdest sicher nicht zweifeln, ob dir das gelingt. Das schafft man natürlich nur, wenn Glauben auf Wissen basiert; in diesem Fall auf dem Erfahrungswissen, dass der Kiosk existiert und sich immer Zeitungen darin befinden. Zeland und viele andere Autoren berufen sich heute auf die Quantenphysik, sehen den Ursprung der Realität in einem großen Quantenfeld, das potentiell alle Möglichkeiten enthält. Der »Mausklick«, mit dem du aus dem Feld der Möglichkeiten eine auswählst, um sie zu deiner persönlichen Erfahrung zu machen, heißt Aufmerksamkeit. Du bekommst das, worauf du deine Aufmerksamkeit richtest. Dies zutiefst zu verstehen bedeutet, sich an ein innewohnendes Wissen zu erinnern. Und daraus wiederum setzt sich der Glaube in Gang.

Glaube kann Berge versetzen.

Gott ist es, der glaubt

Für die Sufis ist Glaube nicht nur eine Haltung, die man als Mensch Gott oder der Realität gegenüber einnimmt, sondern auch eine Eigenschaft Gottes. Gott ist der/die Glaubende.[92] Das erscheint zuerst erstaunlich. An was sollte Gott denn glauben? Er/Sie hat doch alles erschaffen, ES ist alles, weiß alles ... Wo bleibt da Raum für Glauben? Jedoch, die Realität, die wir Gott nennen, hat zwei Gesichter. Der Physiker David Bohm spricht von einer »impliziten« und einer »expliziten« Ordnung. In der impliziten Ordnung befindet sich alles im eingefalteten Zustand. In der expliziten Ordnung befindet sich alles im ent-falteten Zustand. Gott, der nicht Manifeste, sehnt sich nach Manifestation, sprich Ent-faltung. Und da es außer Ihm nichts gibt, steht dieser Manifestation ja nichts im Wege. Also glaubt er an das Erreichen und die Vollendung seiner Manifestation mit noch größerer Selbstverständlichkeit als der Mensch, der aufbricht um eine Zeitung am Kiosk zu kaufen, glaubt, dass er sie bekommt.

Wenn Gott sich in uns und als wir manifestiert – unsere Grundhypothese – , dann müsste eben dieser selbstverständliche Glaube auch uns zugänglich sein. Wir müssten ihn dann nur wecken. Wie weckt man diesen Glauben, wenn man ihn nicht hat? Zum Beispiel – eine Möglichkeit – indem man so handelt, als hätte man ihn, und dann beobachtet, was geschieht. Diesem Zweck dient unser Experiment.

Verlange die Fähigkeit, an ein unendliches Bewusstsein glauben zu können ... nicht nur so halb, sondern um es zu fühlen, wie wir den Ozean fühlen, in seinen Wellen schwimmend.

Prentice Mulford[93]

Die alten Überzeugungen
entmachten

Bete täglich um die Fähigkeit,
das Falsche in deinen Vorstellungen
zu erkennen!

Prentice Mulford[94]

Unser Denken und Fühlen basiert auf unserem Glauben. Unsere Psyche ist von Grund auf programmiert: durch die Schlussfolgerungen, die wir selber aus Ereignissen unserer Kindheit gezogen haben, durch die Art und Weise, wie unsere frühen Bezugspersonen Realität interpretiert haben, und durch die kollektiven Überzeugungen der Kultur, in die wir hineingeboren wurden. Wir werden von unbewussten persönlichen Glaubenssätzen beherrscht, wie beispielsweise »Ich bin wertlos«, von Glaubenssätzen unserer Eltern, wie »Unsereins bleibt besser bescheiden« oder »So etwas darf man nicht denken«, und von kollektiven Glaubenssätzen wie »Gott beobachtet uns« oder »An sich selbst denken ist schlecht«. Dies sind die Grundprogrammierungen unseres Denkens. Unser Fühlen, unsere Sichtweise und unser Handeln basieren darauf, ob wir es wollen oder nicht.

Wenn Sie sich das einmal gründlich klarmachen, werden Sie erkennen, dass nichts von Ihrem Denken der Realität entspricht. Wir kennen die Realität überhaupt nicht.

Um auch nur einen Zipfel von der Wahrheit zu erhaschen, müssen wir uns von den alten Glaubenssätzen befreien. Und von der Herrschaft der unbewussten Gefühle, die an diesen haften:

Das Schuldgefühl, das uns an die alten Diktate bindet.
Den Gedanken an Sünde, an Hölle und Teufel.
Die Angst vor Gotteslästerung und vor Strafe dafür.

»Die erste Hälfte des Weges«, sagte Pir Vilayat Khan einmal, »besteht im De-Programmieren.« Früher dachte ich, dies sei ganz einfach dadurch zu erreichen, dass ich die alten Glaubenssätze pauschal für nichtig erkläre und durch das ersetze, was meinem heutigen Glauben und Wissen entspricht.

Die Erfahrung hat mich eines anderen belehrt. Unbewusste Glaubenssätze, die an der Basis unserer Psyche sitzen, sind nicht auszumerzen, nicht zu löschen, nicht zu ändern. Sie sind einfach, was sie sind. Es gibt nur eine Weise, sie zu überwinden, nämlich indem wir sie entdecken und als das erkennen, was sie sind: Gedanken. Möglicherweise Gedanken, die wir von anderen übernommen haben. Diese Gedanken sind mit machtvollen Gefühlen verbunden, die sich noch weniger abschaffen oder ändern lassen. Hier hilft die gleiche Medizin: die Gefühle entdecken und als das erkennen, was sie sind – Gefühle (statt sie für Tatsachen zu halten). Und sie dorthin zurückzuholen, wo sie hingehören, ins Herz. Auf diese Weise erwachen wir aus den alten Überzeugungen. Anstatt sie durch neue Überzeugungen zu ersetzen und uns damit wieder vor der Wahrheit zu verschließen, erwachen wir einfach aus der Identifikation mit ihnen.

Wie Überzeugungen aus der Kindheit uns auch auf dem spirituellen Weg beherrschen

Viel mehr als die alten religiösen Glaubenssätze erweisen sich die Gefühle und Überzeugungen, die in unserer Kindheit aus dem Verhältnis zu unseren Eltern heraus entstanden sind, als Hindernis auf dem Weg zur Wahrheit, wenn wir sie uns nicht bewusst machen. Zwei Beispiele können dies illustrieren.

Fritz, ein leitender Angestellter im mittleren Management, der die Karriereleiter gern weiter hinaufklettern würde, es aber nicht schafft, wird von einer Reihe unbewusster negativer Glaubenssätze beherrscht: »Ich bin unwichtig.« »Man nimmt mich nicht wahr.« »Ich bin ein Opfer von Ungerechtigkeit.« »Es ist aussichtslos, es auch nur zu versuchen, ich schaffe es doch nicht.« Daneben gibt es einige positive Glaubenssätze, etwa: »Ich bin intelligenter als die anderen.« »Ich weiß es viel besser.« »Ich bin fleißig und zuverlässig.« Diese positiven Glaubenssätze sind auf dem Grunde seines Denkens jedoch mit den negativen verknüpft. »Ich bin intelligenter als die anderen, aber man nimmt mich nicht wahr.« »Ich bin fleißig und zuverlässig, aber die Welt ist ungerecht, daher lassen sie lieber jemanden vor, der schlampiger und dümmer ist als ich.« »Ich weiß es viel besser, aber ich werde nie zum Zug kommen, es ist aussichtslos.« Mit diesen Glaubenssätzen verbinden sich Gefühle wie Wut, Empörung, Trotz, Trauer, Entmutigung, Bitterkeit, Überlegenheit, Verachtung; das Gefühl, nicht gesehen zu werden, nicht gewürdigt zu werden, letztlich das Gefühl der Wertlosigkeit. Alle diese Gedanken und Gefühle sind Fritz aber nicht bewusst. Nur gelegentlich durchstreift ein Anfall von Wut, Trotz oder Bitterkeit sein Bewusstsein, aber er achtet nicht besonders darauf.

Beate, eine Kollegin von Fritz, der es ähnlich ergeht, geht mit ihrem Schicksal anders um. Sie sieht das alles locker und gelassen, gibt sich fröhlich und freundschaftlich. Auch sie leidet darunter, unwichtig zu sein, jedoch hat sie dies vor sich selber und ihrer Mitwelt durch eine positive Einstellung überdeckt. »Man muss nehmen, was man bekommt« ist eine ihrer anerzogenen Devisen, die dazu führt, dass sie sich selbst davon überzeugt hat, zufrieden sein zu können, wenn sie überhaupt etwas bekommt.

»Ich bin unwichtig – die anderen sind wichtiger« ist ein weiterer Glaubenssatz. Dahinter verbirgt sich die Sehnsucht, auch wichtig zu sein. Diese wird jedoch boykottiert von »Ich bin unwichtig« und von »Es ist unmoralisch, wichtig sein zu wollen«. Dies führt dazu, dass sie sich äußerlich damit zufriedengibt, nicht wichtig zu sein. Die Sehnsucht, es eben doch zu sein, äußert sich auf versteckte Weise in ihrer Tendenz, ihren Kollegen und Vorgesetzten nützlich zu sein – mit Geschenken, Informationen, mütterlicher oder krankenschwesterhafter Zuwendung.

Stellen wir uns nun vor, Fritz und Beate begeben sich auf die spirituelle Suche nach Gott, ohne diese psychologischen Zusammenhänge zu durchschauen. Was geschieht?

Fritz und Beate werden dasselbe Gefühls-Gedanken-Muster nun in ihre spirituelle Gruppe und ihr Verhältnis zu ihrem geistigen Lehrer mitnehmen. Fritz wird nach einigen Studien und Erkenntnissen zu der Ansicht gelangen, dass er bereits weiter auf dem Weg ist als alle anderen, wird sich jedoch von seinem Lehrer oder seinen Mentoren nicht gesehen fühlen und dies als ungerecht betrachten. Eventuell wird er besonders eifrig meditieren und studieren, damit endlich gesehen wird, wie weit er ist, und vielleicht schafft er sogar eine »spirituelle Karriere«, indem er eine höhere Einweihung bekommt oder eine Position erreicht, in der er Gruppen leiten oder Lehren weitergeben darf. Dennoch wird er immer mit leisem Groll und dem Gefühl, ungerecht behandelt zu werden, auf diejenigen schauen, die in der spirituellen Hierarchie über ihm stehen. Es kann aber auch sein, dass er diesen Weg aus Enttäuschung oder Groll entweder ganz verlässt oder sich einer anderen Gruppe anschließt, von der er annimmt, dass in ihr sein Wert erkannt wird.

Möglicherweise wird er seinen Vater – von dem er sich nicht in seinem Wert erkannt und nicht wichtig genommen fühlte – auf Gott projizieren und sich wütend und enttäuscht von Ihm abwenden. Oder er wird seine Religion oder Spiritualität in einer Weise betreiben, die dazu angetan ist, endlich die allerhöchste Anerkennung zu bekommen. Er wird Gott für jemanden halten, dessen Gunst und Anerkennung man sich erarbeiten muss. Da er zugleich unbewusst davon überzeugt ist, dass er diese Anerkennung nie bekommt, wird ihm niemals das Erlebnis von Erfüllung zuteil werden. Möglicherweise schließt er das spirituelle Kapitel in seinem Leben mit der Erkenntnis ab, dass es Gott nicht gibt.

Beate wird sich wahrscheinlich gern einer Richtung anschließen, in der es um Demut geht. Vielleicht wird sie auf ihrem spirituellen Weg ganz im Dienst am Nächsten aufgehen oder in der Gruppe diejenige sein, die das Geschirr abwäscht, das die anderen stehenlassen. Sie wird den Eindruck haben, ganz ihrem geistigen Ideal zu entsprechen, wenn sie sich so verhält, als seien alle anderen wichtiger als sie selbst. Indem sie sich um die Dinge kümmert, die von den anderen vernachlässigt werden, wird sie schließlich selbst zu einer wichtigen Figur – auch wenn sie nicht die Anerkennung bekommt, nach der sie sich insgeheim sehnt. Beate wird »Andere sind wichtiger« für eine spirituelle Erkenntnis halten, während es in Wirklichkeit ein anerzogener Glaubenssatz ist, verbunden mit tief sitzenden Gefühlen von Wertlosigkeit, Minderwertigkeit, nicht gesehen werden, nicht geliebt werden. Die spirituellen Lehrer und die auf dem Weg Fortgeschrittenen wird sie wahrscheinlich bewundern, aber sie wird nie auf die Idee kommen, dass sie auch so werden kann. Erleuchtung ist etwas für andere, nicht für sie.

Emotional aufräumen mit Herzensarbeit

Körperzentrierte Herzensarbeit kann mit diesen psychischen Unklarheiten aufräumen. Beate könnte sich ihre Sehnsucht eingestehen, wichtig zu sein, und ihr Herz dafür öffnen. Sie würde erkennen, dass »Andere sind wichtiger« ein Gedanke ist und keine Tatsache. Sie könnte sich klarmachen, dass eigentlich gar nicht sie so denkt, sondern ihre Mutter, deren Denkweise sie unbewusst übernommen hat. Durch diese Erkenntnis könnte sie sich davon lösen. Sie könnte herausfinden, dass »wichtig sein« keine Tatsache ist, sondern ein Gefühl, und dass sie dieses Gefühl bereits in sich trägt.

Am Ende wäre sie von dem Zwang, Aufgaben für andere zu übernehmen, befreit und ebenso von der Überzeugung, Erleuchtung sei für sie unerreichbar. Sie würde erkennen, dass ihre bisher an den Tag gelegte Demut gar keine Demut war und ihr Dienst am Nächsten niemals selbstlos, sondern immer ein Versuch, das unterdrückte Bedürfnis, selber wichtig zu sein, erfüllt zu bekommen. Von alldem befreit, könnte sie ihren Weg aufrechter gehen, mit mehr Würde und Selbstverständlichkeit, und möglicherweise eines Tages zu echter Demut gelangen – die ein Resultat von innerer Größe ist und nicht davon, dass man sich zwar klein und unwichtig fühlt, aber gern groß und wichtig sein möchte, dies jedoch nicht fühlen darf.

Würde Fritz Herzensarbeit machen, so würde er erkennen, dass die Ungerechtigkeit, unter der er leidet, eine Interpretation und ein Gefühl ist und keine Tatsache. Er würde möglicherweise entdecken, dass auch sein Vater schon darunter gelitten und er, Fritz, dieses Gefühl von ihm übernommen hat. Diese Erkenntnis würde ihm dazu verhelfen, sich davon zu befreien (und für seinen Vater sein Herz aufzumachen). Fritz würde ferner seine Sehnsucht entdecken, anerkannt und in seinem Wert gesehen zu werden, und diese von Verachtung und dem Gedanken an Aussichtslosigkeit befreien. Schließlich würde er das Gefühl, anerkannt und in seinem Wert gesehen zu sein, in sich selber entdecken. Fritz' Verhältnis zu Gott und Religion (oder Gruppe) wäre nun befreit von dem mit negativer Erwartung verknüpftem Bedürfnis nach Anerkennung und Wertschätzung. So könnte er die spirituelle Reise offener und entspannter antreten. Ob die Gruppe seinen Wert erkennt oder nicht, wäre für ihn nicht mehr relevant. Wer oder was Gott ist, wäre nicht mehr festgelegt durch die Erfahrungen, die er in seiner Kindheit gemacht hat, sondern ein zu erforschendes Geheimnis.

Wie wir ungewollt scheinheilig werden

Wenn wir uns ohne Herzensarbeit (oder Psychotherapie) auf den spirituellen Weg begeben, laufen wir Gefahr, einfach in den Projektionen unser unbewussten Gedanken und Gefühle gefangen zu bleiben, anstatt voranzukommen. Oder wir unterdrücken in unserem aufrichtigen Bemühen, ein guter, spiritueller, großherziger, edler Mensch zu sein, unseren Ärger, unsere Wut, unseren Neid, unsere Eifersucht, erklären unsere unliebsamen Gedanken innerlich für dumm, schlecht oder unrichtig und versuchen sie durch bessere zu ersetzen. »Er hat es ja nicht so gemeint; sicher hat er es auch schwer.« »Sie hat bestimmt auch wunderbare Qualitäten.« Auf diese Weise werden wir, ohne es selbst zu merken, unecht, oft sogar scheinheilig.

Ebenso wie Körperzentrierte Herzensarbeit uns hilft, uns von den unbewussten negativen Überzeugungen und Gefühlen unserer Kindheit zu befreien, kann sie uns auch helfen, die religiösen Glaubenssätze, die tief in unsere Psyche eingeprägt sind, zu entdecken und uns der Gefühle bewusst werden, die uns in diesem Zusammenhang beherrschen – und zwar unabhängig davon, ob diese alten Glaubenssätze in unserem Elternhaus Gültigkeit hatten oder nicht! Ob wir wollen oder nicht, unsere Psyche ist Teil einer kollektiven Psyche und davon geprägt. Das weiß ich aus eigener Erfahrung. Daher empfehle ich auch denjenigen unter Ihnen, die sich von einschränkenden kirchlichen Dogmen frei wähnen, sich mit diesem Kapitel auseinanderzusetzen.

Es gehört zum Prozess des Erwachens, dass wir, bevor wir eine neue Stufe erreichen, mit Widerständen zu kämpfen haben. Diese Widerstände sind nicht einfach unliebsame Störenfriede, sondern spielen eine wichtige Rolle für unsere Entwicklung. Tun Sie sie, falls sie auftauchen, also bitte nicht einfach ab, sondern betrachten Sie sie aufmerksam. Solch ein Widerstand kann sein: »Das ist mir alles zu groß« oder »Das ist Gotteslästerung«, »Sünde«, »Wenn ich so denke, bin ich größenwahnsinnig«, um nur einige Beispiele zu nennen.

In diesem Buch werden Sie sich mit einer Auffassung von Gott beschäftigen, die nicht dem Bild entspricht, das Ihrer Psyche einprogrammiert wurde. Sie leuchtet Ihnen vielleicht zutiefst ein, womöglich entspricht sie Ihrer eigenen Gottesvorstellung. Doch für Ihre Psyche ist dieser neue Gott ein Verrat am alten Gott, ein Frevel, ein Verstoß. Tun Sie die dabei auftauchenden negativen Gefühle also bitte nicht als idiotisch oder unwichtig ab, sondern kümmern Sie sich um sie. Ebenso wie um die negativen Gefühle, die Sie Gott, dem Schicksal oder der Realität entgegenbringen und die manchmal durch Ereignisse ausgelöst werden können: Wut, Zorn, Hass auf Gott oder auf das Schicksal beispielsweise. Diese Gefühle bewusst wahrzunehmen und ihnen das zu geben, was sie von Ihrem Herzen brauchen, kann ein sehr berührender Einstieg in eine spirituelle Erfahrung sein.

Wie wichtig der Umgang
mit Gefühlen auf dem Weg ist

Wie wir mit unseren Gefühlen umgehen, ist eine der wichtigsten Fragen, die wir auf unserem Weg zur Wahrheit klären müssen. Denn was uns bisher in spiritueller Hinsicht klein und unwissend gehalten hat, sind nicht die Dogmen und Strafandrohungen der Kirche, auch nicht die eventuell einengenden Vorstellungen unserer Eltern, auch nicht unsere eigene Trägheit, sondern unsere Gefühle. Schuld. Angst. Schlechtes Gewissen. Sich klein, wertlos oder unwürdig fühlen. Sich schlecht fühlen. Wenn wir lernen, diese Gefühle bewusst wahrzunehmen, statt uns von ihnen unbewusst beherrschen zu lassen, können sie uns nicht mehr von der Wahrheit trennen. Indem wir unser Herz für diese Gefühle öffnen, kommen wir der göttlichen Realität ein fühlbares Stück näher.

Gefühle sind es, die uns zu Gott treiben, und Gefühle sind es, die bewirken, dass wir uns von Gott abwenden. Verzweiflung treibt uns dazu, Zuflucht in den göttlichen Armen zu suchen; ebenso wie Angst oder Trauer. Sehnsucht ist der zentrale Motor hinter unserer persönlichen Religion – sei es die Sehnsucht nach einer mütterlichen oder väterlichen Figur, sei es die Sehnsucht nach einem Ideal, die Sehnsucht nach etwas, das Sinn gibt, die Sehnsucht nach dem Heiligen, dem Schönen oder Sehnsucht nach dem Ursprung, der Wahrheit, die hinter allem verborgen ist, oder die Sehnsucht nach dem Ewigen, Unvergänglichen. Hinter einer Hinwendung zur Religion können aber auch negative Emotionen stecken wie Enttäuschung (man ist von der Welt enttäuscht oder von einem bestimmten Menschen) oder Angst vor dem Leben. Die gleichen Gefühle können uns dazu bewegen, uns von der Religion abzuwenden. Wir fühlen uns enttäuscht, verraten, im Stich gelassen, wir können sogar auf Gott wütend werden oder SIE hassen. Je weniger uns diese Gefühle bewusst sind, desto mehr beherrschen sie uns.

Diese Herrschaft nimmt ihr Ende, wenn wir uns ihnen zuwenden, sie bewusst fühlen und ihnen das geben, was sie von unserem Herzen brauchen. Dann entpuppen sie sich als wichtige Signale unserer Seele, die zum Weg gehören.

Die Wahrheit suchen bedeutet wahrnehmen lernen

Die Suche nach Gott bedeutet die Suche nach dem Hintergrund unseres Daseins. Was wir meinen, wenn wir »Gott« sagen, ist eigentlich die Wahrheit. Das, was hinter allem steckt. Gibt es einen Schöpfer, gibt es eine Absicht hinter der Schöpfung oder ist alles zufällig entstanden? Gibt es eine höhere Macht, die unser Leben bestimmt? Ist die ungeheuerliche Intelligenz, die sich in der Natur und in unserem menschlichen Denken und unserer Kreativität offenbart, eine abstrakte Kraft, die zufällig als Abfallprodukt der Evolution entstanden ist, oder ist es die Intelligenz und Kreativität eines Wesens, die sich in uns und der Natur offenbart? Hört jemand zu, wenn wir beten? Worum geht es eigentlich bei dem Ganzen?

Wenn wir Gott suchen, suchen wir die Wahrheit. Wir begnügen uns nicht mehr damit, blindlings zu glauben, was jemand anders über Gott und die Welt gesagt hat. Wir möchten wissen. Fühlen. Erleben.

Wer die Wahrheit sucht, muss offen dafür sein. Muss lernen wahrzunehmen (wahr-nehmen), darf niemals aufhören, Wahrnehmende/r zu sein. Darf nicht die erste beste Wahrnehmung, die ihn beeindruckt, in eine Überzeugung verwandeln, sonst macht diese Überzeugung ihn blind für weitere Entdeckungen oder Offenbarungen.

Im folgenden Kapitel stelle ich Ihnen zwei Methoden vor, die Sie befähigen, Wahrnehmende/r zu werden und es auch angesichts schwierigster Herausforderungen zu bleiben: die einfache Basistechnik der Meditation und die Körperzentrierte Herzensarbeit. Ich empfehle Ihnen, beide Methoden auch gleich auszuprobieren, da Ihnen sonst einiges, was später kommt, un- oder missverständlich sein könnte. Indem Sie sich die Körperzentrierte Herzensarbeit von nun an zum Begleiter bei der Lektüre dieses Buches machen, treten Sie in einen tieferen, transformierenden Prozess ein.

Mögen Sie frei sein. Frei von den Umständen, frei von sich selbst, frei von Ihren Gedanken ... Mögen Sie emporgehoben werden durch die Gegenwart des Geliebten, der auch Ihr eigenes Selbst ist.

Pir Vilayat Khan[95]

Meditation oder das Einschalten der Bewusstheit

Denken Sie in Ihrer Meditation, dass Sie so sehr Teil des Universums sind, dass Ihre Gedanken die Art sind, wie das Universum durch Sie denkt.

Pir Vilayat Khan[96]

Meditieren heißt innewerden. Anstatt unbewusst-automatisch vor sich hin zu leben und von äußeren Eindrucken und Gedanken absorbiert zu sein, einmal innehalten. Bewusst werden. Aufwachen. Die Instanz in sich wachrufen, die bewusst wahrnehmen kann, die Zeuge des Geschehens ist, statt in es verwickelt. Haben Sie diese bewusste Wahrnehmung erst einmal entdeckt, können Sie entscheiden, worauf Sie sie richten. Dies hängt wiederum davon ab, was Sie erreichen möchten. Wollen Sie präsent im Hier und Jetzt sein und die Sinneseindrücke wahrnehmen? Wollen Sie sich Ihrer Gedanken und Gefühle bewusst werden? Wollen Sie einer bestimmten Angelegenheit auf den Grund gehen? Wollen Sie Dimensionen Ihres Wesens entdecken, die im alltäglichen Bewusstseinszustand Ihrer Aufmerksamkeit entgehen? Wollen Sie die Wahrheit finden – wer bin ich, wozu bin ich hier, wie hängt alles zusammen? Wollen Sie Gott finden? Oder wollen Sie Gott oder der Wahrheit Raum geben, indem Sie schweigen?

Die Grundtechnik der Meditation ist einfach. Es ist das einfache Sitzen, wie es im Zen praktiziert wird.

Mit aufrechtem Rückgrat bequem sitzen – egal, ob auf einem Stuhl, einem Meditationskissen oder einem Bänkchen. Den Atem bewusst spüren, die Sinneseindrücke bewusst wahrnehmen, den Körper bewusst spüren.

Atem, Körper, Sinneseindrücke.[97]

Das ist alles. Ganz einfach.

Was es schwierig macht, ist, dass wir es nicht gewohnt sind, gegenwärtig zu sein. Wir sind gewohnt, uns von unseren Gedanken absorbieren zu lassen. Dies wird hier nicht bekämpft (dann wäre man ja wieder von einem Gedanken absorbiert), sondern: Sobald Sie merken, dass Gedanken Sie davongetragen haben, kehren Sie einfach zurück zum Atem, zum Körper, zu den Sinneseindrücken.

Eine Variante aus der Vipassana-Meditation: Wenn Sie merken, dass ein Gedanke Sie davongetragen hat, benennen Sie den Gedanken (Gedanke an Essen, Gedanke, dass es langweilig ist ...) und kehren mit Ihrer Aufmerksamkeit zurück zum Atem, zum Körper, zu den Sinneseindrücken.

Gedanken werden nicht verjagt, sie werden als Gedanken zur Kenntnis genommen. Körperempfindungen werden nicht korrigiert, sie werden zur Kenntnis genommen. Impulsen wird nicht nachgegeben, sie werden bewusst wahrgenommen.

Wer das wieder und wieder übt, entwickelt die beiden wichtigsten Fähigkeiten auf dem Weg: die Disziplin, nicht gleich jedem Gedanken oder Impuls nachzugeben, sondern ihn erst einmal wahrzunehmen, sowie die Fähigkeit, etwas bewusst wahrzunehmen. Diese Fähigkeit besitzen wir zwar alle, aber wir haben nicht gelernt sie anzuwenden. Gefühle und Gedanken sind für uns nicht etwas, das man wahrnimmt, sondern etwas, womit man sich identifiziert. So haben wir es gelernt. Wir identifizieren uns mit den Urteilen, die wir von unseren Eltern übernommen haben, mit unseren Meinungen, mit unseren Interpretationen und mit den Schlussfolgerungen, die wir aus bestimmten Ereignissen gezogen haben. Mit unseren Wünschen und Sehnsüchten, unseren Ängsten, unserem Ärger, unserer Trauer, unserem Schmerz, unserer Freude. Die Identifikation (also zu denken, »Ich bin schlecht« statt »Ich fühle mich schlecht«, »Ich ärgere mich« statt »Ich fühle Ärger«) macht es uns unmöglich, das, womit wir uns identifizieren, wahrzunehmen. Stattdessen erscheint es wie eine Tatsache, die unserem Denken, Fühlen und Handeln ganz selbstverständlich zugrunde liegt. Niemand hat uns gesagt, dass es auch die Möglichkeit gibt, innerlich einen Schritt zurückzutreten und seine Urteile, Meinungen, Überzeugungen, Gedanken, Gefühle wahrzunehmen. »Aha, so denke ich. Aha, da ist dieses Gefühl. Interessant.«

Bewusste Wahrnehmung ist sehr befreiend. Möglicherweise ist sie sogar die Befreiung schlechthin. Wir haben sie der Pionierarbeit der großen Yogis alter Zeiten sowie dem Buddha zu verdanken.

Meditation als Weg zum Erwachen

Wenn Sie meditieren, ohne bewusste Wahrnehmung einzuschalten, laufen Sie Gefahr, dass Ihre Meditationen Sie nicht der Wahrheit näherbringen, sondern in Fantasien, Interpretationen und Irrglauben verstricken. Wir lassen uns bei der Meditation also durch nichts fangen. Kein Gedanke, kein Gefühl, kein Eindruck, und sei er noch so herrlich, wird unsere bewusste Wahrnehmung überwältigen. Bis zu jenem Augenblick, da wir der höchsten Realität innewerden und es nichts mehr wahrzunehmen gibt, da unsere Wahrnehmung kein Objekt mehr hat und es nur noch ein Subjekt gibt.

Inwieweit wir diese Höhen des Erwachens bei unserer alltäglichen Lebensweise erreichen können, sei allerdings dahingestellt. Das Erwachen ist übrigens nur die eine Hälfte des Weges. Die andere besteht darin, dieses Erwachen im täglichen Leben umzusetzen. Es ist wunderbar, solche Momente des Erwachens zu erleben. Doch als Extra-Erlebnisse jenseits der alltäglichen Erfahrung nützen sie nicht viel. Um aus meinem Verstricktsein in meine Gedanken und Gefühle, meine persönlichen Illusionen und die alltägliche Perspektive zu erwachen, muss ich erst einmal entdecken, dass es auch etwas anderes gibt. Aus einem Traum kann ich ja auch nur erwachen, wenn ich eine Realität außerhalb dieses Traumes entdecke. Interessant – und wesentlich schwieriger übrigens – wird es, wenn ich mir die Perspektive, die ich im erwachten Zustand gefunden habe, im täglichen Leben bewahre. Das ist es, was mich transformiert und womit ich – in den Worten Hazrat Inayat Khans – Gott zur Realität mache, der ansonsten im Himmel bliebe, also nur potentiell Realität wäre. Und weiter noch: Nur indem ich das tue, entdecke ich SIE tatsächlich. »Etwas in uns«, schreibt Pir Vilayat Khan, »verlangt nach der Welt der Formen und nach den Erfahrungen der Sinne, des Verstandes und all der anderen Instrumente, die uns gegeben sind. Doch es kommt der Moment, wo wir das Gegenteil suchen und, wie die Sufis sagen, teilnehmen an dem Vorgang, in dem Gott sich aus der Mannigfaltigkeit in die Einheit zurückzieht.« Letzteres wird leicht verstanden und viele Menschen halten es für Meditation, bedauerlicherweise. Doch es ist nur die Hälfte der Meditation. Die andere Hälfte – jene vervollständigend – besteht darin, »Gott Wirklichkeit werden zu lassen«, wie Hazrat Inayat Khan sagt.[98]

Auch hierum geht es in unserem Experiment. Um es durchführen zu können, werden Sie keine höheren Meditationstechniken benötigen, wohl aber eine Grundhypothese über Gott, die Ihnen einleuchtet, und die Entschlossenheit, für eine von

Ihnen festgesetzte Zeit so zu tun, als sei diese Hypothese wahr. Auf diese Weise probieren Sie die These aus, ohne sie gleich zum neuen Glaubenssatz zu deklarieren. Der Ausgang ist offen. Gleichzeitig aber sind Sie, wenn Sie das tun, bereits dabei, »Gott Wirklichkeit werden zu lassen«.

Meditation mit Herz

Unsere Motivation zu meditieren kann zu Zeiten stärker oder schwächer sein. Das ist normal. Doch wenn Sie das Meditieren eine Zeitlang geübt haben, werden Sie es nicht mehr missen wollen. Fünf Minuten bis eine halbe Stunde Meditation, am besten morgens als Erstes oder abends als Letztes, ist eine kostbare Zeit, die uns erneut mit unserem Wesenszentrum verbindet, mit der Quelle unseres inneren Wissens, unserer Liebe, unserer Sehnsucht. Sie stärkt, erfrischt und inspiriert und gibt uns neue Motivation. Wenn Sie diese jeweils noch mit Herzensarbeit kombinieren, indem Sie sich als Erstes um die Gefühle kümmern, die mit Ihren gerade vorherrschenden Sorgen oder Anliegen verbunden sind, treten Sie die Meditation mit offenem Herzen an, und nun, da Ihr Herz beteiligt ist, haben Sie eine wesentlich größere Chance, den, den Sie suchen, auch zu finden – und sich selber finden zu lassen.

Voller Vorfreude eile ich
zu meinem Rendezvous mit mir selbst,
meinem morgendlichen Stelldichein
mit meiner Seele, meinem Gott,
meinem allerheiligsten Selbst,
meinem Geliebten.

Safi Nidiaye[99]

Körperzentrierte Herzensarbeit – Alltägliche Probleme als Ausgangspunkt für den Weg

Die schwierigen Situationen, in denen wir mit großer Mühe uns zu befreien versuchen, sind in Wirklichkeit die Geburtswehen, durch die Gott ins tägliche Leben geboren wird, und die Mittel, durch die unsere Seele sich entfaltet.

Pir Vilayat Khan[100]

Unsere Motivation, Gott zu suchen, rückt leicht in den Hintergrund, wenn wir mit aktuellen Ereignissen und Problemen beschäftigt sind. Wenn ich unter Geldnot leide und die Miete nicht bezahlen kann, gilt mein größtes Interesse der Frage, wie ich zu Geld kommen kann. Wenn ich krank bin, interessiert mich die Heilung am meisten. Wenn ich verliebt bin, gilt mein Interesse der Frage, wie ich mit dem Objekt meiner Zuneigung zusammenkommen oder zusammenbleiben kann. Wenn ein geliebter Angehöriger krank ist, gilt mein größtes Interesse der Frage, wie ich ihm oder ihr helfen kann. Doch gerade wenn ich mich diesen Problemen aufmerksam zuwende, erweisen sie sich als wertvolle Mittel zur Rückverbindung mit Gott oder unserem innersten Wesenskern.

Es ist daher ein großer Fehler, die Probleme an der Garderobe abzugeben, bevor wir den Tempel betreten. Persönliche Probleme sind *die* Gelegenheiten zum Erwachen, die besten, die es gibt. Die naheliegendsten. Wenn Sie Herzensarbeit mit genau dem Thema, das Sie gerade beschäftigt – wie banal es auch sein mag – machen, erweist sich was zuvor ein lästiges Problem war, als kostbare Gelegenheit, aus einer alten Identifikation zu erwachen, den Himmel im Herzen (wieder) zu entdecken und der Wahrheit und damit Gott näherzukommen.

Was ist Körperzentrierte Herzensarbeit?

Die »Arbeit« bei der Körperzentrierten Herzensarbeit besteht im Einschalten und Lenken der bewussten Wahrnehmung. Sie basiert auf der Grundtechnik der Meditation, die ich im vorangegangenen Kapitel vorgestellt habe. Bewusste Wahrnehmung kann man mit einem Scheinwerfer vergleichen. Im Zen-Sitzen beleuchtet dieser Scheinwerfer *nichts Besonderes*. Einfach das, was in seinem Lichtkreis auftaucht. In der Körperzentrierten Herzensarbeit – ein Kind von Zen, daher die zwei »Zens« im Namen (Körper*Zen*trierte Her*Zen*sarbeit) – wird dieser Scheinwerfer, das gebündelte Licht der konzentrierten Wahrnehmung, auf *etwas Bestimmtes* gerichtet. Auf einen bestimmten Gedanken, nämlich auf den Gedanken, der uns gerade am meisten beschäftigt. Beispielsweise die Erinnerung an ein Ereignis, das uns belastet, eine Person, über die wir uns ärgern, oder an etwas, wonach wir uns sehnen oder wovor wir Angst haben. Das ist das Thema, auf das wir uns nun konzentrieren. Der Scheinwerfer der bewussten Aufmerksamkeit bleibt auf diesen Gedanken gerichtet und bringt nach und nach alles ans Licht, was damit verbunden ist: bestimmte Körperempfindungen oder Symptome, die sich einstellen, wenn man an das Thema denkt; bestimmte Gefühle, die man entdecken kann, wenn man die Aufmerksamkeit in die Körperempfindungen hinein vertieft, und bestimmte Herzensregungen, die dem betreffenden Gefühl bisher verweigert wurden, die es aber wie jedes Gefühl gebraucht hätte, um seinen Platz im Herzen (unserem fühlenden Zentrum) zu bekommen.

Jeder Gedanke (der für uns bedeutsam ist) ruft einen bestimmten Körperzustand hervor, und in diesem Körperzustand manifestiert sich das Gefühl, das mit diesem Gedanken verbunden ist. Wenn Sie denken »Was für ein herrlicher Sonnenschein«, weitet sich vielleicht Ihre Brust, Ihr Atem wird tiefer, Ihre Mundwinkel gehen nach oben, und wenn Sie diesen Gedanken und diesen Körperzustand bewusst erleben, entdecken Sie das Gefühl dazu: Freude. Oder Dankbarkeit. Wenn Sie denken »So ein gemeiner Hund, dem werde ich's heimzahlen«, entsteht vielleicht eine Spannung im Kiefer und in den Armen. Darin können Sie ein Gefühl von Wut entdecken.

In dem Zustand, den Ihr Körper manifestiert, wenn Sie an Ihr Thema denken, entdecken Sie auf die direkteste und einfachste Weise die Gefühle, von denen Sie in Bezug auf Ihr Thema unbewusst beherrscht werden.

Erwachen bedeutet Perspektivenwechsel

Sobald Sie ein solches Gefühl entdeckt haben, ist das Entscheidende der Perspektivenwechsel. Wenn das Gefühl in Ihrem Bewusstsein auftaucht, sind Sie zunächst mit ihm identifiziert, das heißt, Sie *sind* wütend oder dankbar. In diesem Zustand ist Ihre Aufmerksamkeit auf die Außenwelt gerichtet, auf das, was Sie wütend oder dankbar macht. Geben Sie nun dem Scheinwerfer der Aufmerksamkeit eine andere Richtung. Lenken Sie ihn auf das Gefühl. Kehren Sie den äußeren Umständen den Rücken. Nehmen Sie stattdessen Ihr Gefühl wahr. Erforschen Sie es. Lernen Sie es kennen. Auf diese Weise erwachen Sie aus der Identifikation mit dem Gefühl. Es ist nicht mehr etwas, das Sie beherrscht und einnimmt; nicht mehr etwas, das Sie *sind*, eine Art Tatsache also, sondern vielmehr etwas, das Sie fühlen.

Dieses Gefühl war bisher aus Ihrem Bewusstsein und aus Ihrem Herzen verdrängt, das heißt, Sie haben es nicht bemerkt und auch nicht gefühlt (mit dem Herzen). Ins Bewusstsein ist es nun zurückgekehrt, ins Herz noch nicht, denn noch ist die Tür zu Ihrem Herzen, bildlich gesprochen, mit bestimmten Schlössern vor diesem Gefühl versperrt. Solche Schlösser sind das, womit Sie das betreffende Gefühl einst verdrängt haben: beispielsweise Verbot - weil es verboten war, es zu fühlen; Verachtung (weil man derartige Gefühle in Ihrer Familie verachtete); Angst – das Gefühl erschienen Ihnen zu groß, zu schlimm. Damit nun das Gefühl in Ihr Herz, Ihr fühlendes Wesenszentrum, zurückkommen kann, müssen Sie diese Schlösser entfernen. Das geht ganz einfach, nämlich indem Sie eine Reihe von Schlüsselwörtern aussprechen oder denken und beobachten, welche davon eine Wirkung auslösen. Diese »Herzensschlüssel« sind Worte, welche die natürlichen Regungen bezeichnen, mit denen das Herz auf ein Gefühl reagiert, und sie bezeichnen stets das Gegenteil von dem, womit wir das Gefühl einst ausgesperrt hatten. Ein Gefühl, das wir uns verboten hatten, wird auf das Schlüsselwort »Erlaubnis« reagieren, eines, das wir aus Verachtung in die Verbannung geschickt hatten, auf das Wort »Achtung«. Eines, das wir aus Angst, dass es uns verschlingt, verdrängt haben, reagiert auf »als Gefühl erkannt werden statt für eine Tatsache gehalten zu werden«, und so fort.

Wird der richtige Schlüssel angesprochen, also der, der bezeichnet, was dem betreffenden Gefühl bislang immer verweigert wurde, so löst dies eine Reaktion der Erleichterung, des Berührtseins oder der Erschütterung aus. Dies ist zugleich das Zeichen dafür, dass das Schloss aufgegangen ist und Ihr Herz von diesem Gefühl berührt wurde und sich ihm geöffnet hat. Diese Reaktion wird manchmal stark, manchmal nur ganz subtil erlebt.

Anschließend gehen Sie im Geist wieder in die Ausgangssituation (die Sie sich am Anfang vorgestellt hatten) und beobachten, in welcher Weise sich Ihr Körperzustand und Ihr Verhältnis zu der betreffenden Situation oder Person und zu Ihrem Gefühl verändert hat. Sie werden immer eine Veränderung feststellen, auch wenn Sie nur ein einziges Gefühl ins Herz geholt haben und noch gar nicht in die Tiefen des Problems vorgedrungen sind.

Übung »Körperzentrierte Herzensarbeit«

Schließen Sie die Augen.
Nehmen Sie die Sinneseindrücke wahr.
Spüren Sie Ihren Atem.
Spüren Sie Ihren Körper.
Lassen Sie nun in Ihrem Bewusstsein das Problem oder Thema auftauchen, das Sie im Augenblick am meisten beschäftigt. Wählen Sie das, was als Erstes auftaucht oder Sie ohnehin die ganze Zeit beschäftigt.

Erster Schritt: Sich das Thema vergegenwärtigen und eine Ausgangssituation wählen

Denken Sie an die betreffende Situation, erinnern Sie sich an das Ereignis, die Person/en ... oder malen Sie es sich aus, falls es etwas betrifft, das noch vor Ihnen liegt. Stoppen Sie den inneren Film bei einem bestimmten Bild. Das ist Ihre »Ausgangssituation«.

Zweiter Schritt: Den Körperzustand kennenlernen, der mit dem Thema verbunden ist

Spüren Sie Ihren Atem und Ihren Körper. Achten Sie auf besondere Symptome: Verspannungen, die auftauchen, während Sie an die Situation denken, oder Schmerzen, Zittern, Hitze, Kälte, Taubheit ... Konzentrieren Sie Ihre Aufmerksamkeit in dem (oder einem) Körperbereich, der Reaktionen aufweist. Seien Sie in dem besonderen Körperzustand anwesend, der sich dort zeigt (anstatt ihn von außen zu betrachten), spüren Sie Ihren Atem. Erleben Sie den Zustand aufmerksam. Lernen Sie ihn kennen. Es ist wahrscheinlich nicht nur der Zustand Ihres Körpers. Es ist *Ihr* Zustand, der sich im Körper manifestiert.

Dritter Schritt: Das Gefühl darin entdecken

Lenken Sie Ihre Wahrnehmung nun darauf, wie Sie sich fühlen, während Sie diesen besonderen Körperzustand erleben. Spüren Sie Ihren Atem und achten Sie darauf, wie es Ihnen geht, wie Sie sich fühlen, welches Gefühl in Ihrem Bewusstsein auftaucht. Prüfen Sie, ob der Name, den Sie ihm gegeben haben, genau stimmt (wenn er stimmt, bewirkt das meistens eine Erleichterung oder Beruhigung). Der Name ist wichtig, sonst fühlt sich dieser Teil nicht richtig erkannt. Es ist beispielsweise ein Unterschied, ob Sie Furcht oder Angst empfinden, Wut oder Zorn, Trauer oder Verzweiflung, auch wenn die Gefühle einander ähneln mögen.

Nachdem Sie das Gefühl entdeckt haben, nehmen Sie sich Zeit, es ausführlich zu erleben, es bewusst kennenzulernen, bewusst zu fühlen. Spüren Sie Ihren Atem dabei. Schenken Sie dem Gefühl Ihre ganze Aufmerksamkeit. Dieses Gefühl war schon die ganze Zeit vorhanden, aber Sie haben ihm nie wirklich Aufmerksamkeit geschenkt. Dies ist daher ein wichtiger Moment. Versinken Sie nicht in dem Gefühl, sondern geben Sie ihm Aufmerksamkeit und Zuwendung. Falls es schwierig sein sollte, prüfen Sie, ob Sie Ihre Perspektive wieder wechseln müssen. Schauen Sie das Gefühl an oder sind Sie mit ihm identifiziert und schauen die Tatsachen an?

Vierter Schritt: Ihr Herz für das Gefühl öffnen

Schalten Sie nun die Ebene des Herzens ein, indem Sie sich fragen: Was braucht dieses Gefühl von mir? Auf welche Weise kann ich mein Herz für dieses Gefühl öffnen? Probieren Sie die folgenden Herzensschlüssel durch, indem Sie sich die Worte vorsagen, während Sie weiter mit Aufmerksamkeit und Atem bei dem betreffenden Gefühl bleiben. Achten Sie auf die Reaktion. Immer wenn sich eine Reaktion des Berührtseins, der Erleichterung oder der Erschütterung einstellt, hat sich das Herz durch den betreffenden Schlüssel geöffnet. Probieren Sie dennoch alle Schlüssel durch, am besten sogar zweimal hintereinander. Viele Gefühle brauchen mehrere Schlüssel, manchmal in einer bestimmten Reihenfolge.

Stellen Sie sich die Frage: Was braucht dieses Gefühl von meinem Herzen?
   Schlagen Sie sich als Antwort vor:

wahrgenommen werden
Verständnis
Anerkennung
Erlaubnis (dass es da sein darf)
Erbarmen (dass es nicht alleingelassen wird)
Mitgefühl
Achtung
Raum

als Gefühl erkannt werden statt als Tatsache
gefühlt werden

Im zweiten Durchgang können Sie noch einige Varianten ausprobieren, zum Beispiel:

Rehabilitation (von Verurteilung befreit werden)
Beachtung, nicht übergangen werden
Würdigung.

Fünfter Schritt: Wieder an die Ausgangssituation denken

Im letzten Schritt denken Sie wieder an Ihr Thema und versetzen sich erneut in die Ausgangssituation. Sehen Sie sich mitten in der Situation. Im Unterschied zu vorher werden Sie nun nicht mehr unbewusst von dem Gefühl, das Sie eben entdeckt haben, beherrscht, sondern nehmen es bewusst und mit offenem Herzen wahr. Wie entfaltet sich die Situation nun vor Ihrem inneren Auge? Was verändert sich an Ihrem Verhalten, Ihrer Sichtweise? Was macht Ihr Körper?

Anschließend prägen Sie sich den Namen des Gefühls gut ein, damit Sie es sofort wiedererkennen, wenn es erneut ausgelöst wird, und dann nicht mehr in Identifikation und Verdrängung fallen, sondern es auch in der realen Situation bewusst wahrnehmen. Sie werden merken, dass dies bereits eine große Veränderung bewirkt.

Mit der Bewusstmachung eines Gefühls ist es aber nicht getan. Ein Thema, das Sie emotional beschäftigt, besteht aus vielen Schichten von Gefühlen. Wenn Sie ganz von der zugrundeliegenden Problematik und den damit zusammenhängenden unbewussten Überzeugungen befreit werden möchten, lohnt es sich, dem Thema mit der gleichen Technik auf den Grund zu gehen.

Gehen Sie den geschilderten Weg immer wieder:

- An Thema und Ausgangssituation denken
- Körperzustand bewusst erleben
- Gefühl darin entdecken und bewusst fühlen
- Herzensschlüssel durchprobieren
- erneut an Thema und Ausgangssituation denken.

Sie werden dabei auf verschiedene Schichten von Gefühlen stoßen. Wichtig zu wissen: Unter jeder negativen Emotion ist ein Schmerz verborgen und Sie sind erst dann durch das Problem »hindurch«, wenn Sie diesen Schmerz gefunden und ihm Ihr Herz geöffnet haben. Was ich hier als Schmerz bezeichne, ist das eigentliche Gefühl, das, was Ihnen an der Angelegenheit wehtut. Es ist stets der Schmerz einer seelischen Verletzung aus der Vergangenheit, meist aus der Kindheit. Hierbei kann es sich um Gefühle von Wertlosigkeit, Schuld, Schlechtigkeit handeln, um Demütigung oder Herabsetzung oder um das Gefühl, im Stich gelassen, verraten oder Opfer von Unrecht geworden zu sein; um den Schmerz der Ohnmacht, des Alleinseins ...

Die zustimmende Reaktion, die zeigt, dass der richtige Herzensschlüssel angesprochen wurde, werden Sie manchmal sehr stark erleben und manchmal nur ganz schwach. Oft braucht ein Gefühl mehrere Schlüssel (weil es auf mehrere Arten verdrängt worden ist, beispielsweise durch Ignorieren, durch Verbot und durch Verachtung, oder weil man es die ganze Zeit mit einer Tatsache verwechselt hat und es daher gar nicht wahrnehmen konnte). Manchmal braucht es erst den einen Schlüssel, damit dann der andere wirken kann. Beispielsweise reagiert es im ersten Durchgang nicht auf Mitgefühl, weil es zunächst Achtung braucht. Erst wenn es Achtung bekommen hat, kann »Mitgefühl« angenommen werden.

Dies sind die Grundschritte der Übung. Probieren Sie sie aus, bevor Sie weiterlesen. (Ausführlich geschildert habe ich die Übung in einer Reihe von Büchern.[101] Zum leichteren Erlernen und Üben gibt es auch CDs.[102])

Zum besseren Verständnis ein Beispiel. Anke hat sich über ihren Mann geärgert. Das ist das Thema, das sie sich anschauen möchte. Sie ruft die Erinnerung an die Situation wach. Sie spürt ihren Atem und ihren Körper. Sie entdeckt, dass ihr Magen verkrampft ist, ihre Schultern angespannt sind und ihr Atem flach, kurz und kräftig ist. Sie entdeckt in diesem Körperzustand ein Gefühl: Wut. Sie richtet die Aufmerksamkeit nun statt auf die Erinnerung an die Situation ganz und gar auf die Wut und lernt sie kennen. Während sie bewusst ihren Atem spürt, fühlt sie die Wut ausgiebig. Nun fragt sie sich, was diese Wut von ihrem Herzen braucht, und merkt, dass Anerkennung, Erlaubnis, Verständnis, Achtung Erleichterung bringen und dass die Wut außerdem als Gefühl wahrgenommen werden möchte. Beim zweiten Durchgang merkt sie, dass diese Wut, nachdem sie nun als Gefühl erkannt ist statt wie vorher eine Art innere Tatsache zu sein, auch noch Raum braucht.

Einem Thema
auf den Grund gehen

Wenn Sie einem Problem auf den Grund gehen möchten, wiederholen Sie diese Abfolge immer wieder, bis Sie alle oder zumindest einige der wichtigsten damit verbundenen Gefühle ans Licht und ins Herz geholt haben. Finden Sie den Schmerz, der dem Problem zugrunde liegt. Es ist immer der Schmerz einer alten seelischen Wunde. Früher oder später tritt er bei dieser Übung zutage, beispielsweise der Schmerz der Ablehnung, der

Verurteilung, der Demütigung, des Unrechts, oder man fühlt sich verlassen, schuldig, schlecht, hässlich, wertlos.

Das ist das eigentliche Gefühl. Das Problem besteht immer darin, dass man es für eine Tatsache hält, statt zu erkennen, dass es ein Gefühl ist, und man es daher nicht wahrnehmen kann, sondern damit identifiziert ist. »Ich bin schlecht.« »Ich bin abgelehnt.« »Der andere ist mehr wert, ich stehe unter ihm.« Das ist, als Tatsache genommen, unerträglich. Daher reagieren wir mit allerlei negativen Emotionen.

Führen wir Ankes Beispiel weiter. Nachdem Anke die Wut in ihr Herz geholt hat, denkt sie erneut an die Ausgangssituation. Sie merkt, dass sie sich in der gleichen Situation, sollte sie sich wiederholen, bereits ganz anders verhalten würde, wenn sie ihre Wut bewusst wahrnehmen würde. Sie nimmt sich das für die Zukunft vor.

Hier könnte sie die Übung vorerst beenden. Anke möchte dem Problem jedoch auf den Grund gehen.

Sie denkt also erneut an die Situation und spürt wieder in ihren Körper hinein.

Ein Schluchzen steigt aus ihrer Kehle auf. Sie richtet ihre Aufmerksamkeit auf die Kehle, auf das Schluchzen und die Tränen, auf das Gefühl von Verzweiflung, das darin enthalten ist, und öffnet ihr Herz dafür. Was es vor allem braucht, ist, dass es gesehen wird, und Erbarmen – was bedeutet, dass Anke nicht in der Verzweiflung verschwindet, sondern sich um sie kümmert.

Nachdem sie Wut und Verzweiflung nun versorgt hat, möchte sie herausfinden, worin der Schmerz besteht, auf den Wut und Verzweiflung sich beziehen. Sie schaut sich erneut die Erinnerung an die Szene an und fragt sich, was daran eigentlich so schlimm für sie war. Sie lässt die Erinnerung auf sich wirken, ohne Wut, Verzweiflung oder eine sonstige emotionale Reaktion dazwischenzuschieben. Sie setzt sich der Situation also direkt aus, ohne sich davor zu schützen. Da taucht der Schmerz auf. Das schlimme Gefühl. Es heißt Demütigung. Anke hat sich durch das Verhalten ihres Mannes gedemütigt gefühlt. Direkt nach dieser Entdeckung scheint Demütigung noch eine Tatsache zu sein; aber Anke erinnert sich rechtzeitig, dass es in dieser Übung darum geht, Körperzustände und Gefühle anzuschauen, nicht Tatsachen. So lernt sie den Körperzustand und das Gefühl von Demütigung aufmerksam und bewusst kennen und probiert auch für dieses Gefühl – den Schmerz – die Herzensschlüssel durch. Sie merkt, dass dieses Gefühl eigentlich nur eins braucht: bewusst gefühlt werden und dadurch als Gefühl erkannt statt weiterhin für eine Tatsache gehalten zu werden.

Anke schließt die Übung ab, indem sie sich erneut in die Situation hineinversetzt, nun mit dem Gefühl der Demütigung im Bewusstsein und im Herzen und in dem Wissen, dass es sich hier um ihr Gefühl handelt und nicht um eine Tatsache. Nun kann sie der Situation entspannt ins Auge blicken. Und plötzlich wird ihr klar, dass ihr Mann sich durch ihr Verhalten gedemütigt gefühlt und deshalb so reagiert hat!

Zu den Erkenntnisprozessen, die mit der Herzensarbeit verbunden sind, gehört auch, dass man bei manchen Gefühlen die Eingebung hat oder den Eindruck gewinnt, dass es eigentlich fremde Gefühle sind, die man übernommen hat. Anke könnte sich an dieser Stelle fragen, ob sie das Gefühl von Demütigung, das ihr Mann hatte, möglicherweise unbewusst von ihm aufgefangen hat, und es ihm »zurückgeben«.[103]

Zurück zur Übungsanleitung. Mit Schmerz ist immer Sehnsucht verbunden. Vielleicht interessiert es Sie auch, die Sehnsucht zu entdecken, die mit Ihrem Schmerz verbunden ist. Die Sehnsucht nach seinem Gegenteil. Sehnsucht ist auch ein Gefühl, sie kann ebenso wie andere Gefühle auch körperlich gespürt werden, und auch sie möchte bewusst gefühlt und ins Herz aufgenommen werden. Spüren Sie Ihre Sehnsucht also auch körperlich, anstatt sie nur zu denken (meist ist es ein Ziehen im Herzen) und prüfen Sie, was sie von Ihrem Herzen braucht.

Hier die wichtigsten Herzensschlüssel für Sehnsucht:
wahrgenommen werden
Erlaubnis
Anerkennung
Achtung
Raum
für möglich halten (dass sie sich erfüllen kann), d.h. Befreiung von dem Gedanken, dass ihre Erfüllung unmöglich sei[104]
geehrt werden
hochgehalten werden
gefühlt werden.

Schließlich lohnt es sich auch noch, das positive Gefühl zu entdecken, auf das Ihre Sehnsucht sich bezieht. Die Technik: Nachdem Sie (im vorigen Schritt) Ihr Herz für Ihre Sehnsucht geöffnet haben, konzentrieren Sie sich weiterhin auf diese Sehnsucht und betrachten Sie die Bilder, mit der sie sich ausdrückt. Mit Sehnsucht ist immer ein Bild verbunden. Sehne ich mich nach Urlaub auf einer Insel, so sehe ich automatisch diese Insel vor mir oder mich am Strand sitzen. Sehne ich mich nach Freiheit, da ich meine Beziehung als einengend empfinde, so verbinden sich damit automatisch Bilder, die zeigen, was ich mir unter Freiheit vorstelle.

Betrachten Sie also das Bild der Wunscherfüllung. Versetzen Sie sich in die Szene hinein.

Spüren Sie Atem und Körper und vertiefen Sie Ihre Aufmerksamkeit in den Körperzustand, der dazugehört. Lernen Sie ihn kennen, indem Sie ihn bewusst erleben. Hier geht es im allgemeinen nicht, wie bei den negativen Emotionen, um ein Symptom, das sich in einem Teilbereich des Körpers ausdrückt, sondern um einen körperlichen Gesamtzustand. Erleben Sie ihn ganz bewusst und aufmerksam. Richten Sie dann Ihre Aufmerksamkeit darauf, wie Sie sich darin fühlen.

Entdecken Sie das (positive) Gefühl darin. Wie heißt es? Benennen Sie es möglichst genau, und dann nehmen Sie sich Zeit, es bewusst kennenzulernen. Spüren Sie Ihren Atem dabei. Versinken Sie nicht in dem Gefühl, so schön es auch sein mag, sondern bleiben Sie Wahrnehmende/r.

Prüfen Sie, was dieses positive Gefühl von Ihrem Herzen braucht:

wahrgenommen werden?
Anerkennung, dass es existiert?
Erlaubnis, da sein zu dürfen?
Raum?
gefühlt werden?
als Gefühl wahrgenommen werden statt als Tatsache?
und, einmal als Gefühl erkannt, Pflege? Zuwendung?
dass Sie es oft und viel fühlen?

Probieren Sie diese Schlüssel durch, während Sie das Gefühl bewusst wahrnehmen. Merken Sie sich die wichtigsten Schlüssel, die, bei denen Sie eine deutliche Erleichterung oder Zustimmung verspürt haben. Wenn Sie nun in Ihrem täglichen Leben üben, dieses Gefühl wahrzunehmen, wird es nach und nach selbstverständlicher Bestandteil Ihres Gefühlshaushalts werden und Ihre Persönlichkeit und Ihre Lebenssituation verändern.[105]

Dies ist, in Kurzform, die Übung der Körperzentrierten Herzensarbeit. Wenn Sie sie anwenden, vergessen Sie nicht,

- Ihren Atem wahrzunehmen
- sich immer wieder klarzumachen, dass es darum geht, Gefühle anzuschauen, und nicht über Tatsachen nachzudenken
- neutral Wahrnehmende/r zu bleiben.

Körperzentrierte Herzensarbeit ist ein Instrument, das uns in die Lage versetzt, aus der Identifikation mit unseren Gefühlen und Gedanken zu erwachen, unsere Probleme zu lösen, auch unseren Körper zu heilen oder unseren Zustand zu verbessern, uns unsere Wünsche zu erfüllen und aus unseren Reaktionsmustern herauszukommen. Nicht jedes körperliche Symptom kann mit Körperzentrierter Herzensarbeit gebessert oder zum Verschwinden gebracht werden, wohl aber die meisten. Und selbst wenn ein Symptom hartnäckig unverändert bleibt, lohnt es sich, sein Herz für die Gefühle zu öffnen, die dies in uns auslöst. Mit Hilfe der Herzensarbeit können sich unsere Probleme als Ausgangspunkt für die Reise zu Gott oder zur Wahrheit erweisen. Denn jedes Mal, wenn wir aus einer alten negativen Identifikation erwacht sind, rückt uns die Wahrheit ein Stück näher, und jedes Mal, wenn wir unser Herz geöffnet haben, berührt sie uns für einen Augenblick.

Ab jetzt empfehle ich Ihnen, zu jedem Thema, das bei der Lektüre in Ihnen aufgewühlt oder angeregt wird, Herzensarbeit zu machen. Unterbrechen Sie die Lektüre kurz und vergegenwärtigen Sie sich die Grundschritte der Übung noch einmal:

- das Thema vergegenwärtigen
- den Atem spüren
- den Körperzustand kennenlernen

- die Emotion darin entdecken und kennenlernen
- feststellen, was diese von Ihrem Herzen braucht.
- in allen Phasen den Atem spüren.

Zum Merken oder Notieren die Kernschritte noch einmal in Ultra-Kurzform:

- Körper
- Emotion
- Herz.

»Unser ganzes Drama liegt in der Identifikation. Würden wir uns nicht mit bestimmten Gedanken und Gefühlen identifizieren, so gäbe es kein Leid, kein Drama und wesentlich weniger Probleme.«

Safi Nidiaye[106]

Gebet

*Gebet ist ein eher ein Dialog zwischen zwei Polen unseres
Wesens als zwischen zwei getrennten Wesenheiten.*

Pir Vilayat Khan[107]

Gebet ist die einfachste Form der Rückverbindung, zumindest
für den westlichen Menschen, der eher ans Denken und Reden
gewöhnt ist als ans Meditieren. Und übrigens auch für den eif-
rigen Meditierenden eine kostbare Ergänzung der Praxis – die
sich zu Beginn oder am Ende der Meditation manchmal regelrecht aufdrängt, wenn eine Not uns dazu treibt, um etwas zu
bitten, oder Dankbarkeit uns bewegt, eine »Lobpreisung« auszudrücken.

Was geschieht im Gebet? Wie kann es sein, dass ein Gedanke,
den wir in unserem Kopf haben und als stilles Gebet formulieren, oder einer, den wir im stillen Kämmerlein laut aussprechen,
überhaupt von Gott gehört wird? Wenn Gott jemand oder etwas anderes ist als wir selbst, wie kommt Er/Sie dann in unseren Kopf, um unser Gebet zu hören? Und wenn Gott nicht jemand anders ist als wir selber, wozu brauchen wir dann
überhaupt das Gebet? Weiß ES nicht ohnehin, was wir brauchen? Und wozu müssen wir dann Gefühle wie Dankbarkeit
überhaupt in Gebetsform ausdrücken, ES fühlt sie doch ohnehin? Und wozu muss ES gepriesen werden?

Wenn wir beten, wenden wir uns dem höchsten Pol unseres eigenen Wesens zu. Allein dieses Hinwenden ist schon Gold wert, weil wir uns durch diese Hinwendung erinnern, dass es diesen anderen Pol gibt. Selbst wenn wir uns einfach nur an Gott wenden, ohne irgendetwas zu formulieren, ist dies bereits ein Geschenk an uns selber, weil wir Raum schaffen für eine höhere Realität. Und es ist übrigens auch ein Geschenk für diese höhere Realität.

> *»Der Gläubige betet nicht nur zu Gott, sondern er betet vor Gott und in der Gegenwart Gottes ... Wenn die Vorstellungskraft dem Menschen geholfen hat, ihm die Gegenwart Gottes nahezubringen, wird der Gott in seinem Herzen erweckt. Dann, bevor er noch ein Wort ausspricht, wird es von Gott schon gehört.«*
>
> Hazrat Inayat Khan[108]

Im Bittgebet machen wir uns einen Wunsch oder eine Sehnsucht bewusst und erinnern uns gleichzeitig daran, dass die Erfüllung von einer höheren Ebene kommt. Beten im Sinne von Bitten hilft, sich selbst über seine Gefühle klar zu werden. Wenn ich im Gebet eine Bitte formuliere, steigen manchmal Tränen auf und mir kommt eine lang unterdrückte Trauer ins Bewusstsein oder Verzweiflung darüber, dass die Erfüllung des Gebets scheinbar nicht möglich ist. Mit dem Gebet aktivieren wir eine Sehnsucht in unserem Herzen, klären sie und erkennen sie an.

Wieso wir schon erhalten haben, worum wir bitten

Von Jesus ist der denkwürdige Satz überliefert: »Wenn Ihr um etwas bittet, so wisst, dass ihr es schon erhalten habt.«

(Lukas 7,40). Dies kann so verstanden werden, dass Sehnsucht (die sich in der Bitte äußert) und ihre Erfüllung zwei Enden ein- und desselben Vorgangs sind. Wenn man es aus einer Perspektive jenseits des Zeitablaufs betrachtet, kann man wahrnehmen, dass beide untrennbar miteinander verbunden sind. Die Erfüllung ist schon da, nur wir sind noch nicht da (im Zeitablauf).

In meinem Buch *Der entscheidende Schritt* habe ich aber noch ein anderes Verständnis für diesen Satz dargestellt, das mir durch die Körperzentrierte Herzensarbeit zugewachsen ist. Hinter jeder Bitte steckt eine Sehnsucht. Und Sehnsucht bezieht sich in Wirklichkeit nie auf ein äußeres Objekt, sondern, wenn man tiefer hinschaut, immer auf ein Gefühl – das Gefühl, das uns von dem Objekt vermittelt wird. Das habe ich entdeckt, als ich mit einer konkreten Sehnsucht Herzensarbeit machte und dann tiefer hinschaute. Es geht nicht um die konkrete Wunscherfüllung. Es geht um das Gefühl, das diese uns verschafft. Und dieses Gefühl ist bereits in uns vorhanden – es muss nur entdeckt werden. Was das bedeutet, werden Sie allerdings nur nachvollziehen können, wenn Sie es selber erleben. Die Technik haben Sie ja kennengelernt. Wenn Sie die Einsicht in dieses Kapitel gleich vertiefen möchten, unterbrechen Sie die Lektüre und lassen eine Sehnsucht in Ihrem Bewusstsein aufsteigen.

- Wonach sehnen Sie sich zurzeit am meisten?
- Formulieren Sie diese Sehnsucht, ohne zu zensieren.
- Achten Sie auf das Bild, das mit ihr zusammen auftaucht. Sobald wir an eine Sehnsucht oder einen Wunsch denken (Sehnsucht ist das Gefühl im Wunsch), ist auch das Bild der Erfüllung da. Ganz automatisch stellt man sich vor, wie es wäre, wenn es schon so wäre.
- Schauen Sie sich dieses Bild an. Versetzen Sie sich hinein.

- Spüren Sie nun Ihren Atem und Ihren Körper. Lernen Sie den Körperzustand kennen, der sich einstellt, wenn Sie im Geist die Erfüllung Ihres Wunsches erleben. Wie fühlt es sich an?
- Achten Sie nun darauf, wie Sie sich darin fühlen, welches Gefühl sich in diesem Körperzustand ausdrückt.
- Wie heißt das Gefühl – das gute Gefühl, das durch die Wunscherfüllung ausgelöst wird?
- Geben Sie ihm den Namen, der es genau bezeichnet.
- Spüren Sie Ihren Atem und lernen Sie dieses Gefühl ausgiebig kennen.
- Fragen Sie sich dann, was es von Ihrem Herzen braucht, und schlagen Sie sich folgende Herzensschlüssel vor:
  - wahrgenommen werden, gesehen werden, bemerkt werden
  - Anerkennung, dass es existiert
  - Erlaubnis, da sein zu dürfen; von Verurteilung befreit werden
  - Raum
  - als Gefühl wahrgenommen werden statt als Tatsache
  - gefühlt werden
  - viel und oft gefühlt werden – Pflege, Zuwendung

Haben Sie bei einem Herzensschlüssel gemerkt, dass er etwas zurechtgerückt, Erleichterung oder Berührtsein ausgelöst hat? Ist Ihnen dabei klar geworden, dass es eigentlich dieses Gefühl ist, nach dem Sie sich gesehnt hatten? Und vor allem, dass dieses Gefühl bereits jetzt in Ihnen vorhanden ist, unabhängig von den äußeren Umständen? Dass sie jetzt nur noch üben müssen, es zu fühlen, das heißt, ihm seinen Platz in Ihrem Herzen zu sichern? Was geschieht, wenn Sie dieses Gefühl bewusst in bestimmte Situationen mit hinein nehmen?

Noch wesentlich eindrucksvoller ist das Aha-Erlebnis, wenn Sie mit einem konkreten Problem Körperzentrierte Herzensarbeit machen und die Sehnsucht entdecken, die in den tieferen Schichten Ihrer Problematik ans Licht kommt. Wenn Ihnen etwas bewusst wird, das Sie Ihr Leben lang beherrscht hat, ohne dass Sie es gemerkt haben. Beispielsweise wenn Sie hinter Ihrem akuten Problem die verdrängte Überzeugung entdecken, wertlos zu sein, und damit verbunden eine Sehnsucht, wertvoll zu sein oder wertgeschätzt zu werden, und Ihnen dann klar wird, dass Sie Ihr Leben lang von dieser Sehnsucht getrieben waren, dass Ihr ganzes Verhalten von ihr diktiert wird. Wenn Sie nun auf dem Weg der Körperzentrierten Herzensarbeit (die Wunscherfüllung visualisieren, den Körperzustand spüren, das Gefühl darin entdecken und Ihr Herz dafür öffnen) das Gefühl, wertvoll zu sein, in sich entdecken, werden Sie merken, dass Sie nun die äußere Anerkennung Ihres Wertes durch andere nicht mehr brauchen. Sie haben gemerkt, dass »wertvoll«, bezogen auf Ihre Person, keine Tatsache ist, sondern ein Gefühl und dass Sie dieses Gefühl gerade in sich entdeckt haben. Nun brauchen Sie es nur noch durch viel Aufmerksamkeit zu pflegen. Da es neu und ungewohnt ist, braucht es erstmal aktive Aufmerksamkeit, bis es eine selbstverständliche Art sich zu fühlen wird. Nach und nach beginnt sich Ihre Haltung, Ihre Ausstrahlung, Ihr Verhalten zu verändern. Und entsprechend verändert sich das Echo, das Ihnen von den Mitmenschen entgegenkommt. Auf einmal sieht man Ihren Wert, wo man ihn vorher nicht gesehen hat, und auf einmal interpretieren Sie nicht mehr »Ich bin wertlos«, wenn andere Sie beispielsweise übersehen.

Das Ersehnte ist bereits in uns, nur noch nicht entdeckt

Das große Aha: Man entdeckt, dass das, wonach man sich gesehnt hat, in Wirklichkeit schon in einem vorhanden ist. Als ich das erkannt hatte, ging mir ein Licht auf in Bezug auf jenen Satz von Jesus: »Wisst, dass ihr es schon erhalten habt.« Natürlich haben wir es schon erhalten, es ist ja schon da – in uns. Es muss nicht herbeigeschafft, sondern nur entdeckt werden. Was ja im Sinne unserer Grundhypothese – es ist alles *ein* Wesen – nur natürlich ist.

Wer ist es, der betet? So wie unsere Erfüllung darin besteht, das Erbetene zu bekommen, besteht Gottes Erfüllung vielleicht in unserem Gebet, das für SIE zum Kanal wird, durch den etwas heruntergebracht werden kann in die Manifestation.

Gebet ist jedoch weit mehr als Bitten. Das Bittgebet steht nur oft am Anfang, da wir unseren Problemen und Nöten manchmal so hilflos gegenüberstehen. Beten ist auch eine Art und Weise, höhere Ebenen in sich wachzurufen. Hierzu eignen sich sehr gut die von großen Meistern, Heiligen, Weisen überlieferten Gebete, wie beispielsweise das »Vater unser« oder die Gebete von Franziskus von Assisi. In Teil V, »Das Experiment«, finden Sie solche Gebetstexte und dort werden auch noch einige weitere Arten des Betens behandelt.

Spiritualität ist das Stimmen des Herzens.

Hazrat Inayat Khan[109]

Spirituelle Übungen

*Mache Gott zur Wirklichkeit und Er wird dich zur Wahr-
heit machen.*

Hazrat Inayat Khan[110]

Über Gott nachzudenken, nachzusinnen, zu meditieren ist sicherlich etwas Schönes, aber wenn aus unseren Erkenntnissen
Realität werden soll, brauchen wir mehr als das. In allen spirituellen Traditionen gibt es daher »Übungen« – Atemübungen, Vi-
sualisierungsübungen oder Konzentrationsübungen ... Machtvolle Instrumente auf unserem Weg sind solche, die den ganzen
Menschen einbeziehen und nicht nur die gedanklich-emotiona-
le Ebene. Daher gehört in der indischen Tradition die Körper-
übung (Hatha Yoga) unbedingt dazu. Auch die Übungen des
chinesischen Qi Gong und Tai Chi dienen nicht nur der körperlichen Fitness, sondern befrieden und harmonisieren auch den
Geist und geben dem Menschen eine Basis für das spirituelle
Erwachen. Auch bei den afrikanischen Völkern werden Himmel
und Erde, höhere und niedrigere Dimensionen durch Tanz und
Gesang verehrt, angesprochen, aktiviert und miteinander verbunden. Im Tanz hat jede Geste, jede Bewegung ihren Sinn und
ihre Bedeutung. So nimmt der ganze Körper teil an der Religion. Bei den Sufis gibt es den berühmten Drehtanz der Derwi-
sche, der die Bewegung der Planeten imitiert und eine bewegte

Form der Meditation ist, sowie den Dhikr, eine Meditations-
übung, bei der eine Art Mantra wiederholt wird, welches das
Bewusstsein der Einheit weckt und vertieft, und zwar zusammen mit einer Bewegung von Kopf und Oberkörper.

Ein Gebet wird vollständiger, wenn der Körper durch Gesten
und Haltungen einbezogen wird, auch wenn einem das zu Anfang ein wenig seltsam vorkommen mag. Der Körper betet mit.
In verschiedenen Traditionen besteht eine wichtige Übung in
der Wiederholung bestimmter heiliger Worte, etwa im Katho-
lizismus das Rosenkranzgebet, bei den Hindus und Buddhisten
das Mantra, bei den Sufis das Wazifa (ein Wort, das eine göttliche Eigenschaft beschreibt, ein »Name Gottes«).

Eine spirituelle Übung kann aber auch in ganz alltäglichen
Dingen bestehen. Achtsames Gehen beispielsweise, wie von
dem berühmten vietnamesischen Zen-Meister Thich Nhat Hanh
praktiziert und gelehrt. Überhaupt die »Achtsamkeit«. Bewusst
abwaschen – anstatt dabei in Gedanken verloren zu sein, das
Abwaschen zur Übung machen. Im Zen kann alles zur Acht-
samkeits-Übung werden.

Im Kontext unseres Experiments werden solche Übungen
wichtig sein, weil sie unser Thema – Gott – für uns lebendig und
erfahrbar machen. In Teil V, »Das Experiment«, finden Sie konkrete Anregungen für spirituelle Übungen.

*Warum habe ich meinem Waschlappen keine fixe Behausung
angewiesen? Warum liegt er wie ein feuchter Druck auf
meiner Seele? Weil ich ein Sünder bin ... Weil ich mich wei-
gere, den Waschlappen in meine Religion einzuschließen –
die doch die ganze Welt umarmen soll.*

Prentice Mulford[111]

Teil IV

Dialoge mit Gott

Gesprächspartner Gott

*Ist es möglich zu glauben, man könne einen Gott haben,
ohne ihn zu gebrauchen?*

Rainer Maria Rilke[112]

Hier gebe ich einen Text wieder, der mir in die Tasten geflossen
ist, als ich Gott gefragt habe, ob Er/Sie sich nicht selber vorstellen
möchte. In diese Vorstellung griff ich mit einer Frage ein
und daraufhin kam ein Dialog in Gang. Vielleicht inspirieren
einige dieser Texte Sie zu einer eigenen Entdeckung. Möglicherweise
erkennen Sie sich selbst in einigen meiner Fragen
wieder. Ich empfehle Ihnen, vorher zumindest eine praktische
Erfahrung mit der Körperzentrierten Herzensarbeit zu machen,
damit Sie den Frage- und Antwortprozess verstehen können,
und ich empfehle, den Texten nachzuspüren oder sie tiefer
auf sich wirken zu lassen, damit Sie in ihre Bedeutung eintreten
können. Ob die Quelle dieser Texte tatsächlich Gott ist oder
nicht, in jedem Fall entstammen sie einer tiefen Schicht des
inneren Wissens. Mich selber haben sie im Moment ihrer Entstehung
berührt und eine Veränderung in Gang gesetzt. Dasselbe
kann mit Ihnen geschehen, wenn Sie Ihre persönlichen Fragen
und Probleme im Hinterkopf haben, während Sie lesen und
vielleicht an dem einen oder anderen Punkt genauer hinschauen,
wie ich es während des Dialogs getan habe.

Gott stellt sich vor

Ich bin das, was hinter deinen Gedanken steckt. Das klingt seltsam, weil du die meisten deiner Gedanken für unsinnig hältst. Aber wenn du ihnen auf den Grund gehst, auf den allertiefsten Grund, dann findest du Mich. Oder jedenfalls eine Idee, einen Gedanken oder einen Wunsch von Mir.

Ich bin auch das, was du in deinem Herzen findest, wenn du deinen Sehnsüchten, deiner Liebe, all deinen Gefühlen auf den Grund gehst. Es ist nicht so, dass Ich deine Gefühle in Gang setze oder verursache. Es ist eher so, dass deine Gefühle – deine wahren Gefühle – die Meinen reflektieren.

Ich bin auch das, was du findest, wenn du der Materie, aus der dein Körper und deine Welt besteht, auf den Grund gehst.

Ich bin das, was hinter jeder Frage steckt. Und übrigens auch hinter jeder Antwort.

Hinter jeder deiner Inspirationen, jedem Impuls, jeder Ideen stecke – letztlich – Ich.

Hinter jeder Gestalt, die dir begegnet, ebenfalls.

Jetzt willst du wissen, wer Ich denn bin.

Na ja, eben Ich. Jedes »Ich«. Genauer gesagt, das »Ich« im Ich. Wobei nicht nur die Menschen ein »Ich« haben. Auch die Enten und Schwäne und auch die Fliegen und Mücken, die Bäume, die Wespen, die Algen, ja auch das Wasser und die Luft, die Erde selber, die Sonne, die Sterne, die Galaxien; alles, was lebt, ist nicht nur Objekt deiner Wahrnehmung, sondern nimmt selber auch wahr, ebenso wie du, und ist somit auch ein »Ich« oder, verkürzt gesagt, auch Ich. Das bin Ich.

Du siehst, »Ich« bin nichts Großes; nichts, das besondere Eigenschaften besitzt, zu denen man aufschauen könnte; eigentlich gar nichts Besonderes. Ohne »dich«, also ohne den Menschen, der du bist, und ohne all die anderen Menschen, die Tiere, die Pflanzen, die Planeten und Sonnen und die Elemente wäre Ich ziemlich unbedeutend. Ohne die großen Meister, die Propheten, die Heiligen, die Helden, die großen Künstler, die Genies, ohne all diese hervorragenden Menschen hätte Ich keine Idee von all dem Großen, das in mir steckt. Es ist durch euch, also durch all diese Formen, Gestalten und Individuen, dass Ich etwas Bedeutendes werde. Etwas Schönes. Etwas Mächtiges. Etwas, das Intelligenz, Bewusstheit, Weisheit und Wissen entwickelt. Etwas Kreatives.

Apropos Kreativität. Man hält Mich für den Schöpfer der Welt, aber das stimmt nicht ganz. Es ist nicht so, dass Ich eines Tages gesagt hätte: Ich langweile Mich, Ich erschaffe Mir jetzt mal eine Welt mit Meeren und Inseln und Sonne und Wolken und Eulen und Fröschen und Menschen. Eher als der Schöpfer bin Ich der Entdecker der Welt, einer Welt, die sich aus einer ganz selbstverständlichen Regung Meines Herzens heraus entfaltet hat, einer Sehnsucht, einer Neugier, eines Wissenwollens. Durch euch, durch die Welt, entdecke Ich, wer Ich bin und wer Ich sein könnte. Ich selber bin nichts Besonderes. Ich bin einfach »Ich«. DAS »Ich«. Das Ich in allen. Verstehst du? Wenn nicht, schließe die Augen und frage dich: »Wer bin ich? Wer ist das, was ›ich‹ sagt?« Meditiere darüber. Das heißt: Stelle dir die Frage, ohne dir die Antwort zu geben. Es gibt übrigens keine Antwort. Die Antwort ist nicht mehr als die Frage. Aber das musst du selber herausfinden.

Mir werden allerlei wunderbare Eigenschaften zugeschrieben: Allmacht, Allwissenheit, Allgegenwart, aber auch Heiligkeit, Majestät, Schönheit, umfassende Liebe und so fort. Man stellt Mich auf einen Sockel, schreibt Mir diese oder andere Eigenschaften zu und betet dann dieses Gebilde aus Eigenschaften an. Ich habe nichts dagegen, denn es ist für denjenigen, der Mich auf diese Weise anbetet, eine sehr erhebende und nützliche Übung, durch die er/sie letztlich diese Eigenschaften in sich selber entwickelt. Doch fühle Ich Mich nicht wirklich angesprochen durch diese Art von Gebet. Mir ist es lieber, man liebt Mich einfach Mir selbst zuliebe als aufgrund bestimmter Eigenschaften.

Ich muss allerdings zugeben, dass es diese Eigenschaften in Mir gibt, doch eher als Möglichkeit denn als Realität. Realität werden sie durch euch, durch all die Wesen, Formen, Gestalten und Individuen, welche die Welt formen. Das gilt übrigens nicht nur für diese, sondern für eine Unzahl anderer Eigenschaften ebenso. Und keinesfalls nur schöne und gute Eigenschaften. Theoretisch kann Ich jede x-beliebige Eigenschaft haben, aber was nützt Mir beispielsweise Macht, wenn sie nur in der Theorie, nur als Möglichkeit existiert? Was nützt dir Reichtum, von dem du nur träumst? Reichtum nützt dir, wenn du ihn real erfährst. Ebenso geht es Mir. Theoretisch, potentiell bin Ich alles Mögliche im wahrsten Sinn des Wortes, aber de facto bin Ich nur das, was du realisierst und was all die anderen Wesen realisieren, realisiert haben und noch realisieren werden. So gesehen bin Ich von euch abhängiger als ihr von Mir.

Jedoch habe Ich auch eine eigene Realität unabhängig von der Manifestation durch euch und den ganzen Kosmos. Ebenso wie auch jeder von euch eine eigene Realität hat unabhängig von der Welt um ihn her. In deinem Innersten besitzt du eine eigene Welt. So auch Ich.

Wenn du deiner innersten Realität auf den Grund gehst, findest du die Meine. Und die ist so verschieden von deiner alltäglichen Welt, dass du dieses Erlebnis nicht so schnell vergessen wirst. Du wirst dich auch immer wieder danach zurücksehnen. Du wirst versuchen herauszufinden, wie du es wiederfinden kannst. Je mehr du von diesem Wunsch besessen bist, desto fleißiger wirst du arbeiten, um diese innerste Realität wiederzufinden. Wenn du hier und da einen Zipfel dieses Erlebnisses wiederfindest oder ein ähnliches, wirst du den Eindruck haben, auf dem richtigen Weg zu sein, und möglicherweise versuchen, auch anderen diesen Weg zu zeigen. Dann gründest du eine spirituelle Richtung.

Für dich ist es das Wunderbarste, diese innerste Realität zu entdecken beziehungsweise wiederzuentdecken, denn du kennst sie bereits. Du entstammst ihr ja.

Für Mich andererseits ist es das Wunderbarste zu erleben, welche Erkenntnisse, Entdeckungen, Eigenschaften, Fähigkeiten du im Laufe deiner Lebensreise entwickelst, denn Ich bin es ja, der sich in dir entfaltet, oder anders gesagt, du bist das, wodurch Ich Mich entfalte, und diese Entfaltung ist es, die Mich entdecken lässt, was alles in Mir steckt.

Einheit und Vielfalt

Die Welt und Ich sind eins.

Die Welt entwickelt sich mit Mir und Ich Mich mit der Welt. Ich bitte um Entschuldigung bei denjenigen, die sich vorstellen, Ich sei etwas Erhabenes, völlig Unbewegtes, statisch Vollkommenes. Es stimmt, dass Ich vollkommen bin. Aber meine Vollkommenheit besteht zum Teil eben genau darin, dass Ich Mich entwickle. Entfalte. Mich aus Mir heraus auffalte, falls du dieses Bild besser verstehst. Im Kern bin Ich vollkommen. In Meiner Entfaltung bin Ich vollkommen und am Ende bin Ich vollkommen.

(Hier schalte ich mich in den Gedankenfluss ein.)

Ja, ja, ja ... Das haben wir schon oft gehört.

Aber was ist daran vollkommen, dass Menschen gefoltert werden oder dass wir den Planeten mit Antennen überziehen, die Mikrowellen ausstrahlen, von denen unsere Organe gebacken und unsere Atmosphäre aufgeheizt wird, dass wir Atomkraftwerke ...

Langsam, langsam.

Die Welt und Ich sind eins.

Verweile erst einmal bei diesem Gedanken und führe ihn dir zu Gemüte.

Das ist eine ziemlich furchtbare Vorstellung. Viel furchtbarer als zu denken, es gäbe dich außerhalb der Welt als etwas Schönes und Vollkommenes, auf dessen Schoß man sich flüchten könne. Wenn du eins bist mit dieser atom- und strahlenverseuchten Welt der Kriege ...

Langsam.

Bleib mal bei der furchtbaren Vorstellung. Die Welt und Ich sind eins. Bleib dort. Lass es dir auf der Zunge zergehen.

Okay. Ja. Da entsteht dann so eine Ahnung, dass das Ganze eben doch heil und vollkommen ist, so schrecklich unvollkommen einzelne Teile und Gegebenheiten auch erscheinen mögen.

Richtig. Das Ganze ist vollkommen. Das Ganze bin Ich.

Allerdings bin Ich »das Ganze« in jedem Sinn. Ich bin nicht nur die Totalität – die Gestalt, zu der das Ganze sich formiert. Ich bin auch in jedem Teil des Ganzen.

Und ebenso vollkommen?

Ebenso vollkommen.

Ist also alles vielleicht eine Frage der Brille, durch die man die Welt betrachtet?

Jetzt bist du dicht an der Wahrheit.

Also, wenn ich die Welt beispielsweise als einen Ort betrachte, wo Kriege, Ausbeutung und Ungerechtigkeit stattfinden, und dann die Reinkarnationsbrille aufsetze, könnte ich erkennen, dass jeder, der da mitwirkt, in einer anderen Zeit in einem anderen Drama eine andere Rolle gespielt hat, und dass hier entweder – je nach Brille – das Karmagesetz wirkt oder die freiwillige Wahl getroffen wurde, im Drama einmal eine andere Rolle zu spielen.

Und wenn ich die Welt statt mit den Augen des Körpers mit einem Mikroskop anschaue, sehe ich überhaupt keinen Krieg mehr zwischen Menschen, sondern beispielsweise eine Welt der Mikroorganismen. Oder wenn ich dieselbe Szene durch ein Rastertunnelmikroskop, oder was immer Wissenschaftler heute benutzen, betrachte, sehe ich nur einen Tanz von Elektronen oder Photonen oder Sonstwas-onen.

Nun könntest du noch ein Instrument benutzen, das eine umgekehrte Funktion hat, das statt immer tiefer ins Detail zu gehen, immer mehr zusammenfasst ...

Dann würde ich vielleicht eine Gesamtgestalt sehen, von der all dies ein Teil ist ... und die wiederum ein Teil von etwas ist ... und so unendlich weiter.

Wie würdest du das Ganze dann beurteilen?

Als riesengroßes Wunder.

Und wenn du dies auch noch fühlen würdest ... dann würdest du sagen, du hattest eben eine Begegnung mit der Wirklichkeit oder mit Mir.

Der alles entscheidende Faktor

Ich würde für das vorliegende Buch gern auf den Punkt bringen, warum du der alles entscheidende Faktor bist. Ich weiß es aus eigener Erfahrung, aber es gelingt mir nicht, es auszudrücken.

Weil du nicht darüber meditierst, sondern deinen Verstand schreiben lässt.

Stimmt. Ich hatte gehofft, dass es mir einfach so aus der Feder bzw. den Tasten fließt.

Das könnte es auch, wenn du dich vorher auf Mich einstimmen würdest.

Oh ja. Ausgerechnet bei dieser Arbeit habe ich den entscheidenden Faktor vergessen. Dich. Also gut. Während ich mich nun auf dich einstimme, verändert sich etwas. Dann schreibe ich nämlich für dich und das macht mir das Herz auf und füllt es mit Liebe. Das macht natürlich einen gewaltigen Unterschied.

DEN Unterschied, wie du selber vorhin formuliert hast.

Du bist also der entscheidende Faktor, weil der Gedanke an dich das Herz öffnet und die Liebe weckt?

Weil Ich die Liebe bin.

Das musst du näher erklären. Ich dachte, du bist jemand, also eine Art Person. Wie kannst du etwas Abstraktes sein wie Liebe?

Ich bin beides, das Abstrakte und das Persönliche. Wenn du Mich als Abstraktes erlebst, erlebst du Liebe an sich. Wenn du Mich als Person erlebst, empfindest du Liebe zu Mir. Das ist der Unterschied.

Wie die Sufi-Formel: Ishq Allah Mabud Allah? (Die Liebe ist Gott und der Geliebte ist Gott.)

Ja. Das ist die Erklärung dieses Satzes. Als Person wecke Ich die Liebe in dir und als abstrakte Qualität bin Ich Liebe.

Der alles entscheidende Faktor bin nicht Ich, sondern ist die Kenntnis, die du von Mir hast. Hast du viel Kenntnis von Mir, ist dein Verständnis deiner selbst, deines Lebens und der Welt groß und dein Wirkungsspektrum breit. Hast du wenig Kenntnis von Mir, ist dein Horizont und dein Wirkungsspektrum begrenzt.

Moment mal. Es gibt Menschen, die an der Spitze von internationalen Unternehmen oder von großen Staaten stehen und die meines Wissens nicht viel oder keine Kenntnis von dir haben und deren Wirkungsspektrum sehr groß ist!

Jetzt müssen wir klären, was Ich unter Wirkungsspektrum verstehe. Ein Mensch, der sein ganzes Leben dem Erreichen eines persönlichen Ziels widmet, dessen Wirkungsspektrum ist sehr klein.

Wieso? Einige von diesen beeinflussen einen Großteil des Lebens auf diesem Planeten! Sie entscheiden darüber, wer Hunger leidet, wer Präsident bleibt, wo Kriege geführt werden ...

In Meiner Welt ist ihr Wirkungsspektrum sehr klein.

Was ist denn »deine Welt«?

Meine Welt ist das Ganze. Deine Welt ist der Ausschnitt des Ganzen, den dein Bewusstsein momentan beleuchtet, gefiltert durch deine Art des Verstehens.

Meine Welt ist das Ganze, das heißt die Gesamtheit der Realität, alle Zeiten, Welten und Ebenen eingeschlossen. Und darin hat jemand, der ein persönliches, also eigennütziges Ziel verfolgt, ein winziges Wirkungsspektrum. Und jemand, der ein Ziel verfolgt, das vielen Wesen nützt, hat ein größeres Wirkungsspektrum. Jemand jedoch, der weder ein persönliches noch ein überpersönliches Ziel verfolgt, sondern sich Meiner bewusst ist und sich mit Meinen Absichten identifiziert statt mit seinen – jenseits von moralischen Auffassungen –, hat das größte Wirkungsspektrum. Verständlich?

Ja. Es macht also den entscheidenden Unterschied – von der Perspektive des Ganzen aus betrachtet –, ob wir Kenntnis von dir haben oder nicht. Aber gibt es nicht auch falsche Kenntnis?

Kenntnis ist Kenntnis. Falsche Kenntnis ist keine Kenntnis. Entweder du kennst Mich oder du kennst Mich nicht.

Ich meine damit: jemand, der eine einengende Vorstellung von Gott hat oder eine falsche, der meint, dass er dich kennt, aber in Wirklichkeit kennt er nur die Ideen, die man ihm eingetrichtert hat, beispielsweise, dass du eine Art Moralrichter bist.

Wer sagt dir, dass Ich keiner bin?

Ich.

Dann revidiere deine Ansicht. Ich bin auch ein Moralrichter.

Ach so? Ich dachte, das hätten wir überwunden?

Ihr habt es vielleicht überwunden, Ich nicht.

Erkläre bitte.

In deinem Herzen gibt es ein Gefühl dafür, was falsch und richtig ist, anders ausgedrückt, was wahr und was unwahr ist. Dieses Gefühl nennt man Gewissen. Hier ist nicht das künstliche, anerzogene Gewissen gemeint, sondern das echte Unterscheidungsvermögen des Herzens. Dieses geht von Mir aus. Du spürst, ob der Gott in dir – die höchste, innerste Ebene deiner selbst – mit deinem Denken und Handeln einverstanden ist oder nicht, mit anderen Worten, ob du im Einklang mit der Wahrheit bist oder nicht. Wenn du es nicht bist, leidest du, und dieses Leiden ist eine Art Unbehagen, ein schlechtes Gewissen. Der Ursprung dieses Unbehagens bin Ich. Somit bin Ich auch eine Art Moralrichter.

Ja, das kann ich gut verstehen.

Wer also Kenntnis von dir hat, der hat ein größeres Verständnis der Realität und ein größeres Wirkungsspektrum – vom Standpunkt des Ganzen aus gesehen. Vom Standpunkt unseres engen Horizonts (also vom normalen weltlichen Standpunkt) aus gesehen kann er allerdings einfach ein Spinner sein, der überhaupt nichts bewegt.

Nicht immer. Denke nur an die großen Helden deiner Zeit, an Gandhi, Martin Luther King, an Nelson Mandela, an Einstein. Sie alle hatten viel Kenntnis von Mir und ein sehr großes Wirkungsspektrum. Dennoch gibt es viele, die noch mehr Kenntnis von Mir haben und ein viel größeres Wirkungsspektrum, die ganze Welten beeinflussen – und in der Welt nicht bekannt sind.

Du meinst vielleicht Mönche, Eremiten, Yogis ...?

Mönche, Nonnen, Eremiten, Yogis, aber auch Menschen, die gewöhnlichen weltlichen Berufen nachgehen. Wenn du ihnen begegnest, erkennst du sie. Aber sie sind der Welt völlig unbekannt.

Herz oder Kopf?

Warum ist die Kenntnis, die wir von dir haben, der alles entscheidende Faktor? Mal abgesehen davon, dass wir dann ein größeres Wirkungsspektrum haben? Was macht denn den entscheidenden Unterschied?

Es macht nur dann überhaupt einen Unterschied, wenn das Gottesbewusstsein im Herzen sitzt und nicht nur im Kopf.

Warum?

Wenn es im Herzen sitzt, ergreift es dich ganz und verwandelt dich.

Und wenn es nur im Kopf sitzt?

Ist es ein Gedanke, der dich manchmal bewegt, meistens jedoch völlig kalt lässt.

Okay. Ich habe also Bewusstsein von Gott im Herzen. Was macht dann den Unterschied?

Liebe ist der Unterschied, merkst du das?

Ja. Ich merke es. Und wieso ist das so entscheidend?

Weil du verstehst, wie du es gerade tust, dass Ich es bin, der alles erlebt, der alles erleidet, der alles ersehnt und alles erschafft, dass Ich der Geliebte bin, auf den alle deine Handlungen sich beziehen, und gleichzeitig die Liebe, aus der sie hervorgehen. Weil du es spürst. Erlebst. Weil du etwas Kostbares in deinem Innern trägst, das deinem Leben in jedem Moment Sinn gibt, ähnlich wie eine schwangere Frau das Kind, das in ihrem Innern heranwächst. Weil du dieses Kostbare in jedem anderen Lebewesen erkennst. Weil du in der Welt zu Hause bist und nicht nur in dem kleinen Ausschnitt Welt, in dem du dich zuvor sicher und vertraut gefühlt hast, sondern in der ganzen Welt mit allem, was darin passiert, einschließlich dem Tod. Weil du in allem Mich erkennst. Und zwar nicht mit dem Kopf, sondern mit dem Herzen. Mit Liebe. Mit Ehrfurcht. Mit Verstehen.

Ich finde das sehr schön ausgedrückt und es bewegt mich auch sehr. Daher lass uns mit dieser Unterhaltung aufhören und mit dem Experiment beginnen. Und ich bitte dich, mich auch dabei zu inspirieren.

Du weißt, was notwendig ist, damit Ich dich inspirieren kann …

Ja. Die Einstimmung auf dich.

Lass Mich dir eine Art der Einstimmung diktieren. Für alle, die sie nutzen möchten, wenn sie das Experiment oder welches neue Unternehmen auch immer beginnen.

Gern.

Für die stille Gegenwart in meinem Herzen,
für den Atem, der mich atmet,
für die Seele meiner Seele,
für das Licht, das in mir leuchtet,
für das Leben, das mich beseelt,
für das Herz aller Herzen –
schreibe ich (oder tue ich) dies.

Nun nochmals zu Meiner Vorstellung. Nicht zu deiner Vorstellung davon, wer Ich bin, sondern zu Meiner Vorstellung.

Ich bin also einfach Ich. Nicht mehr und nicht weniger.

Es ist nicht so, dass mein Ich irgendwo aufhört und dein Ich irgendwo anfängt und die beiden aneinander stoßen ..., sondern jedes Ich ... bin ich. Ich bin »ich«. Ich hoffe, das ist inzwischen klar geworden. Trotzdem rede Ich dich mit »du« an, denn Ich bin der Teil, der sich dessen bewusst ist, dass Ich »ich« bin, und du denkst, du seist du. Niemals würdest du dir anmaßen, Ich zu sein. Dir ist klar, dass Ich unendlich viel größer bin als du. Und doch bin Ich du. Allerdings bist du nicht Ich. Jedenfalls nicht, solange du glaubst, dass du du bist.

Das Staubkorn und die Galaxien

Lass mich dir noch deutlicher machen, wer Ich bin. Wenn du ein Staubkorn auf einem Teppichboden mit einer Lupe betrachtest, siehst du, dass es sich aus Mini-Kreaturen zusammensetzt, von denen einige erstaunlich lebendig aussehen. Wenn du es unter einem starken Mikroskop betrachtest, siehst Du, dass es sich aus Partikeln zusammensetzt, aus Molekülen, Atomen ... und letzten Endes siehst du – nichts. Und doch ist da das Staubkorn. Also am einen Ende nichts und am anderen ein Staubkorn. Wenn du nun das Gegenteil tust und großen Abstand nimmst, siehst du kein Staubkorn mehr, sondern einen Teppichboden. Wenn du noch einen größeren Abstand nimmst, siehst du auch keinen Teppichboden mehr, sondern ein Haus, eine Stadt, einen Kontinent, eine Erde, eine Galaxie, eine Ansammlung von Galaxien.

Also am einen Ende eine Galaxie, am anderen Ende nichts, dazwischen ein Staubkorn. Wer bin nun Ich – das Staubkorn, das Nichts oder die Galaxie? Oder die Person, die das Ganze betrachtet? Zum Beispiel du?

Nun, Ich bin der, der sich als Staubkorn, als Nichts oder als Galaxie erlebt und als du erfährt, doch bin Ich nichts davon. Es sind einfach Seinsweisen von Mir, Erlebnisweisen, Fühlweisen, Sichtweisen. Ebenso bist du eine Seins-Erlebnis-Fühl-Sichtweise von Mir und dein Mann eine andere.

Haben wir denn überhaupt keine eigene Realität?

Das ist ja das Wunderbare: dass ihr zugleich eine eigene Realität habt, genau wie Ich, auch wenn ihr Meine Seinsweisen seid. Ebenso wie Ich habt ihr die Möglichkeit, verschiedene Erlebnisweisen zu erfahren, verschiedene Entwicklungsphasen durchzumachen und euch zu wandeln. Nur eben in begrenzter Weise. Während Mir eine unendliche Zahl von Möglichkeiten zur Verfügung steht, hast du nur eine gewisse Zahl von Möglichkeiten zur Verfügung – als du. Als Ich allerdings sind deine Möglichkeiten unendlich. Um diese Unendlichkeit der Möglichkeiten nutzen zu können, musst du dich mit Mir identifizieren statt mit dir. Andererseits besteht das Wunderbare ja gerade darin, dass Ich Mich mit dir identifiziere und in dieser Identifikation die Begrenzung erfahre. Nur in dieser Begrenzung kann Ich ja etwas Bestimmtes sein und als dieses Bestimmte eine gewisse Einzigartigkeit entwickeln und Mich als Individualität erleben, die sich von anderen Individualitäten unterscheidet.

Verstehst du?

Das große Wunder bin eigentlich nicht Ich, das große Wunder bist du. Nur bist du dir dessen nicht bewusst. Dafür bin Ich es umso mehr.

Ich betrachte dich mit demselben bewundernden Staunen, mit dem eine Mutter ihr Kind betrachtet. Ich erkenne Mich in dir, in gewisser Weise setze Ich Mich in dir fort. Doch du entwickelst etwas, das über Mich hinausgeht – eine eigene Natur, einen eigenen Willen, einen eigenen Kopf. Ich erfreue mich jeden Tag an dir, auch wenn du selber mit dir unzufrieden bist oder meinst, auf dem falschen Weg zu sein. Auch wenn du ganz und gar nicht brav bist, nicht betest und nicht meditierst, wenn du faul auf dem Sofa liegst oder den ganzen Tag schimpfst. Für Mich bist du ein Wunder so wie du bist, und ich unterstütze dich in allem, bedingungslos. In deiner Sehnsucht ebenso wie in deinem Groll, deinem Hass ebenso wie in deiner Liebe, in deinen konstruktiven ebenso wie in deinen zerstörerischen Gedanken, eben in allem.

Ich wache über dich als dein Schutzengel, aber wenn du beschlossen hast, deinem Leben ein plötzliches Ende zu setzen, dann unterstütze Ich dich auch darin.

Gott sehnt sich

Du kannst natürlich beschließen, dass Ich ein Gott bin, der nur die engelhaften Bestrebungen unterstützt und dich für jeden bösen Gedanken, jede egoistische Tat bestraft. Dann wirst du alle deine Erfahrungen im Lichte dieser Überzeugung interpretieren. Du erschaffst dir dann einen Gott, der dich bestraft und belohnt, je nachdem, was du deiner Meinung nach verdienst hast.

Auch hinter dieser Gedankenkonstruktion steckt letztlich natürlich ein Gedanke von Mir. Eine Sehnsucht nach Ordnung, eine Sehnsucht nach Güte, nach Reinheit, nach Schönheit, die Meinem Herzen entsprungen ist und sich in deinem fortpflanzt, aber in dir ein eigenes Gesicht annimmt.

Du wunderst dich, dass Ich Sehnsucht habe? Sehnsucht gehört so sehr zu Meiner Natur, dass man fast sagen könne, dass Ich Sehnsucht bin, jedenfalls in Meinem bewegten Zustand. In Meinem unbewegten Zustand würdest du es nicht Sehnsucht nennen, sondern Ekstase, Seligkeit.

So wie du Schlaf und Wachen, Einatmen und Ausatmen, Tag und Nacht, Plus und Minus, Yin und Yang kennst, kenne Ich einen unbewegten und einen bewegten Zustand. Im unbewegten Zustand bin Ich einfach, im bewegten Zustand ergießt sich Mein Sein in Formen, Gestalten, schöpferische Prozesse, Entwicklungen, Entfaltungen, in

Leben und Sterben, Werden und Vergehen. »Ergießt sich mein Sein« klingt ein wenig hochtrabend. Sagen wir lieber: Im bewegten Zustand erlebe Ich Mich in einer Vielfalt von Formen, Wesen und Prozessen. In dem einen Zustand bin Ich, in dem anderen werde Ich. Was Ich werde? Ich. Ich werde Ich selber. Das heißt: Alles, was im unbewegten Zustand in Mir ruht und schlummert, entwickelt sich, entfaltet sich, wird Form, Prozess, Gestalt und Wesen und verwandelt sich.

Nichts kehrt zurück in den unbewegten Zustand. Der unbewegte Zustand ist nicht im zeitlichen Sinne der ursprüngliche Zustand – die Heimat, in die alles zurückkehrt. Es sind einfach zwei Zustände, in denen Ich Mich erlebe, zwei Seiten von Mir, wenn du so willst. Der unbewegte Zustand ist immer da, auf dem Grunde von allem. Und der bewegte Zustand ist auf dem Grunde des Unbewegten – als Regung, als Sehnsucht. So ist eines im anderen enthalten.

Ich selber bin weder das eine noch das andere. Es sind einfach zwei Zustände, in denen Ich Mich erlebe. Ich bin in ihnen und doch jenseits davon. So wie du dich im Schlaf und im Wachzustand erlebst und doch weder Schlaf noch Wachzustand bist.

Fantasiere ich? Oder bist das wirklich du? Kommt dieser Text wirklich vom göttlichen Ende?

Was nützt es dir, wenn Ich dies bejahe? Du würdest nicht aufhören zu zweifeln. Lass Mich lieber weiterreden und beurteile am Ende, ob dieser Text nützlich für dich ist oder nicht, ob er sich durch eine gewisse Göttlichkeit auszeichnet oder eher nach menschlichem Unfug klingt. Es ist ein Experiment – so hast du dieses Buch doch genannt?

Nicht Mühe führt zum Erfolg, sondern Interesse

(Zwei Monate Pause.) Inzwischen habe ich ganz viele Zitate zusammengestellt, habe heilige Bücher gelesen und phasenweise ziemlich viel Stress damit gehabt – Ärger über jenen Teil in mir, der von mir verlangt, auch so heilig zu sein, und mich dafür verurteilt, dass ich es nicht bin – und Rechtfertigungen ... Viel Herzensarbeit war nötig zu diesem Thema.

Aber heute ist die Stimmung ganz anders. Ich spüre, dass es weitergehen kann. Etwas in mir sagt: Warum plagst du dich mit den alten Zitaten herum, statt ein frisches Buch zu schreiben? Ich erwidere: Weil die Zitate von wahren Experten stammen, von Menschen, die wirklich bis zu Gott durchgedrungen sind, während ich noch nicht einmal einen Zipfel von einem Zipfel von ihm erhascht habe. Weil ich mir nur einen Mikrobruchteil der Mühe gebe, die jene Mystiker und Heiligen aufwenden ... (Hier schaltet sich die Stimme vom anderen Ende in meine Aufzeichnung ein.)

Hier gibt es ein großes Missverständnis. Wie kann es darum gehen, sich Mühe zu geben, um seinen eigenen Ursprung kennenzulernen? Mühe ist das letzte, was dabei hilft. Mühe entfernt dich davon. Es geht nicht um Mühe. Es geht um Interesse, um Sehnsucht, um Neugier. Wenn du keinerlei Sehnsucht, keinerlei Interesse, keinerlei Neugier in dir finden kannst, wozu beschäftigst du dich dann mit Gott? Und wenn es Sehnsucht, Interesse, Neugier in dir gibt, wieso macht es dann Mühe, sich auf die Suche zu begeben? Wenn du deinen Geliebten verloren hast und dich aufmachst, ihn wiederzufinden, musst du dir da Mühe geben? Ist es nicht deine Sehnsucht, die dich leitet und dir Kraft gibt?

Sehnsucht musst du nicht mobilisieren (Ich höre dich denken: »dann muss ich wohl die Sehnsucht wieder mobilisieren«). Sehnsucht musst du entdecken. Es gibt sie. Sie ist ständig präsent. Du erkennst sie nur nicht. Sie ist gegenwärtig in jedem Leid, jedem Schmerz, in jeder Angst, in jedem Wunsch, den du hegst, worauf auch immer sich diese Gefühle oberflächlich beziehen. In Wirklichkeit beziehen sie sich immer auf Mich. Deine Sehnsucht nach Freiheit ... ist deine Sehnsucht nach Mir, hervorgerufen durch die Erinnerung an deine ursprüngliche Freiheit – die Mein natürlicher Zustand ist. Denn ursprünglich bist du Ich.

Du musst also nicht weit suchen, um deine Sehnsucht nach Mir zu entdecken. Geh einfach deinen aktuellen Gefühlen auf den Grund. Auf dem Grunde jedes Gefühls findest du Mich.

Da du Mich suchst, lohnt es sich für dich, deinen Gefühlen auf den Grund zu gehen.

Da Ich gefunden werden möchte, lohnt es sich übrigens auch für Mich.

Es ist nicht so, dass du auf dem Grunde deines Gefühls Mein Gefühl findest. Vielmehr findest du Mich. Selber.

Denn wer leidet? Wer fühlt?

Ich bin es, der leidet. Ich bin es, der sich freut. Als du. In dir. Daher sagt man, dass Gott im Herzen des Menschen wohnt.

Aber wieso leidest du denn, das ist doch unsinnig, wenn du die Intelligenz bist, die das ganze Universum erschaffen hat, wenn du allmächtig und allgegenwärtig und überhaupt alles bist und die Vollkommenheit selber ... wieso leidest du dann? Du könntest doch die ganze Zeit glücklich sein. Wir könnten die ganze Zeit glücklich sein.

Schmerz entsteht, wenn du an eine Grenze stößt

Wenn du an eine Grenze stößt, tut es weh. Ebenso wie es weh tut, wenn du versuchst, durch eine Mauer zu gehen oder wenn dein Kopf an die Decke stößt. Wenn Ich – als du – an eine Begrenzung Meiner selbst stoße, leide ich, und dieser Schmerz ist das Leid, das du beklagst. Er macht Mich auf die Grenze aufmerksam. Doch ist genau in diesem Leid auch die Kraft enthalten, die die Grenze überwinden kann. Allerdings nur, wenn du das Leid annimmst ...

Moment mal. Wie kann ich etwas annehmen, das mich quält ... Das ist Selbstvergewaltigung. Was ich tun kann, ist, es wahrnehmen, sprich fühlen.

Annehmen heißt nicht, es als bleibende Tatsache zu betrachten, sondern dich nicht dagegen zu sträuben, es zu fühlen. Dich ihm zu öffnen.

Wachstum geschieht ja eigentlich von selber. Das heißt, ich stoße an die Grenze und das tut weh. Irgendwann durchbreche ich die Grenze, so wie ein Knopf an meiner Hose abspringt, wenn ich zu dick geworden bin. Was ich damit sagen will, ist, dass ich Wachstum nicht geschehen machen muss ...

Wachstum geschieht von selber, aber du kannst eins damit sein oder dich dagegen sträuben. Dann verharrst du im Schmerz.

Jetzt nehmen wir doch bitte mal meinen konkreten Fall. Mein hauptsächliches Leid ist körperlich bedingt. Mein Körper reagiert auf elektromagnetische Felder. Auf Mobilfunk. Auf Handys. Und so fort. Du weißt das. Du weißt auch, wie stark das körperliche Unwohlsein ist. Du weißt, dass seit vielen Jahren mein Schlaf viele Male pro Nacht unterbrochen wird, was einer Folter gleichkommt. Du meinst also, dass ich da ein Wachstum blockiere? Was muss ich denn tun, um es nicht zu blockieren und aus diesem Leid herauszukommen?

Ich höre deinen Zorn und deine Empörung. Du verstehst dich als Opfer.

Ja.

Und nun geh diesem Leid auf den Grund. Woran leidest du, zusammengefasst?

An körperlichem Leid.

Erkennst du die Grenze, an die du stößt? Du erkennst sie, indem du dich auf das konzentrierst, was du dir wünschst und nicht erreichen kannst.

Frei sein vom Leid. Körperliches Wohlbehagen. Das ist, was ich mir wünsche.

Die Grenze besteht darin, dass du nicht weißt, wie du das herbeiführen kannst.

Ja. Ich habe alles versucht.

Nun nimm die Grenze und das Leid an. Annehmen heißt nicht, sie in die Zukunft zu projizieren, sondern nur zur Kenntnis zu nehmen, dass sie jetzt da sind.

Ja. Das verbindet sich mit dem Gefühl von Ohnmacht.

Geh der Ohnmacht auf den Grund.

Ja. Ich fühle sie, lasse sie zu, erkenne sie als Gefühl. Zugleich taucht die Ahnung von etwas Tieferem, Größeren auf, das mich über diese Grenze tragen kann, wenn ich die Ohnmacht zulasse.

Und schon bist du bei Mir gelandet.

Ja. Scheint so zu sein.

Nur bin ich skeptisch was die praktische Umsetzung betrifft. Ich meine, ob es hilft.

Geh der Skepsis auf den Grund.

Okay. Ich fühle sie und öffne ihr mein Herz. Sie braucht Verständnis und möchte da sein dürfen. Aha. Während ich das tue, taucht ein völlig neutrales Interesse auf, Interesse daran, wie es weitergehen kann. Man könnte es fast Neugier nennen, aber es ist neutraler. Eher ein Interesse an der Wahrheit, an der Wirklichkeit.

Und schon bist du wieder bei Mir gelandet. Lass Mich ein wenig weiter ausholen. Der Rahmen, in dem du dich bewegst, ist zu eng. Er ist begrenzt durch deine Konzentration auf dein körperliches Unwohlsein und die Rebellion dagegen. Nun tritt ein wenig zurück und versuche zu erkennen, ob du irgendeinen Menschen siehst, der nicht an Begrenzungen stößt, der nicht leidet.

Ja, zumindest indirekt kenne ich solche Menschen, nämlich die Angehörigen der Amazonasvölker, die Jean Liedloff besucht hat. Die lebten im Paradies, waren glücklich und zufrieden.

Diese Menschen sind lebendige Beispiele dafür, wie Mein Wachstumsprozess verlaufen kann, ohne dass an den begleitenden Schmerzen festgehalten wird. Du erinnerst dich vielleicht, wie sie mit Schmerzen umgehen?

Stimmt. Wenn sie sich verletzt hatten oder verletzt wurden, gingen sie ganz pragmatisch damit um und regten sich nicht auf. Sie behandelten die Wunde, sie schrien oder weinten – und dann vergaßen sie die Sache wieder. Beim Schleppen eines schweren Kanus amüsierten sie sich die ganze Zeit, lachten sich kaputt, wenn sie strauchelten und das Kanu auf sie fiel, während die sie begleitenden Europäer nur Stress, Angst und Wut hatten. Nun muss ich doch mal was einwenden. Wir sind hier alle überhaupt nicht entspannt. Aber das haben wir nicht verschuldet. Und du musst das doch wissen. Nichts ist schwerer für uns, als uns zu entspannen.

Fühle deine Empörung. Geh ihr auf den Grund.

Aufgebracht bin ich. Ja, ich fühle Empörung.

Auf dem Grund der Empörung sitzt das Gefühl von Unrecht.

Geh dem Unrecht auf den Grund.

Ja. Ich empfinde es als Unrecht, nicht verstanden und so geachtet zu werden, wie ich bin. Und ich spüre die Sehnsucht, verstanden und geachtet zu werden als die, die ich bin. Durch und durch. Das würde ich von einem Gott erwarten, der wirklich einer ist.

Da ist Forderung und da ist Sehnsucht.

Sehnsucht nach einem Gott, der mich vollständig versteht und achtet wie ich bin.

Geh der Sehnsucht auf den Grund.

Okay. Ich gehe also der Sehnsucht nach und stelle mir vor, du würdest mich achten und verstehen wie ich bin. Dann fühle ich mich erleichtert, von einer Bürde befreit, der Bürde der Verurteilung.

Geh weiter auf den Grund.

Wenn ich dann von der Bürde befreit bin ... Wie fühle ich mich dann ... Rehabilitiert.

Und wenn du rehabilitiert bist ...

Fühle ich mich ... gerecht ... Nein, das stimmt nicht genau, ich fühle mich recht ... richtig. Ich fühle Richtigkeit. Und Wahrheit.

Womit du wieder bei Mir gelandet wärst.

Dritte Runde

Ich freue mich schon die ganze Zeit auf eine neue »Runde mit Gott«, aber jetzt sitze ich am Computer, die Müdigkeit ergreift mich und das Ganze kommt mir anstrengend vor. Kein Wunder nach so einer schlechten Nacht. Bis vier Uhr hat eine elektrische Hitze mich wach gehalten. Danach habe ich noch ein paar Stunden unruhig geschlafen – mit den üblichen Unterbrechungen durch »Funkattacken«. Ich glaube, ich brauche deine Hilfe. Dein Diktat. Ich weiß nur nicht, wie ich den Kontakt herstellen kann.

Er ist schon da.

Ich wusste, dass du das sagen würdest. In manchen Dingen bist du ziemlich vorhersehbar.

Er ist immer da. Lass uns hier stehen bleiben und das ein wenig ernsthafter untersuchen. Der Kontakt zwischen dir und Mir ist immer da. Er kann nicht unterbrochen werden.

Weil du letztendlich nichts anderes bist als ich?

Weil Ich du bin. Nur, als Ich identifiziere ich Mich mit Mir und als du identifiziere Ich Mich mit dir. Wenn Ich als du allerdings aus der Identifikation mit dir aufwache, besinne Ich Mich darauf, dass Ich eigentlich Ich bin. Dann gibt es keinen Dialog und keinen Kontakt mehr, sondern nur noch Mich. Daran bist du aber nicht interessiert und ich auch nicht.

Wir wünschen Kontakt, wir wünschen Dialog, wir wünschen Unterhaltung.

Deshalb treffen wir uns auf der Demarkationslinie, die uns voneinander trennt. Sie ist eine Art Gratwanderung, diese Konversation. Und das ist der Grund, warum du sie anstrengend findest. Das Gespräch mit Mir bedarf großer Achtsamkeit. Nicht Anstrengung, aber Aufmerksamkeit. Wenn du zurückrutscht in deine Perspektive, schreibst du aus deiner üblichen eingeschränkten Perspektive und lässt deinen Verstand sprechen oder deine Imagination fantasieren.

Mit anderen Worten, du schreibst, wie du selber so etwas bezeichnest: »Blabla.« Wenn Ich den schmalen Grat verlasse und in Meine Identifikation mit Mir zurückkehre, gibt es keinen Text. Text kann es nur geben, wenn du dich Mir annäherst und Ich Mich dir, ohne dass wir ineinander aufgehen. Verständlich?

Natürlich. Ich bin ja dabei. So gesehen schreibst du nicht und ich schreibe auch nicht, sondern dieser Text entsteht aus einer Art Kooperation.

Lass uns über Grenzen sprechen.

Schmerz, sagte Ich, macht auf eine Grenze aufmerksam. Begrenztheit entspricht nicht der Wahrheit, der ursprünglichen Natur. Daher schmerzt sie. Aus der Wahrheit, der ursprünglichen Natur heraus empfindest du keinen Schmerz, sondern die Ekstase der Ausdehnung, der Entfaltung, der Entwicklung, des strahlenden Selbstausdrucks. Aus der Identifikation mit der Persönlichkeit heraus empfindest du den Schmerz der Begrenztheit. Es ist dir nicht bewusst, dass genau diese Grenze, aus Meiner Perspektive gesehen, den Selbstausdruck als Individuum ermöglicht. Wäre alles grenzenlos, so gäbe es keine Schöpfung, keine Gestalt, kein Individuum.

Das heißt, damit du dich entfalten kannst, muss ich leiden? Könnte man sagen, ich bin dein Versuchskaninchen?

Sag es lieber so: Ich selber bin Mein Versuchskaninchen. Als du. Als du drücke Ich Mich aus, entdecke Mein Potential und freue Mich an der Realisation einiger der Möglichkeiten, die darin enthalten sind.

Die anderen entfaltest du in anderen?

In anderen und in dir selber zu anderen Zeiten.

Die ganze Crux liegt also darin, dass ich mich mit mir identifiziere?

Das Wort ist gut gewählt, die Crux. Das ist die Kreuzigung. Nicht dass du dich mit dir identifizierst, sondern dass Ich Mich mit dir identifiziere und Mich darin vergesse.

An deinem Ende klagst du, dass du Mich verloren hast, aber Ich habe dich nicht verloren. In keinem Augenblick bist du von Mir getrennt, auch nicht in der übelsten Laune, auch nicht im größten Schmerz. Auch nicht, wenn du dich in deiner Bequemlichkeit oder einer Sucht gehenlässt und dich selbst dafür verurteilst. Ich bin nicht nur dann bei dir, wenn du auf deinem Meditationskissen sitzt oder wenn du ausdrücklich an Mich denkst. Ich bin immer bei dir. Weil Ich du bin. Ich kann nicht anders, als bei dir zu sein. Ich bin mehr als bei dir. Ich bin du.

Das heißt, ich brauche mich nicht weiter zu bemühen? Ich kann einfach so bleiben wie ich bin und alles laufen lassen wie es läuft?

Genau. Nur gehört zu »bleiben wie ich bin« eben auch genau dieses ruhelose Suchen. Daher wird es dir nicht gelingen, dich einfach gehenzulassen und das Bemühen aufzugeben.

Als ich bist du eben so ...

Ich kann dir Meine Perspektive nicht vermitteln, denn du bist eine andere Perspektive von Mir. Du kannst sie nur entdecken, und dann bist du nicht mehr du. Das heißt nicht, dass du dann tot bist, sondern, dass deine Perspektive dann so anders ist, dass du nicht mehr mit deiner körperlichen Wahrnehmung identifiziert bist.

Das nennt man wohl Erwachen. Ich wünsche mir das.

Du hast Angst davor.

Stimmt. Angst habe ich auch davor. Ich habe Angst, dass ich dann ausgelöscht bin.

Wer ist das, der »ich« sagt?

Ja. Ich verstehe.

»Ich« kann niemals ausgelöscht sein. Aber »ich, Safi«.

Auch »ich, Safi« kann niemals ausgelöscht sein. Aber du kannst die Relativität von »Ichsafi« erkennen. Du kannst sogar ganz bewusst die Perspektive von Ichsafi einnehmen – jedoch ohne dich darin zu verlieren.

Aber du – wenn ich mal so frei sein darf – hast doch offenbar aus freien Stücken beschlossen, dich in der Perspektive von Ichsafi zu vergessen. Das ist doch wohl dein Spiel, die Maya. Wären

wir nicht alle in unserer individuellen Perspektive eingeschlossen, gäbe es doch das ganze Theater unserer Welt nicht.

Ich habe Mich nicht aus freien Stücken in deiner Perspektive vergessen. Ich habe Mich dir hingegeben, damit du seiest und Eigenständigkeit, Freiheit und Vollkommenheit erlangst.

Ja, während du das gesagt hast, konnte ich es fühlen, und es hat mich kurz erschüttert. Zurückgekehrt in den Verstand, kann ich es nicht mehr nachvollziehen. Aber ich nehme mir diesen Satz mit und ende hier für den Moment. Ich lasse ihn arbeiten.

Das Ganze ist eine Angelegenheit von Liebe. Ich kann es fühlen. Aber nicht erklären.

Wenn ich es dann verstanden habe und in Worte kleide, sind die Worte tot – Abfallprodukte einer lebendigen Erkenntnis, eines Augenblicks der Wahrheit.

Das sind Abfall-Worte. Aber es gibt auch Ursprungs-Worte.

Bitte gib mir Ursprungs-Worte.

Beide sind notwendig für dein Buch.

Und was ist mit dem Leid?

Sprechen wir vom Leid. Seit Beginn dieses Jahrtausends – ungefähr – bin ich elektrosensibel. Ich habe versucht festzustellen, ob ich nicht zum Bewusstsein dessen, was ich eigentlich bin, erwachen kann, das mich dann vielleicht befähigen würde, dieses Problem loszuwerden. Wenn ich nun Teil und Ausdruck von Gott bin, dann muss ja auch die Fähigkeit, dieses Problem zu überwinden, in mir vorhanden sein. Wie kann ich sie aktivieren?

Du möchtest Mich zu deiner Heilung benutzen, so wie du Mich einst zu Geld machen wolltest.[113]

Ja. Wenn du tatsächlich ich bist, dann ist es völlig unmöglich, dass du – als ich – keinen Weg findest, aus diesem Leid herauszukommen. Dann wärst du dumm, unfähig, hilflos. Das kann ich mir von Gott nicht vorstellen. Ich meine, dann wäre Gott nicht Gott – oder grausam. Oder masochistisch. Kann ich mir alles nicht vorstellen.

Du meinst also, der Zweck des Erkennens deiner Göttlichkeit bestünde darin, vom Leid befreit zu werden? Und der göttliche Zweck des Lebens darin, ein leidfreies Dasein zu führen?

Ehrlich gesagt ja. Ich weiß zwar, dass Leiden mitfühlend und demütig machen und zu einer Art Weisheit führen kann, wenn man sich nicht verschließt und verbittert, aber ich kann mir nicht vorstellen, dass Gott, der die Liebe selber ist, sich das als Programm ausgedacht hat: »Lass sie ordentlich in der Hölle braten, dann werden sie demütig und weise.«

Hier müssen wir noch einmal ganz von vorn anfangen. In deiner Vorstellung hast du die Realität in drei Faktoren aufgespaltet:

– dich
– Mich
– das Programm, das Ich für dich gestaltet habe.

Nun, diese drei Faktoren sind eins. Es gibt nur eins. Meditiere darüber.

Okay. Dann sind also du und ich und das Schicksal eins. Es ist dann alles Teil einer ... wie könne man es sagen ... Erfahrung des einzigen Wesens. ES hat also leidvolle und freudige Erfahrungen, schöne und hässliche, angenehme und unangenehme. ES lernt daraus ... ES entdeckt sich dadurch ... erkennt und verwirklicht seine Möglichkeiten ... vollendet und erfüllt sich. Mein Leiden und die Frage, die es aufwirft, sind somit Erfahrungen des Einzigen Wesens. (Soweit trägt mich der Schwung der Inspiration. Aber jetzt schaltet sich mein gesunder Menschenverstand ein.) Ich muss sagen, dann ist es aber ganz schön blöd.

War Noor Inayat Khan blöd, als sie ihr Leben dafür opferte, dass Millionen Menschen von der Naziherrschaft befreit wurden? War Christus blöd, als er sich ans Kreuz schlagen ließ?

Du willst doch damit nicht sagen, mein Leiden hätte etwas Heroisches? Ich habe mir das bei Gott (entschuldige) nicht ausgesucht, sondern eines Tages entdeckt, dass ich Opfer von Funkstrahlung geworden bin. Was soll daran Heldenhaftes sein?

Bei Gott ... Ich versichere dir, du hast dir das ausgesucht.

Jetzt kommst du mir mit der esoterischen Theorie, dass jeder sich sein Schicksal selbst wählt?

Wenn Gott das sagt, ist es keine esoterische Theorie, sondern die Wahrheit.

Dann müssten wir erstmal beweisen, dass du Gott bist.

War als Witz gemeint. Übrigens muss selbst Ich die Wahrheit erst herausfinden. Es gibt nicht die eine Wahrheit, die bereits für alle Zeiten vorformuliert ist. Ich bin die Wahrheit und sie formuliert sich in dem Maße, in dem Ich Mich selbst entdecke – durch euch.

Das hast du schön gesagt. Und einleuchtend. Also du meinst, wir wählen unser Schicksal selbst.

Selbstverständlich. Ihr seid Ich, eingekapselt in ein bestimmtes Selbstbild, das euch ein bestimmtes Erfahrungsspektrum eröffnet. Wie sollte Ich ein Opfer sein und wessen Opfer, wenn es nichts gibt als Mich?

Ja. Klingt logisch. Ich sollte mich also nicht als Opfer dieser Funkstrahlung betrachten, sondern erkennen, dass sie auch Teil von mir ist? Ich und der Funk sind eins?

Nein. Du und der Funk, ihr seid verschiedene Realitäten. Aber beide seid ihr Teil von Mir.

Dann gibt es Krieg in deinem Innern!

Das wäre nicht das erste Mal ...

Pir Vilayat Khan hat einmal gesagt: »Ich muss gestehen, Gott macht auch Fehler.« Wäre das vielleicht einer deiner Fehler?

Wenn du es so bezeichnen möchtest.

Scheint dir peinlich zu sein. Aber wie könnte man es sonst bezeichnen, wenn eine zerstörerische Erfindung getätigt wird, die sich sofort über den ganzen Planeten ausbreitet, und wenn keinerlei Rücksicht darauf genommen wird, dass Menschen, Tiere, Pflanzen und die ganze Erdatmosphäre davon krank werden? Und wenn du der einzig Seiende bist, dann muss das ja wohl dein Fehler sein.

Das hängt davon ab, was du unter Mir verstehst.

Ja. Es dämmert mir. Verstehe ich darunter das Eine, aus dem alles hervorgegangen ist, die ursprüngliche Einheit, das in sich ruhende, vollkommene Ganze, so hast du mit diesem Fehler nichts zu tun. Sehe ich dich jedoch in allem, bis hin zur letzten Schöpfung deiner Geschöpfe, so muss ich sagen, du machst eine ganze Menge Fehler.

Das sagst du aus deiner Perspektive. Aus Meiner würdest du es anders sehen.

Aus deiner Perspektive musst du doch aber auch sehen, dass ich leide, dass wir alle leiden!

Aus Meiner Perspektive sehe ich Meine Vollkommenheit sich in vollkommener Weise entfalten, und jeder Augenblick, jeder Atemzug eines jeden Lebewesens gehört dazu.

Einschließlich Folter und allem?

Einschließlich Folter und allem.

Das musst du mir aber mal erklären. So viele Menschen sind auf dich wütend wegen der schrecklichen Dinge, die ihnen und ihren Lieben passieren. Eine Erklärung wäre da mal hilfreich.

Kann eine Erklärung die Wut wegnehmen?

Nein, da hast du natürlich recht. Wut muss bewusst gefühlt und vom Herzen aufgenommen werden. Und der Schmerz dahinter auch.

Glaubst du, Mich durch Erklärungen erfassen zu können?

Nein. Aber du könntest dich auf eine Weise erklären, die für uns verständlich ist.

Erklärungen helfen nicht viel. Was hilft, ist, die Perspektive zu wechseln. Um das, was Ich über Vollkommenheit gesagt habe, zu verstehen, musst du Meine Perspektive einnehmen.

Wie geht das?

Tu es einfach.

Leicht gesagt. Ich brauche bitte eine Anleitung, wie man das macht. Für mich und unsere LeserInnen.

Stell dir vor, du seist Ich.

Schwierig. Wie kann ich mir das vorstellen?

Kein Wie. Stell es dir einfach vor.

Ja.

Was fühlst du?

Liebe. Liebe zu all meinen Teilen, allen meinen Kreaturen. Mitgefühl. Sehnsucht, dass jede sich selber finden und entfalten möge.

Welchen Stellenwert hat dabei das Leid, das sie durchmachen?

Eine wichtige Erfahrung.

Die du ihnen aufoktroyiert hast?

Nein. Die eine zwangsläufige Folge ihrer Entscheidungen ist. Als Fehler beurteilt, kann sie zu einem Lernschritt führen. Als wertvolle Erfahrung voll durchlebt, kann sie das ganze Wesen transformieren. Öffnen, vergrößern. Verschönern.

Nun wende das auf dich an. Du erlebst gerade eine leidvolle Phase.

Da muss ich wieder die Perspektive wechseln und als Safi gucken ...

Nein. Behalte Meine Perspektive bei und guck auf Safi.

Fällt mir schwer.

Schalte dein Herz ein. Mein Herz.

Dann ahne ich, dass sie irgendwohin will mit ihrem Leben und dieses Leid seinen Platz darin hat, weil es ihr hilft, ihr Ziel zu erreichen.

Es ist ganz schön anstrengend zu versuchen, deine Perspektive einzunehmen und beizubehalten.

Lass uns grundsätzlich werden. Du leidest, weil du dir nicht bewusst bist, wer du bist. Anders gesagt, Ich leide an der Begrenzung, die Ich als du erfahre.

Dumme Sache, dann leiden wir beide ...

Es gibt keine zwei.

Ja. War ein Witz.

Nein. Ich wiederhole es: Es gibt keine zwei. Darin liegt der Schlüssel zum Erwachen aus dem Leid.

Wenn ich mir also bewusst bin, wer ich bin, nämlich du oder ein Zustand oder Ausdruck von dir, dann leide ich nicht mehr?

Dann bist du wirklich erwacht.

Und erwacht sein heißt, nicht mehr zu leiden?

Erwacht sein heißt, mit dem Leiden nicht identifiziert zu sein. Es zu erleben mit offenem Herzen, doch zu entdecken, dass du das nicht bist. Dein Körper ist nicht etwas, das du bist. Dein Leiden ist nicht etwas, das du bist. Deine Angst ist nicht etwas, das du bist. Es sind Zustände, die du durchlebst; aber du selber bist unabhängig davon. Das zu entdecken bedeutet Erwachen.

Aha, ich verstehe, und um dieses Erwachen tatsächlich erreichen zu können, brauche ich Leid? Nur mitten im schlimmsten Leid kann ich feststellen, ob ich wirklich erwacht bin?

Und mehr noch, das schlimmste Leid gibt dir die größte Motivation zu erwachen.

Ja, stimmt. Je schlimmer das Leid, desto größer die Motivation. Es sei denn, man kapituliert, gibt auf, resigniert, wird verbittert.

Und welkt dahin. Stirbt ab. Die Kräfte jedoch, die »dich« bilden, sterben nicht. Sie sind weiter am Werk und werden dich wieder auferstehen lassen. In einer anderen Form.

So wie Noor im Konzentrationslager, als sie in Ketten lag und blutig geschlagen wurde, die Gelegenheit hatte, zu erwachen und sich bewusst zu werden, dass sie – ihre Seele – unberührbar ist, so könnte ich, wenn ich an diesen Funkattacken leide, auch feststellen, dass ich nicht dieser Körper bin, sondern eine unzerstörbare Seele? Aber das Leiden ist trotzdem da. Noor hat geweint. Ich weine und fluche.

Beides ist da. Das Leiden und das Erwachen. Und die Freude über die Befreiung. Die Auferstehung.

Ja. Kann ich mir vorstellen. Da bin ich noch nicht. Gibt es nicht einen anderen Weg, ich meine, kannst du mir nicht einfach zeigen, was ich tun muss, um diese Attacken loszuwerden? Oder besser noch, kannst du nicht einfach eine sanftere Version des Mobilfunks entwickeln, so dass niemand mehr darunter leiden muss?

»Lass diesen Kelch an mir vorübergehen ...«

Ja. Genau. Wäre wunderbar, wenn ich dieser Kreuzigung entrinnen könnte.

Geh einmal tief in dich und prüfe, ob du dir das wirklich wünschst.

Ja. Mehr als alles andere.

Geh noch tiefer in dich.

Du meinst, dass ich mich darauf besinnen soll, was ich eigentlich wirklich erreichen möchte ... Vollkommenheit. Meisterschaft. Verstehen. Freiheit. Dann muss ich aber doch sagen, dass dieser Funk mich daran hindert. Wenn man sich dauernd so mies fühlt und unausgeschlafen ist, kann man froh sein, die täglichen Pflichten erfüllen zu können. Die hochfliegenden Ideale sind da eher unerreichbar ...

Jetzt bist du ausgewichen auf deine üblichen Gedanken.

Stimmt. Okay. Also ich sollte tiefer in mich hineinspüren, ob ich die Befreiung von den Funksymptomen wirklich will. Ja. Von ganzem Herzen. Erwachen stelle ich mir so vor, dass ich mich erinnere, wer ich wirklich bin, und als solche dann mein Leiden kurieren kann.

Deine Sehnsucht, kuriert zu werden, steht also über deiner Sehnsucht nach Erwachen.

Es ist jedenfalls die dringlichere Sehnsucht. Zumindest im Augenblick.

Dann ist es die, der du dich widmen sollst und die dich zu Mir führen wird.

Ja. Sie ist so schwer zu formulieren. Weil ich mich nach dem Normalzustand sehne. Einfach nicht mehr zu leiden. Wieder schlafen zu können. Mich wohlzufühlen – gar nicht mal besonders wohl, sondern einfach normal wohl. Eben ohne Funk.

Was braucht diese Sehnsucht?

(Sie möchte) hochgehalten und ihre Erfüllung für möglich gehalten werden.

Merkst du, dass du Mir eine Tür dabei öffnest?

Ja. Mit dem »Für-möglich-Halten« öffne ich eine Tür für etwas, das du bewerkstelligen kannst. Wenn ich dich nicht als etwas Fertiges, Perfektes begreife, das alle Heilrezepte und Antworten in sich trägt, sondern als das, was sich selber entdeckt durch meine Erfahrungen ...

Dir geschieht nach deinem Glauben.

Ja. Ich merke, dass »für möglich halten« etwas in Gang setzt. Mein Atem geht freier. Erleichterung ist da. Etwas, das ich unbewusst für unmöglich gehalten habe, wird möglich.

Der in der Sendung Wandelnde hat Gott stets vor sich ...
Befassen kann er sich freilich nicht mit Gott,
aber unterreden kann er sich mit ihm.

Martin Buber[114]

Teil V

Das Experiment

Einführung

Es gibt ein Stadium, in dem man durch Berührung einer besonderen Phase der Existenz fühlt, wie man über die Beschränkungen des Lebens erhoben wird und die Macht, den Frieden und die Freiheit, das Licht und das Leben bekommt, die zur Quelle aller gehören.

Hazrat Inayat Khan[115]

Um sich in die Wahrheits- oder Gottsuche oder die spirituelle Übung wirklich zu vertiefen, ist es hilfreich, wenn nicht unerlässlich, ein *Retreat* (wörtlich: »Rückzug«) zu machen, also eine bestimmte Zeit in Alleinsein und Schweigen zu verbringen, und dies am besten unter Anleitung und in einem besonderen, geschützten, inspirierenden Rahmen. Man zieht sich völlig aus seinem alltäglichen Lebenszusammenhang heraus, isoliert sich und verbringt die ganze Zeit schweigend mit spirituellen Übungen, kontemplativen Spaziergängen und im Gebet.

Die wenigsten Menschen haben Gelegenheit für einen solchen Rückzug und können oder wollen sich die Zeit dafür nehmen. Bei unserem Experiment – an dem ich Sie in diesem Kapitel einlade teilzunehmen – gibt es die Gelegenheit, ohne den geschützten Rahmen eines Retreats, ohne persönliche Anleitung und mitten im Alltag, ein »inneres Retreat« zu machen, ohne dass wir aufhören, unsere Pflichten zu erfüllen und unse-

185

ren Beschäftigungen im Außen nachzugehen. Das Experiment, wie ich es ausgearbeitet habe, setzt weder einen äußeren Rahmen voraus noch die Investition von viel Extrazeit (was aber freiwillig geschehen kann), außer für die Vorbereitungen. Und es verlangt keinen Glauben. Es ist ein Experiment auf der Basis einer Grundannahme.

Was geschieht, wenn wir aus unserem alltäglichen Bewusstsein heraus und mitten in unserer alltäglichen Lebenssituation Gott – den Gott unserer Auffassung – aktiv und konsequent einbeziehen? Wir sind keine großen Mystiker oder Heiligen, die von einer alles verzehrender Sehnsucht nach Gott getrieben sind. Die wenigsten von uns sind unter Voraussetzungen aufgewachsen, die der Gottbewusstheit förderlich waren. Wir sind nicht bereit oder nicht in der Lage, einen Großteil unseres Lebens in spirituelle Übungen zu investieren. Wir alle, die wir an diesem Experiment teilnehmen, sind mehr oder weniger gewöhnliche Durchschnittsmenschen, beladen mit vielen psychologischen Bürden, belastet mit der Sorge um unsere Existenz in einer Welt, in der dies eine komplexe und anstrengende Angelegenheit sein kann. Oft sind wir erschöpft, gestresst, wütend und frustriert, manchmal zu müde, zu faul oder zu süchtig, um Helden der Disziplin zu sein – und alles andere als Heilige. All dies wird sich wahrscheinlich in zwei Monaten Übungszeit (die ich als Zeitrahmen vorschlage) auch nicht ändern. Dennoch muss es auch mit den gegebenen Einschränkungen, denen die meisten Menschen unterliegen, gelingen, in Kontakt mit der Realität zu gelangen, die wir Gott nennen. Und dieser Kontakt muss sich auf irgendeine Weise auf unser Denken, Fühlen, Handeln, auf unsere Perspektive, unseren Horizont, unser Leben, unsere Beziehungen, unsere Welt, auf unsere Haltung, unsere emotionale Gestimmtheit und letztlich auch auf unseren Körper auswirken. Natürlich geht es nicht darum, zu Gott zu sagen: »Ich versuche es jetzt zwei Monate mit dir, und wenn du

mir nichts bringst, stecke ich dich wieder in die Schublade.«
Vielmehr lassen wir uns mit Haut und Haar auf die Übung ein
und verzichten darauf vorwegzunehmen, was dabei herauskom-
men soll.

Bei diesem Experiment geht es also darum, den »Faktor Gott«
für eine bestimmte, klar definierte Zeitspanne konzentriert in
unser Leben einzubeziehen. Wir werden eine Definition des Be-
griffes »Gott« als Hypothese benutzen und unser ganzes Alltagsleben während der vorher festgelegten Zeitspanne des Übens
als Experiment betrachten, das auf dieser Hypothese aufbaut.

Die Elemente des Experiments

1. Die Arbeitshypothese. Ich werde die von mir vorge-
   schlagene Grundhypothese, die ich in den einführenden
   Kapiteln vorgestellt habe, noch einmal darlegen und Ihnen Varianten anbieten.
2. Der Leitsatz. Sie werden sich aus einer Auswahl von Zitaten einen Leitsatz heraussuchen, der Sie inspiriert und
   motiviert und der Ihrer Definition von Gott entspricht.
   Diesen Leitsatz werden Sie ständig im Kopf und im
   Herzen behalten und so oft es geht wiederholen.
3. Das Tagebuch. Notieren Sie Ihre Erfahrungen – in
   Stichworten oder ausführlich, wie es Ihnen gefällt, in einem Tagebuch.
4. Die Übungen. Sie haben die Möglichkeit, sich zusätzlich zum Üben mit dem Leitsatz (das keine Extrazeit
   erfordert) einige Übungen zusammenzustellen, die zu
   Ihrem Leitsatz passen und Ihnen helfen, aus der Idee
   »Gott« eine Realität zu machen.
5. Die Verpflichtung. Ich werde Ihnen vorschlagen, für die
   Zeit des Experiments eine Verpflichtung einzugehen.

Diese Verpflichtung kann die Investition von Extrazeit beinhalten oder auch nicht.

Zweck des Experiments ist festzustellen, was dabei herauskommt, wenn wir »Gott« entsprechend der Vorstellung, die wir von Ihm haben, aktiv und konsequent in unser Leben einbeziehen. Dabei werden wir ohne Vorurteil und offen für alles, was dabei geschehen mag, vorgehen – ähnlich wie ein Wissenschaftler, der zwar von seiner Hypothese, die er dem Experiment zugrunde legt, überzeugt sein mag, aber dennoch mehr an der Wahrheit interessiert ist als an einem Beweis für seine Annahme.

Die nachfolgende Schritt-für-Schritt-Anleitung besteht aus zwei Teilen: Vorbereitung und Gestaltung der Übungszeit.

Wie bereits in der Einführung erwähnt, habe ich, als ich mit der Arbeit an diesem Buch begann, eine Gruppe von Freundinnen und Freunden eingeladen, das Experiment durchzuführen und mir anschließend darüber zu berichten. Ihre Berichte finden Sie am Ende dieses Praxisteils.

Die Vorbereitungsphase

*Religiöser Glaube kann sehr steril werden, und viele
Menschen verlassen ihn, da er grundfalsch dargestellt wird,
als ein dogmatisches Konzept, an das man zu glauben hat.
Dennoch suchen wir unaufhörlich nach jener unbekannten
Größe, die den Hintergrund oder Untergrund unseres
Lebens bildet ... Wir spüren, dass es noch etwas anderes gibt
hinter allem Geschehen, etwas, das sich selbst fortlaufend in
unsere Existenz projiziert, und wir haben den Wunsch,
Kontakt mit ihm aufzunehmen. Nur wissen wir nicht,
wie es geschehen kann.*

Pir Vilayat Khan[116]

Vergegenwärtigen Sie sich zu Beginn noch einmal den Zweck
des Experiments. Formulieren Sie ihn eventuell auf Ihre eigene
Weise um. In meinen Worten ausgedrückt: Hier geht es darum
herauszufinden, was mit uns geschieht, wenn wir Gott gemäß
der Definition, die unserem höchsten aktuellen Kenntnisstand
entspricht, in unser Leben, unser Denken, unsere Meditationen,
unsere Betrachtungen, unser Handeln, unsere Probleme, unsere
Fragen, unsere Entscheidungen, unsere Beziehungen – kurz in
alles, was unser Leben ausmacht, einbeziehen. Nach der Devise:
Was wäre, wenn ... (die Aussage über Gott, die wir als Hypothese wählen) wahr wäre?

Für diese vorbereitende Phase schlage ich Ihnen sechs Schritte vor, die ich auf den folgenden Seiten ausführlicher beschreiben werde:

1. Ein Notizheft oder Tagebuch anlegen.
2. Falls noch nicht geschehen, Körperzentrierte Herzensarbeit erlernen.
3. Ihre Motivation klären und wecken.
4. Herausfinden, welcher »alte Gott« in Ihre Psyche einprogrammiert ist.
5. Herausfinden, welche Vorstellung von Gott Ihrem heutigen erwachsenen Verständnis entspricht.
6. Den Zeitrahmen für das Experiment festlegen.

1. Ein Notizheft oder Tagebuch anlegen

Legen Sie eigens für dieses Experiment ein Notizheft oder Tagebuch an. Notieren Sie Ihre Hypothese, Ihre Definitionen des alten und neuen Gottes, Ihren Leitsatz und führen Sie Tagebuch über Ihre Erkenntnisse und Erfahrungen, am besten täglich und so kurz oder so ausführlich wie es für Sie stimmt. Lassen Sie genügend Platz für spätere Hinzufügungen, Kurzfassungen, Kommentare.

2. Körperzentrierte Herzensarbeit lernen

Auf dem Weg wird es viel Herzensarbeit zu tun geben, denn unser Thema ist stark mit Gefühlen besetzt. Die Körperzentrierte Herzensarbeit führt Sie schnell in die Tiefe und an die Gefühle heran, von denen Sie beherrscht werden, ohne dass Sie es überhaupt wissen. Und sie hilft Ihnen, Ihr Herz zu öffnen und mit Ihrem wahren Wesen in Kontakt zu sein. In jeder Phase der Vorbereitung und des Experiments wird sie Ihnen daher von großem Nutzen sein. Falls Sie die Methode noch nicht praktiziert haben, blättern Sie bitte zurück zum Kapitel »Körperzentrierte Herzensarbeit« und machen Sie sich mit ihr vertraut. Sie ist einfach zu lernen. Machen Sie Herzensarbeit zu jedem Thema, das in der Vorbereitungszeit oder während des Experiments selbst in Ihnen auftaucht. Öffnen Sie Ihr Herz nicht nur für die negativen Gefühle, die sich melden mögen, etwa Ängste oder Schuldgefühle, sondern auch für Ihre Sehnsüchte und Ihre positiven Gefühle. (Die Übung der Körperzentrierten Herzensarbeit muss nicht lange dauern. Haben Sie sie einmal erlernt, können Sie sie in Sekundenschnelle anwenden, wann immer Sie spüren, dass eine Emotion ausgelöst wird. Statt der Emotion zu erlauben, Ihre Gedanken gefangen zu nehmen, was auch Zeit kostet, wenden Sie sich ihr zu, fühlen sie bewusst und öffnen Ihr Herz für sie, indem Sie die Schlüssel anwenden.)

3. Ihre Motivation klären und wecken

Für unser Experiment – wie für jedes Projekt, das gelingen soll – brauchen wir als Erstes eine starke und echte Motivation. Klären Sie daher: Warum und wozu nehmen Sie an diesem Experiment teil? Als Motivation kommen in Frage: Liebe, Begeisterung, Sehnsucht und Not. Hier einige Stichworte, Fragen, Anregungen, die Ihnen helfen können, Ihre Motivation zu klären.

Motivation Liebe

Gibt oder gab es jemanden, der große Liebe in Ihnen weckt? Die Art von Liebe, die Ihnen das Herz öffnet, die Art von Liebe, die Sie zu Heldentaten befähigt, die Art von Liebe, die Ihr Ego schmelzen lässt?

Können Sie diese Liebe in sich wachrufen und sie bewusst fühlen?

Sie könnten das ganze Gott-Experiment diesem Menschen widmen – sei es Ihr(e) Geliebte(r), Ihr spiritueller Lehrer, Ihre Mutter oder Ihr Vater, Ihr Kind oder wer auch immer. Finden Sie Ihre eigene Weise, dies zu tun. Sei es, indem Sie ihm/ihr die Früchte Ihrer Übungen und Forschungen innerlich zukommen lassen; oder indem Sie sich vornehmen, dem Wohl dieses Menschen zuliebe das Beste und Schönste aus sich zu machen, wobei dieses Experiment Ihnen helfen soll ...

Oder Sie machen das Experiment einfach Gott zuliebe, damit mehr von Ihm/Ihr durch Sie hindurch kommt.

Motivation Sehnsucht und Not

Finden Sie die Sehnsucht, aus der heraus Sie an diesem Experiment teilnehmen. Formulieren Sie sie. Fühlen Sie sie.

Oder: Finden Sie die Sehnsucht, die Sie in Bezug auf Ihr größtes Problem hegen, und nehmen Sie im Bewusstsein dieses Anliegens an dem Experiment teil. Es soll Ihnen helfen, Antworten auf Ihre Fragen, die Lösung Ihres Problems und die Erfüllung Ihrer Sehnsucht zu finden, oder Ihnen aus Ihrer Not – welche auch immer es gerade ist – heraushelfen.

Motivation Begeisterung

Was weckt in Ihnen Begeisterung? Beispiel: Ich habe gerade einen Film über Ecuador und seinen Staatschef Rafael Correa gesehen. Das hat in mir Begeisterung geweckt. Nun könnte ich mein Gott-Projekt in Verbindung setzen mit der Motivation, die aus dieser Begeisterung heraus in mir wach geworden ist, etwa zu solch großartigen Entwicklungen auf unserer Erde beizutragen zu wollen ...

Anderes Beispiel: Gottbewusste Menschen wecken Begeisterung in mir – Begeisterung für sie selber und Begeisterung für das, was durch sie hindurchstrahlt, oder durch das Bewusstsein, das sie in mir wecken können für die Großartigkeit der Natur, die Findigkeit und Kreativität, die sich im Menschen entfaltet, für die Schönheit und Erhabenheit einer Musik, eines Bauwerks, eines Kunstwerks ...

Oder: Das Projekt »Gott finden, Gott verwirklichen« weckt spontan große Begeisterung in mir.

Betrachten Sie diese Beispiele nur als Anregungen, das stärkste Motiv zu wecken, das in Ihnen schlummert. Klären Sie Ihre Motivation nicht mit dem Verstand, sondern mit dem Herzen. Wozu soll Ihnen dieses Experiment dienen? Wem oder was sollen seine Ergebnisse zugute kommen? Aus welcher Sehnsucht heraus machen Sie mit? Fühlen Sie diese Sehnsucht und öffnen Sie Ihr Herz dafür. Falls es Widerstände, Ängste und entgegengesetzte Sehnsüchte gibt, machen Sie damit Herzensarbeit. Lassen Ihre Herzensarbeit immer körperzentriert sein, sonst wird sie oberflächlich. Das heißt, suchen Sie die Gefühle nicht in Ihren Gedanken, sondern in Ihrem Körper wie in der Anleitung beschrieben.

Formulieren Sie Ihre Motivation so einfach und ehrlich wie möglich und schreiben Sie sie in Ihr Notizheft.

4. Den »alten Gott« definieren

An welchen Gott glauben Sie unbewusst automatisch?

Bevor Sie im nächsten Schritt definieren, wer oder was Gott heute für Sie bedeutet oder bedeuten könnte, stellen Sie fest, welche Definition von Gott Sie aus Ihrer Kindheit, aufgrund Ihrer religiösen Erziehung oder aus dem kollektiven Bewusstsein in sich tragen. (Auch als jemand, der atheistisch aufgewachsen ist, projizieren Sie zwangsläufig etwas auf den Gott, den es nicht gibt.) Welche Eigenschaften projizieren Sie auf diesen Gott, an den Sie unbewusst-automatisch glauben oder eben nicht? Fragen Sie nicht Ihren Verstand und auch nicht Ihre Intuition, sondern schauen Sie in Ihre kindliche Psyche.

Beispiele für alte Definitionen, die in unserer Psyche wirksam sind

> Gott ist der Vater, gütig, aber streng.
> Gott ist der, der alles beobachtet und beurteilt.
> Gott ist Liebe und Vergebung.
> Gott ist grausam, denn er lässt zu, dass grausame Dinge passieren.
> Gott schwebt hoch über allem und kümmert sich nicht um unsere Wünsche/Gebete.
> Gott ist der Schöpfer.
> Gott ist der Richter.
> Gott ist das Gute.

Ich füge nicht hinzu: »Gott ist die Mutter«, denn ich glaube nicht, dass eine/r von uns in diesem Sinne erzogen wurde ...

Klären Sie, welcher Gott in Ihre Psyche einprogrammiert ist. Achtung, hier geht es (noch) nicht darum, die Gottesvorstellung zu definieren, die Ihrem heutigen Bewusstseinsstand entspricht! (Das kommt im nächsten Schritt.) Es geht vielmehr darum, die übernommenen alten Glaubenssätze zu entdecken, die in Ihnen wirken, ob Sie es wollen oder nicht. Manchmal gibt es zwei einander entgegengesetzte Glaubenssätze. »Gott ist Liebe und Vergebung« existiert vielleicht neben »Gott bestraft mich, wenn ich böse bin«.

Sobald Sie herausgefunden haben, welche Gottesvorstellung Ihrer Psyche aufgeprägt wurde, schreiben Sie sie in Ihr Tagebuch. Schreiben Sie daneben, wer Sie im Verhältnis zu diesem Gott sind. Beispiel:

Gott ist der Schöpfer – ich bin das Geschöpf.
Gott ist der Vater – ich bin das Kind.
Gott ist der König – ich bin der Untertan.
Gott ist der Richter – ich bin ... wer? Der/die Angeklagte? Beobachtete? Beurteilte?

Lernen Sie die Gefühle kennen, die dieses Verhältnis zwischen dem Gott Ihrer Erziehung und Ihnen selber in Ihnen weckt. Machen Sie Herzensarbeit zu Ihrem Verhältnis zu diesem Gott. (Hassen Sie ihn? Fürchten Sie ihn? Lieben Sie ihn? Werfen Sie ihm etwas vor? Leugnen Sie ihn? Wie fühlt sich das an? ...)

Notieren Sie in Ihrem Tagebuch, welches Gottesbild in Ihre Psyche eingeprägt ist, sowie die wichtigsten Gefühle, die Sie dazu entdeckt haben.

5. Der »neue Gott«

Wer oder was ist Gott nach Ihrem heutigen Verständnis?

Klären Sie, was Sie – Ihr bewusstes, erwachsenes Selbst – heute unter »Gott« verstehen und wer Sie im Verhältnis dazu sind. Lesen Sie dazu die folgenden Beispiele sowie die Zitate im Kasten.

- Gott ist die Seele von allem. (Ich bin das Instrument, durch das diese Seele sich erlebt.)

- Gott ist das Wesen, dessen Körper das Universum ist. (Ich bin ein Teil davon.)

- Gott ist das einzige Wesen. (Ich bin sozusagen ein Exemplar davon, ausgestattet mit Seinen/Ihren Eigenschaften, wobei in mir wie in jedem dieser Exemplare latent das Ganze, manifest jedoch nur ein bestimmtes Bündel der göttlichen Eigenschaften vorhanden ist.)

- Gott ist der Ursprung von uns allen. Wir sind aus Seiner/Ihrer Sehnsucht hervorgegangen. (Ich bin der/die Ersehnte, Geliebte.)

- Gott ist das, was aus uns wird, wenn wir mit unserer Entwicklung fertig sind. (Ich bin eine Entwicklungsphase von Ihm.)

- Gott ist die Essenz, die Seele in allen Wesen. (Ich bin ein Ausdruck dieser Essenz.)

- Gott ist das Ideal, das in den Grund unseres Wesens eingebrannt ist. (Ich bin sein Verehrer und indem ich Ihn verehre, mache ich aus diesem Ideal Realität.)

- Gott ist unser ewiges Du. (Ich bin Gottes Du.)

- Gott ist das, was »ich« sagt. Das Ich in allen. (Ich bin Gott als ... (Ihr Name))

- Gott ist die Intelligenz, die hinter allem steckt. (Ich bin die Art, wie diese Intelligenz sich selber entdeckt, indem sie sich als ich und in mir manifestiert.)

- Gott ist die Gegenwart in den Herzen aller Wesen. (Ich bin ein Tempel auf zwei Beinen.)

- Gott ist unser eigenes höchstes Selbst – die höchste Ebene unserer selbst. (Ich bin eine eingeschränkte, dafür aber konkretisierte Version von Gott.)

- Gott ist das Urbild (von dem ich ein – zwangsläufig unvollkommenes – Exemplar bin).

- Gott ist die Vollkommenheit von allem. (Ich bin die Sehnende und Anbetende und zugleich Gott im Werden.)

- Gott ist der schweigende Hintergrund unserer Existenz. Das, woaus wir hervorgegangen sind, und das, in das wir wieder eingehen werden. (Ich bin eine vorübergehende Spiel- oder Ausdrucksform des unendlichen Bewusstseins.)

Betrachten Sie noch einmal die Definition, die ich in Teil I dieses Buches bereits formuliert habe. Vielleicht entspricht sie ja Ihrer Auffassung:

Alles, was existiert, ist ein zusammenhängendes Ganzes. Dieses zusammenhängende Ganze ist von Intelligenz beseelt. Das Universum kann also als der Körper (oder die Offenbarung, der Ausdruck) einer Intelligenz oder eines intelligenten Wesens betrachtet werden.

Diese Intelligenz oder dieses Wesen nennen wir Gott.

Gott enthält alle überhaupt möglichen Qualitäten in vollkommener Weise.

Er/Sie sehnt sich danach, diese – nur potentiell vorhandenen Qualitäten und Fähigkeiten – zum Vorschein zu bringen.

Dies tut ES, indem ES sich in einer Vielzahl von Wesen zum Ausdruck bringt, in all den Erscheinungen, die das Universum ausmachen.

Indem ES sich auf diese Weise in Erscheinung bringt, entdeckt ES seine eigenen Eigenschaften und Möglichkeiten.

Das Leben und Werden eines jeden von uns ist Teil dieser Selbstentdeckung Gottes.

Wer ist Gott? Wer sind Sie im Verhältnis zu Gott? Bevor Sie versuchen, dies mit dem Verstand zu definieren, lassen Sie sich vielleicht von den *Zitaten im Kasten* inspirieren.

Beachten Sie: Sie können Gott nicht definieren, ohne sich selbst im Verhältnis zu Gott zu definieren. Während Sie definieren, wer oder was Gott heute für Sie ist, formulieren Sie zugleich, wer oder was Sie im Verhältnis zu Gott sind.

Hinweis: Auf dem mystischen Weg, in dessen Verlauf man sein Verhältnis zu der Realität namens »Gott« erforscht, verändert sich die Vorstellung davon, wer oder was Gott ist. Oft entwickelt es sich so, dass Gott für uns zunächst ein Er oder eine Sie oder ein Es ist, dann zum Du wird, zum Ich und schließlich, wie von Pir Vilayat Khan formuliert, zum Wir (die modernste Variante).

Definieren Sie in möglichst klaren Worten, wer Gott für Sie
ist und wer Sie im Verhältnis zu Gott sind. Schreiben Sie
diese Definition in Ihr Tagebuch.

Wer oder was ist Gott? – Inspirationen

Ich war ein verborgener Schatz und sehnte mich danach
erkannt zu werden; also schuf ich die Welt.

Hadith Kudsi des Propheten Mohammed[117]

Er ist der Geist aller Seelen, der zu allen Zeiten als Gott
personifiziert wurde.

Hazrat Inayat Khan[118]

Richte den Stein auf, und daselbst wirst du Mich finden,
spalte das Holz, und Ich bin dort.

Worte von Jesus[119]

So seht ihr Mich in euch, wie ein jeder von euch sich
selbst im Wasser oder im Spiegel sieht.

Worte von Jesus[120]

Ohne den Spiegel, der ich bin, würde die Schönheit
Deines geliebten Wesens nicht erscheinen. Der/die
Liebende ist Gott und der/die Geliebte ist Gott.

Pir Vilayat Khan[121]

Immer denken wir von Gott als von einem anderen
Wesen; wenn wir nur begreifen könnten, dass wir Gott
sind! Es ist nicht einmal so, dass Er durch uns wirkt. Wir
sind Er.

Pir Vilayat Khan[122]

Wir sind ein Zustand Gottes.

Pir Vilayat Khan[123]

Ich bin ein Traum Gottes.
Ich bin Gott, der träumt, er sei ich.

Antje Besser-Anthony

Gott ist gegenwärtig in der geheimen Kammer des
Herzens.

Pir Vilayat Khan[124]

Al-Hallaj wurde gekreuzigt, weil er sagte: »Ana'l Haqq« –
»Ich bin die Wahrheit« – womit gemeint ist, dass das in mir,
was »ich« sagt, Gott ist.

Pir Vilayat Khan[125]

Die tiefe gefühlsmäßige Überzeugung von der Existenz
einer höheren Denkkraft, die sich im unerforschlichen
Weltall manifestiert, bildet den Inhalt meiner Gottesvorstellung.

Albert Einstein[126]

Und ich weiß, dass Gottes Hand meine eigene,
ältere Hand ist.
Und ich weiß, dass Gottes Geist mein ältester Bruder ist.
Und dass alle je geborenen Männer meine Brüder sind,
alle Frauen meine Schwestern und Geliebten.
Und dass die Schöpfung in Liebe verankert ist.

Walt Whitman[127]

Wir stehen in unserem eigenen Licht, nur in Kontakt mit
dem, was ist. Und es gibt keinen Ort, wohin wir uns
wenden können, denn alles ist die lebendige Gottheit.

Richard Moss[128]

Die göttliche Mutter offenbarte mir im Kali-Tempel, dass
sie zu allem geworden ist. Sie zeigte mir, dass alles erfüllt
ist von göttlichem Bewusstsein. Das Standbild war reines
Bewusstsein, der Altar war Bewusstsein ... alles war nichts
als Bewusstsein, göttlicher Geist ...

Ramakrishna[129]

Wie kann ich dich kennen, da du verborgen bist, mir
unbekannt? Und wie kann ich verfehlen, dich zu kennen,
wo du das bist, das erscheint und alle Dinge dich mir
erkennbar machen?

Ibn Arabi[130]

6. Den Zeitrahmen festlegen

Setzen Sie sich einen Zeitrahmen von zwei oder drei Monaten für das Experiment. (Es steht Ihnen frei, einen anderen Zeitrahmen zu wählen. Ich schlage allerdings eine Mindestzeit von einem Monat vor.) Was nicht bedeutet, dass die Übung danach abbricht. Wenn sie etwas in Ihnen bewirkt hat, läuft sie ohnehin von selber weiter. Aber es ist gut, das Experiment in einen Zeitrahmen zu setzen und als besondere Erfahrung, eine Art *Retreat* (Rückzug) mitten im Leben zu betrachten. Das gibt ihm mehr Intensität.

Nun haben Sie alle Vorbereitungen abgeschlossen und können in die Gestaltung Ihrer Übungszeit eintreten. Im folgenden Kapitel gebe ich Ihnen Anleitungen und Anregungen dafür.

Die Gestaltung der Übungszeit

Wach auf, mein Herz, und wecke mich. Zu lange hast du unter der schummrigen Geborgenheit meines Alltagslebens geschlafen. Wach auf, mein Herz, es ist höchste Zeit. Wir haben nicht mehr allzu viel Leben zu vertun.

Safi Nidiaye[131]

In diesem Kapitel finden Sie die Bausteine, aus denen Sie Ihr Experiment gestalten können. Ich empfehle, es zunächst durchzulesen und sich Notizen zu machen, bevor Sie mit der Praxis beginnen, für die ich in diesem Kapitel folgende Elemente vorschlage:

1. Mit einem Ritual beginnen.
2. Eine Verpflichtung eingehen.
3. Einen Leitsatz wählen.
4. Weitere Instrumente wählen, etwa:
   - Kurze Erinnerungssätze bilden
   - Gebete
   - Meditation und Kontemplation
   - Spirituelle Übungen.
5. Ihren Plan gestalten.

1. Mit einem Ritual beginnen

Ich schlage vor, dass Sie mit einem Ritual Ihrer eigenen Wahl beginnen. Stimmen Sie sich auf Ihre Motivation ein. Verbinden Sie sich mit den Wesen, die Sie inspirieren. Beten, singen, gestalten Sie etwas ... Und sei es, dass Sie nur eine Kerze anzünden. Beginnen und beenden Sie Ihre Reise mit einem Ritual. Die Sprache des Rituals gibt Ihrer Psyche das Signal, dass nun etwas Besonderes beginnt. Zum Ritual gehören neben der Einstimmung mit Kerzen, Musik und Gebet auch die Gestaltung eines Ablaufplans sowie das Formulieren und Eingehen einer Verpflichtung.

2. Eine Verpflichtung eingehen

Bereiten Sie sich darauf vor, Gott (gemäß Ihrer in der Vorbereitung erarbeiteten Definition) während der gesamten Übungszeit aktiv in alle Bereiche, Beziehungen und Aktivitäten Ihres Lebens einzubeziehen. Fassen Sie einen konkreten Vorsatz und gehen Sie eine entsprechende Verpflichtung ein.

Beispiele für konkrete Vorsätze:

- Ab jetzt werde ich Gott (wie definiert) in alle meine Beziehungen, Entscheidungen, Begegnungen, Handlungen und Überlegungen so einbeziehen, als ob Er/Sie (so definiert) Realität wäre.
- Oder: Ab jetzt werde ich mich jeden Morgen und/oder jeden Abend in einen Dialog mit Gott begeben ...
- Oder: Immer wenn ich spazieren gehe, werde ich mir bewusst machen, dass es Gott ist, der durch meine Augen sieht ... Immer wenn ich meinen Körper betrachte, werde ich mich erinnern ... Immer wenn ... werde ich ...

- Oder: Jeden Morgen beim Aufwachen und jeden Abend vor dem Einschlafen werde ich ...

Finden Sie Ihren eigenen Vorsatz. Damit Sie ihn nicht aus dem Kopf heraus fassen, sondern aus dem Herzen, können Sie sich von den *Zitaten im Kasten* inspirieren lassen. Wenn Sie eine Formulierung finden, die Sie inspiriert, nutzen Sie sie. Schreiben Sie sie in Ihr Tagebuch. Wandeln Sie sie ab, falls nötig. Oder kürzen Sie sie.

Schreiben Sie Ihren Vorsatz auf. Verpflichten Sie sich, ihn durchzuhalten.

Beispiel für eine Minimalverpflichtung (fast kein Extrazeitaufwand)

Für die Dauer des Experiments werde ich den Leitsatz täglich mehrmals lesen oder mir bewusst in Erinnerung rufen und mich, wann immer es mir einfällt, daran erinnern, so zu handeln und zu denken, als sei er wahr. Sollte mir das nicht möglich sein, werde ich mir die Gründe dafür und die Gefühle, die damit verbunden sind, anschauen (Herzensarbeit). Am Abend (oder morgens) werde ich mir Notizen dazu machen.

Beispiel für eine Maximalverpflichtung (viel zeitliches Engagement)

Solange das Experiment dauert, werde ich einmal täglich für 20 Minuten über den Leitsatz meditieren; täglich am Morgen ein bestimmtes Gebet sprechen; täglich am Abend eine bestimmte spirituelle Übung machen; jeden Morgen mit Gott in

Verbindung treten, um Ihm/Ihr meine Fragen und Probleme zu präsentieren. Jeden Abend werde ich Seinen/Ihren Namen in Form eines Gesangs anrufen (Mantras oder Gebete singen), und einmal wöchentlich werde ich einen Gottesdienst (Gottesfest) auf eigene Art durchführen. Jeden Abend werde ich Tagebuch darüber führen.

Wählen Sie eine Verpflichtung, die Sie einhalten können – minimal, maximal oder irgendwo dazwischen. Schreiben Sie sie in Ihr Heft.

Einen Vorsatz fassen –
Was Sie dabei inspirieren kann

Du beobachtest dich selbst mit fassungslosem Staunen, denn du siehst in dir die Manifestation des Einen, dem deine Liebe gilt ... Und ebenso verwundern dich die Menschen, denen du begegnest, denn auch in ihnen erkennst du den Ausdruck genau derselben Liebe.

Pir Vilayat Khan[132]

Die auf Gott eingestimmte Seele wird so schön wie Gott und beginnt, Gott in allem, was sie tut, auszudrücken, im Leben die göttliche Art auszudrücken.

Khwaja Abu Hashim Madani[133]

Ich betrachte mein Handeln gegenüber jedem Menschen als ein Handeln Gott gegenüber, und das Handeln eines jeden Menschen an mir nehme ich als Handeln Gottes entgegen.

Hazrat Inayat Khan[134]

Warum verhält sich ein Mensch wie ein Äffchen und nicht wie ein Kätzchen? Der Affe muss sich durch eigene Anstrengung an die Mutter klammern, wenn sie herumspringt. Doch das Kätzchen sitzt nur da und miaut, bis die Mutter kommt und es am Nackenfell hochhebt ... Das ist der Unterschied zwischen dem, der alles selber machen will, und dem, der sich ganz dem Willen Gottes ausliefert.

Ramakrishna[135]

Jeder Augenblick unseres Lebens bietet uns eine Gelegenheit des Nutzens und Segnens ... Es gibt keine größere und bessere Gelegenheit als den Augenblick, der uns spirituelle Erleuchtung zu geben vermag, ein Augenblick, in dem wir den Segen Gottes empfangen. Es ist ein unbezahlbarer Augenblick.

Hazrat Inayat Khan[136]

Auch wenn wir Gott alles geben wollten, könnten wir nur die augenblickliche Erfahrung unserer selbst geben. Darum liegt das Tor zu Gott oder zu unserem wirklichen Wesen im Erleben des Augenblicks.

Richard Moss[137]

Jeder Schritt auf meinem Pfad zieht mich näher zu Dir. Jeder Atemzug im Gedanken an Dich erfreut meinen Geist. Jeder kleinste Schimmer Deines Lächelns inspiriert meine Seele. Jede aus Liebe zu Dir vergossene Träne, Geliebter, versetzt mich in Entzücken.

Hazrat Inayat Khan[138]

3. Einen Leitsatz wählen

Wählen Sie einen Leitsatz – einen Satz, der Sie berührt und inspiriert und den Sie während des ganzen Experiments im Gedächtnis und im Herzen behalten. Verwenden Sie hierfür eines der Zitate aus dem nächsten Kasten oder aus den beiden vorangegangenen Kästen. Sollten Sie selber einen solchen Satz kennen, der hier nicht verzeichnet ist und der Ihnen hilft, Gott gemäß Ihrer in Schritt 1 gewählten Definition in Ihr Alltagsbewusstsein zu holen, so verwenden diesen Satz als Leitsatz.

Falls nötig, formulieren Sie den gewählten Leitsatz auf eine Weise um, die für Sie verständlicher oder inspirierender ist, oder kürzen Sie ihn. Schreiben Sie Ihren Leitsatz in Ihr Heft.

Nun haben Sie drei Sätze aufgeschrieben:

- eine Definition Gottes und Ihrer selbst im Verhältnis zu Gott,
- einen Vorsatz für das tägliche Leben,
- einen Leitsatz, der Ihnen hilft, diesen Vorsatz zu verwirklichen.

In diesem Kasten finden Sie vielleicht Ihren Leitsatz

Der Zweck dieser ganzen Schöpfung erfüllt sich in dem Erreichen der Vollkommenheit, die ein menschliches Wesen erreichen kann.

Hazrat Inayat Khan[139]

Das Herz des Bhakta ist die Wohnung Gottes.

Ramakrishna[140]

Du brauchst Gott um zu sein, und Gott braucht dich – zu
eben dem, was der Sinn deines Lebens ist.

Martin Buber[141]

Oh Gott, deine Sehnsucht ist der Grund dafür, dass ich
auf der Erde bin, und meine Sehnsucht ist der Grund
dafür, dass ich wieder auferstehe.

Farid ud-din ›Attar[142]

Begreife Gott als Wir statt als Er. Und lass die ungeheure
Weite dieser Vision die Enge deines Bewusstseins er-
schüttern. Verwirf alle vorgefassten Ideen und optischen
Täuschungen, so dass du eins wirst mit der Harmonie des
Kosmos.

Pir Vilayat Khan[143]

Wir haben Gott die Macht gegeben, sich durch uns zu
manifestieren, so wie Er uns die Macht gegeben hat,
durch Ihn zu existieren ... Wenn Er uns Leben und
Existenz durch sein Wesen gegeben hat, so gebe ich auch
Ihm Leben, indem ich Ihn in meinem Herzen erkenne.

Ibn Arabi[144]

Warum habe ich zwei Augen, wenn nicht um dein strah-
lendes Bild zu schauen?

Hazrat Inayat Khan[145]

Wenn du Gott nicht im Menschen siehst, wirst du ihn
nirgends sehen.

Hazrat Inayat Khan[146]

Feiere mit Mir! Alles ist Fest für Mich, wenn du Mich
einlädst. Denn für Mich ist alles neu.

Safi Nidiaye[147]

Für den Heiligen ist nur der Geliebte heilig, und den
Geliebten sieht er überall ... Deshalb sind ihm nicht
besondere Dinge heilig und andere unheilig, sondern
er sieht das Heilige in allem und den Geliebten
im Herzen aller.

Safi Nidiaye[148]

Was immer das Herz berührt, erkennt es als Zeichen
des Geliebten; was immer es aufnimmt, als Nahrung des
Geliebten; und was immer das Herz gibt, schenkt
es dem Geliebten.

Safi Nidiaye[149]

Wo immer du gehst, berührst du einen Teil des göttlichen
Wesens und wirst von ihm berührt.

Safi Nidiaye[150]

Gib Uns alles, was du hast, und Wir werden dir alles
geben, was Unser ist.

Hazrat Inayat Khan[151]

Mache Gott zur Wirklichkeit und Er wird dich zur
Wahrheit machen.

Hazrat Inayat Khan[152]

Wer Gott hat, dem fehlt nichts ...
Gott allein ist genug.

Teresa von Avila[153]

Wenn du nach Gott Ausschau hältst, ist Gott im Schauen
deiner Augen.

Jelaluddin Rumi[154]

Indem ich das göttliche Bewusstsein als den Grund
meines Bewusstseins ... entdecke, verleihe ich Gott eine
Form der Kenntnis.

Ibn Arabi[155]

Indem ich die göttliche Natur aktiviere, die der Grund
meiner Persönlichkeit ist, verleihe ich Gott eine Form des
Seins.

Ibn Arabi[156]

4. Weitere Instrumente wählen

Wählen Sie aus den folgenden geeigneten Möglichkeiten weitere Werkzeuge für Ihre Übungszeit aus.

A. Kurze konkrete Erinnerungssätze formulieren

Formulieren Sie kurze Sätze (eventuell angeregt aus den Leitsätzen), die Ihnen helfen, die Grundhypothese im täglichen Leben konkret zu machen.

Beispiele:

- Dies ist nicht mein Körper, es ist ein Tempel Gottes. (z.B. beim Duschen)
- Ich bin die Augen, durch die Gott sieht. (beim Spazierengehen)
- Dies ist nicht X (Ihr Name), dies ist eine Weise, wie Gott sich manifestiert.
- Ich bin eine Art und Weise Gottes, sich selbst Existenz zu verleihen.
- Gott ist anwesend in mir und als ich.
- Gott ist anwesend in allem, was mich umgibt und in allen, die mir begegnen.

B. Beten

Im Gebet treten wir in direkten Kontakt mit der Realität, die wir Gott nennen.

Bittgebet

Natürlicherweise beginnen wir mit Bittgebeten – Oh Gott, bitte gib mir ... befreie mich von ... und so fort. Tipp: Verwenden Sie diese Art von Gebet immer im Zusammenhang mit Körperzentrierter Herzensarbeit. Beobachten Sie, was geschieht, wenn Sie Gott in Ihre Herzensarbeit einbeziehen. Übergehen Sie niemals die Wünsche Ihres Herzens, wenn Sie mit Gott sprechen: Nehmen Sie eher Ihre Probleme und Sehnsüchte als Einstieg ins Gebet.

Dankgebet

Hier bedanken wir uns für ... was auch immer unsere Dankbarkeit weckt. Eine machtvolle Praxis, welche die guten Dinge des Lebens in unser Blickfeld rückt und unser Herz öffnet.

Lob

Wozu braucht Gott unser Lob? Mit dem Lobgebet oder der Verherrlichung erheben wir uns über unsere alltägliche Stimmung in höhere Dimensionen der Realität, die wir im Alltag ausblenden. Die Qualitäten Gottes, die wir preisen, rufen wir dadurch in uns selber wach.

Anrufung

Hier rufen wir Gott in einer bestimmten Eigenschaft an (als der/die Barmherzige, Allmächtige, Heiligste ...) Oder wir rufen die Gegenwart der Wesen herbei, die Ihn/Sie in der schönsten Weise verkörpern, die Meister und Heiligen.

Überpersönliche Gebete

Viele der von Meistern formulierten Gebete enthalten die eben aufgeführten verschiedenen Dimensionen. Sie helfen uns, unser Herz und unser Bewusstsein zu erweitern. Auf den folgenden Seiten – nach dem Kasten – finden Sie geeignete Gebetstexte.

Stilles Gebet

In der Meditation treten wir in die göttliche Gegenwart ein. Nachdem wir geredet haben, werden wir still und hören zu.

Kreativität

Unser Gesang, ein Bild, das wir malen, ein Tanz, den wir tanzen – jede eigene Schöpfung kann Gebet sein.

Handlung

Jede noch so alltägliche Handlung kann zum Gebet werden. Zen im Geschirrspülen, im Blumengießen, im Arbeiten ...

Die *Zitate im folgenden Kasten* enthalten einige inspirierende Gedanken zum Thema Gebet und Alltag.

Gebet und Alltag – Inspirationen

Man muss sich davor hüten, das Gespräch mit Gott ... als etwas lediglich neben oder über dem Alltag sich Begebendes zu verstehen. Gottes Sprache an die Menschen durchdringt das Geschehen in eines jeden von uns eigenen Leben und alles Geschehen in der Welt um uns her ... und macht es für dich und mich zu Weisung, zu Forderung ...

Martin Buber[157]

Das Geheimnis, das Bewusstsein zur nächst höheren Ebene zu erheben, liegt darin, sich auf das »Du« zu beziehen anstatt auf das »Es«. Anstatt sich auf die Welt der Objekte zu beziehen, bezieht man sich auf eine Gegenwart. Dies ist ein magisches Wort und ein Schlüsselwort: die göttliche Gegenwart.

Pir Vilayat Khan[158]

In die Gegenwart des Heiligen kommen ist wie in das Tor zu Gott eintreten.

Hazrat Inayat Khan[159]

Warum sollte ich immer nur einen Ton spielen, wenn ich
ein Instrument mit sieben Löchern habe? Ich möchte
verschiedene Melodien auf meinem Instrument spielen,
ich möchte Gott in verschiedenen Haltungen anrufen –
als Freund, als Mutter, als Kind, als Geliebte ... Ich
möchte fröhlich sein mit Gott. Ich will mit Gott spielen.

Ramakrishna[160]

Anbetung ist Wissen ... Die wahre Natur des Gebets
besteht daher darin, Gott in Seiner Einzigartigkeit zu
kennen, deren Essenz unendlich ekstatisch ist und deren
Qualitäten unendlich heilig sind.

Ibn Sina[161]

Der Gläubige betet nicht nur zu Gott, sondern er betet
vor Gott und in der Gegenwart Gottes ... Wenn die
Vorstellungskraft dem Menschen geholfen hat, ihm die
Gegenwart Gottes nahezubringen, wird der Gott in
seinem Herzen erweckt. Dann, bevor er noch ein Wort
ausspricht, wird es von Gott schon gehört.

Hazrat Inayat Khan[162]

Bete täglich um die Fähigkeit, das Falsche in deinen
Vorstellungen zu erkennen!

Prentice Mulford[163]

Gebetstexte – eine Auswahl

Aus den folgenden *Gebetstexten* können Sie Gebete auswählen. Natürlich können Sie auch andere Gebete verwenden oder Ihre eigenen Formulierungen kreieren.

> Wir bitten, wir verlangen, dem unendlichen Bewusstsein immer näherzukommen, uns seiner Realität immer klarer bewusst zu werden. Beweise dieser Realität zu bekommen, zu lernen, wie man ihm vertrauen könne ohne Grenzen ... Wir bitten, in dieser Kraft ruhend, um das Gefühl der Sicherheit des Friedens von allem Leid, Sicherheit vor Elend, Krankheit und allen Übeln, die die Menschen fürchten.
>
> Prentice Mulford[164]

> Oh Herr,
> der Du der Herr der Welt
> und der Herr des Himmels bist:
> Gib mir, was ich verlange.
> Mich dürstet nach deiner Liebe
> und nach deiner Vergebung.
> Gib sie mir, ich bitte Dich.
> Vergib mir alle Schuld
> jetzt und immerdar
> und erfülle mich mit deiner Liebe.
> Ich bitte dich,
> lass deine Liebe und Vergebung
> mein Leben füllen bis zum Rand,
> alle Mängel auffüllen,

alle Wunden heilen
und alle Schatten vertreiben.
Herr, vergib mir,
Herr, sei mit mir,
Herr, erfülle mich mit deiner Liebe
und deiner Gnade
jetzt und für immer. Amen.

Safi Nidiaye[165]

Oh Gott, gib mir Licht in meinem Herzen
und Licht in meinem Sprechen
und Licht in meinem Hören
und Licht in meiner Sicht
und Licht in meinem Fühlen
und Licht in meinem ganzen Körper
und Licht vor mir und Licht hinter mir.
Gib mir, ich bitte dich,
Licht zu meiner Rechten und zu meiner
Linken
und Licht über mir und Licht unter mir.
Oh Gott, verstärke das Licht in mir,
gib mir Licht und erleuchte mich!

Das Lichtgebet Mohammeds

Großer Geist, dessen Stimme
ich in den Winden vernehme
und dessen Atem der ganzen Welt Leben
spendet,
erhöre mich!
Ich trete vor dein Angesicht
als eines deiner vielen Kinder.

Ich bin klein und schwach,
ich brauche Deine Kraft und Deine Weisheit.
Lass mich in Schönheit wandeln
und meine Augen immer den purpurroten
Sonnenuntergang schauen.
Mögen meine Hände die Dinge achten,
die Du geschaffen hast,
und meine Ohren Deine Stimme hören!
Mach mich weise, damit ich die Dinge erkennen kann,
die Du uns gelehrt hast,
die Lehre, die Du in jedem Blatt und jedem
Felsen
verborgen hast.
Ich sehne mich nach Kraft,
nicht um meinen Brüdern und Schwestern
überlegen zu sein,
sondern um meinen größten Feind – mich
selbst –
bekämpfen zu können.
Mache mich stets bereit, mit reinen Händen
und aufrichtigen Augen zu Dir zu kommen,
damit mein Geist,
wenn mein Leben wie die untergehende
Sonne entschwindet,
zu Dir gelangen kann,
ohne sich schämen zu müssen.

Ein Gebet der Sioux-Indianer

Oh Mutter,
Mutter des Weltalls
und Mutter der allerkleinsten Lebewesen:
aus Dir sind wir hervorgegangen,
zu Dir werden wir zurückkehren,
und in Dir sind wir auf ewig geborgen,
denn das All ist Dein Leib.
Oh Strahlende, Herrliche,
Sternengöttin, Himmelskönigin:
Im Glanz der Sterne und Sonnen
und im Dunkel der Nacht
erblicken wir Deine Schönheit,
Deinen Zauber, Dein Geheimnis.
Oh Schöpferin und Zerstörerin,
die ganze Schöpfung ist Dein Spiel.
Gnadenreiche Mutter voll Erbarmen,
in Deinen Armen finden wir Zuflucht,
in Deinem Herzen Verständnis
und Frieden in Deinem Schoß.
Möge das Licht Deiner Liebe
die Wolken unserer Missverständnisse durchdringen,
so dass wir lachen können
mit Dir.

Gebet von Safi Nidiaye an Gott
als Mutter aller Wesen

Oh Mutter, ich habe meine Zuflucht zu Dir genommen.
Ich kenne keine Mantras und keine Heiligen Schriften.
Lehre mich, Mutter, Dich in Wahrheit zu erkennen.
Wer sonst kann mir helfen? Bist Du nicht meine einzige
Zuflucht und mein Führer? Versenke meinen Willen in
Deinen Willen und mache mich zu Deinem Instrument.

Ramakrishna[166]

Lob sei Dir, allerhöchster Gott,
allmächtig, allgegenwärtig,
alles durchdringend,
Du einziges Sein.
Nimm uns in Deine Elternarme;
hebe uns empor aus der Erdenschwere.
Deine Schönheit beten wir an
und Dir ergeben wir uns willig.
Gnadenreicher und barmherziger Gott,
Du höchstes Ideal der ganzen Menschheit,
Dich allein beten wir an
und Dir allein gilt unser Sehnen.
Öffne unser Herz für Deine Schönheit,
erleuchte unsere Seele mit göttlichem Licht.
O Du, die Vollkommenheit
von Liebe, Harmonie und Schönheit!
Allmächtiger Schöpfer und Erhalter,
Richter und Verzeiher unserer Unzulänglich-
keiten,
Herr und Gott des Ostens und des Westens,
der Welten oben und unten,
der sichtbaren und der unsichtbaren Wesen,
gieße aus über uns Deine Liebe und Dein
Licht;

gib Nahrung unserem Körper,
unserem Herzen, unserer Seele;
gebrauche uns für das Ziel,
das Du erwählst in Deiner Weisheit,
und führe uns auf dem Pfad der Dir eigenen
Güte.
Ziehe uns näher zu Dir
in jedem Augenblick unseres Lebens,
bis in uns sich widerspiegelt
Deine Gnade, Deine Herrlichkeit,
Deine Weisheit, Deine Freude und Dein
Friede.
Amen.

Saum, Gebet von Hazrat Inayat Khan[167]
(gut geeignet für den Morgen)

Gnadenreichster Herr,
Meister, Messias und Erlöser der Menschheit,
Dich grüßen wir in aller Demut.
Du bist der erste Ursprung und die letzte
Folge,
das göttliche Licht und der Geist der
Führung,
Alpha und Omega.
Dein Licht ist in allen Formen,
Deine Liebe in allen Wesen:
in der liebenden Mutter, im gütigen Vater,
im unschuldigen Kind, im hilfreichen Freund,
im inspirierenden Lehrer.
Gib, dass wir Dich erkennen
in all Deinen heiligen Namen und Gestalten:
In Rama, in Krishna, in Shiva, in Buddha.

Lass uns Dich erschauen in Abraham, in
Salomon,
in Zarathustra, in Moses, in Jesus, in Mohammed
und in vielen anderen Namen und Gestalten,
der Welt bekannt und unbekannt.
Wir preisen Deine Vergangenheit;
Deine Gegenwart erleuchtet tief unser Wesen,
und wir suchen Deinen Segen in der Zukunft.
O Botschafter, Christus, Prophet und Gesand-
ter Gottes!
Du, dessen Herz unablässig emporstrebt,
Du kommst auf die Erde mit einer Botschaft
wie eine Taube von oben, wenn die Religion
verfällt,
und sprichst das Wort,
das in Deinen Mund gelegt wird,
so wie das Licht den wachsenden Mond füllt.
Lass den Stern des göttlichen Lichtes,
der in Deinem Herzen leuchtet,
sich widerspiegeln in den Herzen derer, die
Dich lieben.
Möge die Botschaft Gottes sich überall
verbreiten,
die ganze Menschheit erleuchten
und sie vereinigen zu einer einzigen Familie
in Gott, dem Vater und der Mutter.
Amen.

Salat (Anrufung Gottes in Seiner Eigenschaft
als Prophet/Botschafter),
Gebet von Hazrat Inayat Khan[168]

O Du, die Vollkommenheit
von Liebe, Harmonie und Schönheit,
Herr des Himmels und der Erde,
öffne unser Herz,
damit wir Deine Stimme vernehmen,
die ständig in unserem Innern erklingt.
Enthülle uns Dein göttliches Licht,
verborgen in unserer Seele,
damit wir das Leben besser erkennen und
verstehen.
Gnadenreicher und barmherziger Gott,
gib uns Deine große Güte;
lehre uns Dein liebendes Verzeihen;
hebe uns über die Unterschiede und Grenzen,
die uns Menschen voneinander trennen;
sende uns den Frieden Deines göttlichen
Geistes,
und vereinige uns alle
in Deinem vollkommenen Sein.
Amen.

Khatum, Gebet von Hazrat Inayat Khan[169]
(gut geeignet für den Abend)

Geliebter Herr, allmächtiger Gott!
Durch die Strahlen der Sonne,
durch die Wellen der Luft,
durch das alldurchdringende Leben im Raum
reinige und belebe mich neu,
und ich bitte,
heile mir Körper, Herz und Seele.
Amen

Heilungsgebet (Nayaz) von Hazrat Inayat Khan

Herr, mache mein Herz
zu deinem Heim!

Aus dem Hanuman Chalisa
(Hindu-Gebet an Hanuman)

C. Meditation und Kontemplation

Ich weiß nicht, was Sie unter *Meditation* verstehen, ob Sie bereits meditiert haben und mit welchen Meditationstechniken Sie vertraut sind. Für alle Fälle empfehle ich als Erstes, neutrale Bewusstheit einzuschalten zu lernen, und zwar mithilfe der ganz elementaren Meditationstechnik, wie sie im Zen-Buddhismus praktiziert wird:

- Holen Sie Ihre Aufmerksamkeit ins Hier und Jetzt.
- Spüren Sie Ihren Atem.
- Spüren Sie Ihren Körper.
- Nehmen Sie die Sinneseindrücke wahr.
- Tauchen Gedanken auf, lassen Sie sich nicht von ihnen davontragen, sondern nehmen Sie sie wahr.
- Bemerken Sie, dass Gedanken Sie aus der Gegenwart davongetragen haben, kehren Sie einfach in die Gegenwart zurück. Spüren Sie Ihren Atem.
- Nehmen Sie die Sinneseindrücke wahr.
- Spüren Sie Ihren Körper.

Beginnen Sie jede Meditation und jede spirituelle Praxis mit dieser Übung. Das wird Ihnen helfen, alles, was geschieht, bewusst wahrzunehmen, anstatt sich von Eindrücken und Ihren Interpretationen dieser Eindrücke überwältigen zu lassen.

Dies ist nur die Vorbereitung. Die Meditation geht weiter. Meditation ist Versenkung in die (eine – die göttliche) Gegenwart. In der Meditation lenken wir unsere Aufmerksamkeit statt auf das Objekt auf das Subjekt, also auf uns selber. Dabei werden wir zuerst, natürlicherweise, unserer Gedanken, Körperempfindungen und Gefühle gewahr. Richten wir den Lichtstrahl der Aufmerksamkeit weiter nach innen, so erscheinen tiefere, innere Dimensionen der Realität und wir werden uns höherer Ebenen der Realität bewusst. Wenn wir auch weiterhin in Meditation – im Zustand gesammelter und neutraler Bewusstheit – bleiben, kann es geschehen, dass wir Momente erleben, in denen die göttliche Gegenwart in uns real wird oder wir uns als eins mit Gott erleben. Dies kann überraschend und ohne eigenes Bemühen als »Gnade« geschehen, was aber eher selten vorkommt. Um es herbeizuführen brauchen wir Beständigkeit, Interesse und Konzentration. Ich werde dies hier nicht ausführlicher beschreiben, da Sie Meditationsanleitungen in vielen Büchern finden. Einige erwähne ich in den Literaturempfehlungen.

Falls Sie Meditation in Ihr Übungsprogramm einbauen möchten, empfiehlt sich für unseren Zweck folgende Abfolge:

- kurzes Einstimmungsritual (eine Kerze anzünden)
- ein paar Momente Selbstzuwendung mithilfe Körperzentrierter Herzensarbeit – sich um ein Gefühl kümmern, das vielleicht gerade im Vordergrund des Bewusstseins steht – eine Sorge, eine Angst oder auch ein schönes Gefühl
- Gebet (eines der Meistergebete)
- Stille Meditation.

Oder:

- Einstimmung
- Gebet
- Herzensarbeit
- Meditation

Gebet kann ebenso wie Herzensarbeit ein wunderbarer Einstieg in die tiefe Meditation sein.

Kontemplation bedeutet Betrachtung. Im meditativen Zustand betrachten wir ein Objekt oder eine Frage. Kontemplation ist im Rahmen des Experiments hilfreich, um sich intensiv mit den Zitaten und Leitsätzen zu befassen.

- Falls Sie den Leitsatz noch nicht aus dem Gedächtnis abrufen können, lernen Sie ihn auswendig.
- Schließen Sie die Augen.
- Nehmen Sie einen tiefen Atemzug und holen Sie Ihre Aufmerksamkeit ins Hier und Jetzt, zu den Sinneseindrücken.
- Spüren Sie Ihren Atem.
- Spüren Sie Ihren Körper.
- Konzentrieren Ihre Aufmerksamkeit auf den Leitsatz.
- Erst werden Sie vielleicht über ihn nachdenken.
- Verlieren Sie sich aber nicht in Ihren Gedanken, sondern beobachten Sie, welche Gedanken dazu auftauchen.
- Spüren Sie Ihren Atem, bleiben Sie präsent und aufmerksam.
- Konzentrieren Sie sich weiter auf den Satz.
- Nach und nach hören Sie auf, aktiv darüber nachzudenken und lassen ihn auf sich wirken. Überlassen Sie es diesem Satz, Ihnen seine Bedeutung zu enthüllen. Denken Sie ihn immer wieder oder sprechen Sie ihn immer wieder aus. Fühlen Sie ihn, kosten Sie ihn aus.
- Werden Sie sehr still. Spüren Sie Ihren Atem.
- Beenden Sie die Übung, indem Sie Ihre Aufmerksamkeit ganz bewusst ins Hier und Jetzt holen. Nehmen Sie die Sinneseindrücke wahr. Spüren Sie Ihren Atem und Ihren Körper.

- Atmen Sie kräftig durch, bevor Sie die Augen wieder öffnen.

Anmerkung: Bei dieser Übung muss nichts Besonderes geschehen. Es reicht, wenn Sie sich diesem Satz widmen. Es wird Momente geben, da er Sie zu Tränen rührt oder Ihnen eine kurze Erleuchtung beschert, und andere, da sich überhaupt nichts tut. Es geht nicht darum, dass sich etwas tut. Es geht darum, dass Sie sich diesem Satz widmen. Der Rest ergibt sich von selber.

Sie können die Übung vertiefen, indem Sie sich vorher die Grundhypothese vor Augen halten, entweder die von mir formulierte oder die von Ihnen gewählte, die beschreibt, wer oder was Gott ist und wer oder was Sie im Verhältnis zu Ihm sind. (Gott ist ... ich bin ...)

Daraus könnte ein Perspektivwechsel resultieren, zum Beispiel: Nicht Sie sind es, der diesen Satz betrachtet und versucht seine Bedeutung zu verstehen, sondern die Bedeutung selber möchte verstanden werden und braucht dazu Aufmerksamkeit und Raum von Ihnen.

Inspirationen zur Meditation

Wenn du meditierst, denke, dass du so sehr Teil des Universums bist, dass deine Gedanken die Art sind, wie das Universum durch dich denkt.

Pir Vilayat Khan[170]

Ich entdecke das göttliche Bewusstsein als Urgrund meines eigenen Bewusstseins.

frei nach Ibn Arabi[171]

Wenn wir Gott kontemplieren, kontemplieren wir uns
selbst, und indem Er uns kontempliert, kontempliert Er
sich selbst.

Ibn Arabi[172]

Wenn du dich hinsetzt
zur Meditation,
so feiere mit Mir.
Wenn du dich erhebst
aus der Meditation, so feiere mit Mir.
Alles, was du tust,
alles ist Fest für Mich,
wenn du Mich einlädst.
Denn für Mich ist alles neu.

Safi Nidiaye[173]

Voller Vorfreude eile ich
zu meinem Rendezvous mit mir selbst,
meinem morgendlichen Stelldichein
mit meiner Seele, meinem Gott,
meinem allerheiligsten Selbst,
meinem Geliebten.
Mein Freund wartet,
ich weiß es; aber nicht immer spricht er zu mir.
Die einzige Möglichkeit,
ihn aus seiner Stummheit herauszulocken,
ist die, ganz und gar ehrlich zu sein.
Nur auf die Wahrheit,
die ganze Wahrheit meines Herzens,
antwortet Er.

Safi Nidiaye[174]

D. Übungen, die auf das Experiment einstimmen und es begleiten können

Für die Meditation, aber auch ganz allgemein auf dem Weg sind spirituelle Übungen wertvolle Helfer. Ohne sie verflacht die Sache schnell wieder, wird anstrengend, kompliziert, »kopflastig« und verwandelt nicht unser ganzes Wesen, es sei denn, vielleicht bei einigen besonders begabten oder begnadeten Ausnahmemenschen. Die Übungen tragen dazu bei, die Erkenntnis konkret zu machen. Ich gebe hier einige wenige Beispiele, die sich zur Einstimmung eignen – sowohl in die Meditation als auch ins Alltagsleben.

Mantras – Heilige Worte

Ein Mantra ist ein heiliger Begriff oder Satz, der wiederholt wird. Im katholischen Christentum gibt es die Praxis, das »Ave Maria« oder »Vaterunser« wie ein Mantra zu wiederholen. Eine sehr schöne Übung ist auch das Wiederholen von »Christe Eleison, Kyrie Eleison«. Sie können es kombinieren mit einer Zeile aus dem Vaterunser: »Und vergib uns unsere Schuld, wie auch wir vergeben unseren Schuldigern.« Auch »Halleluja« (entspricht dem arabischen *Al'hamdulillah,* das eine Form der Danksagung ist, gemischt mit Lobpreisung) ist ein Mantra. Und natürlich das »Amen«, das wohl von der uralten heiligen Silbe »Aum« oder »Om« abstammt. Probieren Sie aus, was es mit Ihnen macht, wenn Sie beispielsweise »Halleluja« wiederholen. Möglicherweise lachen Sie erst, weil Sie sich an den Witz mit dem Briefträger Aloysius erinnern (»'lujah!«). Aber dann können Sie sich ernsthafter dem Klang dieses wunderschönen Wortes überlassen. Sie können aber auch eine Zeile aus dem Vaterunser oder aus einem anderen Meistergebet, die Sie besonders inspiriert, wie ein Mantra wiederholen. Wie zum Beispiel: »Öffne unsere Herzen deiner Schönheit.«

In der östlichen Spiritualität hat die Mantra-Praxis einen wichtigen Platz. Es ist eine regelrechte Wissenschaft. Gurus verschreiben Mantras, wie Ärzte Medizin verschreiben. Etliche Mantras sind Allgemeingut geworden, beispielsweise das »Om mani padme hum« (sprich: *Om mani peme hung*) der tibetischen Buddhisten (Bedeutung: Oh Juwel im Herzen der Lotosblüte) oder die Anrufung Gottes unter dem Namen Shiva – »Om namah Shivaya« – zur Anbetung, aus Liebe oder auch als Bitte um Schutz. Berühmt und beliebt die erste Strophe aus dem berühmten Gayatri-Mantra in der uralten Sanskrit-Sprache:

Om bhur bhuva svaha
tat savitur varenyam
bhargo devasya dhimahi.
Dhiyo yonah prachodayat!

(Durch alle Ebenen und Welten hindurch
immer dieselbe Essenz, das wahre Sein, das göttliche
Licht, das Verehrungswürdige,
der Glanz des Göttlichen.
Möge das göttliche Licht uns erleuchten!)[175]

Mantras wirken durch ihre Bedeutung, aber auch durch ihren Klang. Sie können Ihre Meditation mit einigen Minuten Om-Singen beginnen und/oder beenden. Beginnen Sie mit weit offenem Mund (*A*), der sich nach und nach über verschiedene Vokalnuancen, von *O* bis *U*, zum *M* schließt. Während Sie das *M* singen, bewegen Sie bei geschlossenem Mund Lippen und Zunge ein wenig, so dass Obertöne entstehen können.

Ein jüdisches »Mantra« lautet:
Baruch attah, Adonai elohenu, melech ha'olam;
baruch attah, Adonai elohenu, Adonai ehod.

(Gesegnet seiest du, Herr der Engel, König der Welt, gesegnet seiest du, Herr der Engel, einziger Gott.)
Aussprache des hebräischen Textes wie geschrieben, die zweite Silbe ist jeweils betont, bei »elohenu« die dritte: elohenu.

Ein weiteres hebräisches »Mantra« ist *kadosch*, das »heilig« bedeutet und dem Sufi-Mantra *quddus* (heilig, rein) entspricht. (Bei beiden Worten wird die zweite Silbe betont.) Die Legende besagt, dass die höchste Ebene der himmlischen Heerscharen, diejenigen, die noch ganz dicht bei Gott sind, die Klangwellen erzeugen, aus denen die ganze Schöpfung entsteht. Und das Wort, das sie singen, heißt *kadosch, kadosch*... »Heilig, heilig.« Wenn es Ihnen möglich ist, setzen Sie sich einmal nachts still unter dem Sternenhimmel und flüstern *kadosch, kadosch*, viele Male hintereinander, und beobachten, was in Ihnen geschieht, wenn Sie sich diese hohe Ebene vorstellen.

Falls Sie sich von einem Leitsatz inspirieren lassen, bei dem das Thema »Liebe« im Vordergrund steht, ist das folgende Sufi-Mantra vielleicht eine schöne Übung für Sie. Wiederholen Sie – sprechend oder singend – den Satz:
Ishq'Allah, mabud Allah.
(Die Liebe ist Gott, der Geliebte ist Gott.)
Aussprache: »Ishq« spricht sich einfach »Ischk«.

Bei den Sufis steht die Wiederholung heiliger Worte im Zentrum der spirituellen Praxis, nur heißen die hier nicht »Mantra«, sondern »Wazifa«. Ein Wazifa ist ein Name Gottes, der eine bestimmte göttliche Eigenschaft beschreibt. Man geht davon aus, dass unsere menschlichen Eigenschaften die Konkretisierung universaler oder göttlicher Ur-Eigenschaften (archetypischer Qualitäten) sind. Man ruft Gott bei einem bestimmten Namen, das heißt in Seiner Eigenschaft als ... beispielsweise großherzig (dann lautet die Anrufung »ya rahman«).

Es gibt einen offiziellen Kanon von 99 solcher göttlichen Namen, doch tatsächlich sind es sicherlich einige mehr. Obwohl man sie in Büchern beschrieben findet, ist generell dringend davon abzuraten, sie sich ohne Anleitung selber auszusuchen. Zur falschen Zeit angewandt, können sie im Leben zu Ergebnissen führen, die man sich nicht gewünscht hat. Um nicht durch die einseitige Anrufung einer bestimmten Qualität (die man dabei ja in sich selber wachruft) aus der Balance zu geraten, kombiniert man am besten immer zwei, die einander komplementär entgegengesetzt sind.

Hier zwei Wazifas[176], die Sie gefahrlos anwenden können und die Sie bei Ihrer Einstimmung in die Meditation, aber auch in den Alltag gut unterstützen können. »Batin« und »Zahir«, gemeinsam angewandt. »Batin« ist der/die/das Verborgene, Implizite, nicht Manifeste, »Zahir« der/die/das Offenbare, Explizite, Manifeste.

Betrachten Sie die Welt – Ihre kleine Welt, unsere gemeinsame Welt, die Erde, die Natur, die Menschen, Tiere, Pflanzen, Sterne –, das Universum, also alles, was Sie mit den Sinnen wahrnehmen, während Sie laut wiederholen: »Ya zahir« (sprich: *ja saaher* – das »i« kommt nicht wirklich heraus). Machen Sie sich bewusst, dass alles, was Sie sehen, nicht die Realität an sich ist, sondern nur (vorübergehender) Ausdruck einer inneren, unsichtbaren Realität, einer Essenz, eines Wesens. Diesem wenden Sie sich zu, wenn Sie dann »Ya batin« sagen. Damit kontemplieren Sie im Wechsel zwei Gesichter Gottes oder der Realität: Gott in Seiner Manifestation im Kosmos (Zahir) und Gott in Seiner Essenz als das innere Wesen, das darin versteckt ist (Batin).

Übersetzung sinngemäß:

Oh du, der (oder die) du dich in allem offenbarst;
Oh du, der (oder die) du dich im Innern verbirgst.

Und so üben Sie:
Erste Phase: Jedes Wazifa für sich aussprechen
Sprechen Sie einige Male: Ya zahir, ya zahir ... und
betrachten Sie die äußere Welt. Sitzen Sie dann still und
fühlen Sie die Stimmung, die dieses Wort in Ihnen
wachruft.
Sprechen Sie dann einige Male: Ya batin, ya batin ... und
wenden Sie sich dabei nach innen, der inneren Essenz,
dem eigentlichen Wesen zu. Sitzen Sie dann still und
spüren Sie dem Klang nach.

Zweite Phase: Beide kombiniert aussprechen
Sprechen Sie einige Male beide Worte hintereinander:
Ya zahir – ya batin.
Ya zahir – ya batin ...
Wechseln Sie dabei mit Ihrer Aufmerksamkeit zwischen
der äußeren und der inneren Welt hin und her.

Dritte Phase: Beide kombiniert im Stillen denken
Sprechen Sie nun nicht mehr laut, sondern denken Sie
die Namen nur noch, lassen Sie die Anrufung »ya« weg.
Denken Sie beim Ausatmen: Zahir.
Denken Sie beim Einatmen: Batin.
Das Ausatmen trägt Ihre Aufmerksamkeit nach außen.
Das Einatmen trägt Ihre Aufmerksamkeit nach innen.

Vierte Phase: Meditation
Sitzen Sie dann still und lassen Sie die Übung wirken.
Treten Sie in die Meditation ein, auf die diese Übung
die Vorbereitung war. »Tun« sie nun nichts mehr. Seien

Sie einfach still und aufmerksam. Spüren Sie Ihren Atem. Beobachten Sie, welche Gedanken, Bilder, Erkenntnisse, Stimmungen auftauchen.

Beenden Sie die Übung mit einem kräftigen Atemzug, bevor Sie die Augen öffnen.

Tipp: Bleiben Sie bei allen meditativen Übungen immer aufmerksam und bewusst. Nehmen Sie alles neutral und bewusst wahr. Lassen Sie sich von nichts fangen, weder von einer persönlichen Emotion noch von einer hohen Stimmung. Behalten Sie bei aller Innigkeit oder Begeisterung immer nüchterne Bewusstheit bei. Auf diese Weise sorgen Sie dafür, dass Sie bei der Wahrheit landen (beim *Wahr*nehmen) und nicht in Fantasien abgleiten.

Gestalten Sie sich eigene Übungen auf Ihre Art, die Art, die Ihnen sinnvoll erscheint oder eingegeben wird und die tatsächlich etwas bewegt, wenn Sie die Übung durchführen.

Wichtiger Tipp: Lassen Sie niemals zu, dass Erkenntnisse, die Sie in erleuchteten Momenten gewinnen, zu Überzeugungen erstarren. Bleiben Sie frei. Bleiben Sie Wahrnehmende. Hören Sie niemals auf, sich neuen Wahrnehmungen, neuen Erkenntnissen zu öffnen. Begleiten Sie die spirituelle Übung auf dem Gott-Weg immer mit Körperzentrierter Herzensarbeit. Das ist die beste Garantie dafür, dass Sie nicht in eine Ego-Falle tappen, sondern aufrichtig und mit dem ganzen Herzen dabei sind.

Körperzentrierte Herzensarbeit als Weg

Die Körperzentrierte Herzensarbeit allein kann übrigens auch ein Weg zu Gott sein, vorausgesetzt, sie wird konsequent und engagiert betrieben und mit einer Einstellung, die die Bewusstheit immer mehr vertieft und erweitert, und zwar über die persönlichen Dimensionen der Emotionen hinaus. Wenn Gott die innerste Realität unserer selbst ist, stoßen wir unvermeidlich auf SIE, wenn wir die Aufmerksamkeit nach innen wenden und die bewusste Wahrnehmung einschalten. Da Er/Sie in unserem Herzen wohnt, ja die innere Realität des Herzens selber ist, führt die Herzensarbeit natürlich dazu, dass wir Ihm/Ihr immer näher kommen. Wenn Gott unser innerstes Wesen ist, ist ES natürlich ebenso das innerste Wesen unserer Mitmenschen. Daher führt die Herzensarbeit, die ja auch bewirkt, dass wir unser Herz für andere öffnen können, automatisch dazu, dass wir Seiner in anderen immer mehr gewahr werden.

Sie können Gott – den Gott Ihrer Definition oder Grundhypothese – ganz bewusst in die Herzensarbeit einbeziehen und beobachten, was sich dadurch verändert. Laden Sie Gott ein, Ihre Gefühle mit Ihnen zusammen anzuschauen. Anders gesagt, machen Sie sich bewusst, dass es Gott selber ist, der durch Ihre Bewusstheit schaut. Während Sie Ihr Herz öffnen, machen Sie sich bewusst, dass die Qualitäten, mit denen Sie dabei arbeiten – Mitgefühl, Verständnis, Erbarmen, Achtung und die anderen Herzensschlüssel – natürliche, Ihrem Herzen innewohnende, also Ihnen gegebene Qualitäten sind. Sie können sie nicht erzeugen. Sie können sie lediglich aktivieren, indem Sie die Herzensschlüssel aussprechen. Sie können sich also sagen, dass es Gott selber ist, der sein Mitgefühl durch Ihr Herz ausdrückt. Während Sie bestimmte Emotionen sehr tief erleben, begegnen Sie manchmal der kosmischen Dimension dieser Emotion. Sie werden förmlich spüren können, dass das Gefühl, das Sie gerade ins Herz holen, weit mehr ist als Ihre private Emotion – dass es eine universale Realität ist, etwas, woran alle fühlenden Wesen teilhaben. Somit sind sogar Ihre Emotionen auch die Gefühlsregungen des Einen Wesens und nicht nur Ihre eigenen Gefühle.

Tipp: Benutzen Sie diese Gedanken bitte nicht wie ein Dogma, sondern eher wie Hypothesen. Was wäre, wenn das wahr wäre? Wie wirkt sich das auf meine Übung aus? Was macht es mit mir? Vielleicht weckt es eine Erkenntnis, eine Erinnerung – vielleicht stört es und ich ignoriere es besser erst mal.

5. Ihren Plan gestalten

Wählen Sie Ihre Instrumente und gestalten Sie einen Ablaufplan für die Dauer des Experiments. Während der Übungszeit können Sie ihn wenn nötig abwandeln.

Beispiel (fiktiv) für einen Ablaufplan mit Minimalaufwand:

- Ich bin kein Freund von Ritualen. Ich werde mich mit dem Anzünden einer Kerze und einem Vaterunser auf die Übungszeit einstimmen.
- Die vielen Zitate zu lesen, hat mich inspiriert. Ich habe sie ausgedruckt und nehme mir vor, ab und zu, wenn ich einen Moment Zeit habe, darin zu blättern.
- Als Leitsatz habe ich gewählt: »Ich betrachte mein Handeln gegenüber jedem Menschen als ein Handeln Gott gegenüber, und das Handeln eines jeden Menschen an mir nehme ich als Handeln Gottes entgegen.«
- Ich werde mich morgens als Erstes an diesen Satz erinnern. Ich werde beobachten, was geschieht, wenn ich ihn bei der Arbeit, im Privatleben und in allen Begegnungen anwende.
- Am Abend werde ich mir kurz Zeit nehmen um die Ergebnisse zu rekapitulieren und alles zu notieren.
- Zusätzlich möchte ich an allen arbeitsfreien Tagen ein wenig meditieren und mich darauf mit dem Gayatri-Mantra einstimmen.

- Körperzentrierte Herzensarbeit werde ich immer dann anwenden, wenn Emotionen ausgelöst werden, wahrscheinlich eher mitten in den Situationen, da ich die Übung schon kenne und wenig Extrazeit erübrigen kann.

Beispiel (fiktiv) für einen umfangreicheren Ablaufplan:

- Ich nehme mir vor, jeden Morgen ein Gebet zu sprechen und dann still zu meditieren.
- Als Leitsatz habe ich aus einem Zitat von Ibn Arabi eine eigene Variante formuliert: »Ich bin eine Art und Weise, wie Gott sich selber Existenz verschafft.« Dieser Satz hat bei mir einmal eingeschlagen wie der Blitz. Nun nehme ich mir vor, morgens beim Aufwachen, abends beim Einschlafen und wann immer es mir einfällt daran zu denken und ihn wirken zu lassen.
- Beim Spazierengehen werde ich mich stets daran erinnern, dass »Gott durch meine Augen sieht«, wie es manchmal bei Mystikern heißt beziehungsweise in der von Pir Vilayat Khan verbesserten Variante: »Ich bin die Augen, durch die Gott sieht« (verbessert, weil es keine Dualität darin gibt).
- Ferner nehme ich mir vor, jeden Abend ein Mantra zu singen.
- Zu den Themen, die dabei auftauchen, werde ich Körperzentrierte Herzensarbeit machen.
- Nach jeder Übung oder Herzensarbeit werde ich kurze Tagebuch-Notizen machen, mindestens einmal täglich.
- Als Erstes beim Aufwachen und als Letztes beim Einschlafen werde ich an meinen Leitsatz denken.
- Ferner werde ich jeden Sonntag einen Gottesdienst mit Elementen eigener Wahl kreativ und festlich gestalten, ganz allein mit mir selber.

Sie können sich natürlich auch vornehmen, ab jetzt Ihr ganzes Leben zu einem Gottesdienst zu machen. Allerdings riskieren Sie ein schlechtes Gewissen und viel Frustration, wenn Sie dann nicht ständig so bewusst sind, wie Sie möchten. Das bedeutet möglicherweise viel Herzensarbeit. Abgesehen davon kann ein solcher Vorsatz sehr kraftvoll sein.

Lassen Sie sich von den Zitaten im folgenden Kasten inspirieren, bevor Sie Ihren Ablaufplan gestalten.

Ablauf im Alltag – Inspirationen

Eine spirituelle Lebenshaltung im tiefsten Sinne als intuitive Aufmerksamkeit macht uns in jedem Moment unsere Göttlichkeit bewusst. Sie öffnet uns einer angstfreien Beziehung zum Leben, in welcher wir schließlich die subtilen Selbstkontrollen verstehen können, die unsere Lebendigkeit einschränken. Das Herz wird losgebunden, der Kern unseres Wesens entspannt. Plötzlich wird das gesamte Leben zum Gottesdienst: all unsere Kämpfe, unsere Zweifel, unser Tätigkeitsdrang, unsere Ziele, unsere Läuterung, unser Werden – alles ist Gottesdienst.

Richard Moss[177]

Mache Gott zur Wirklichkeit und er wird dich zur Wahrheit machen.

Hazrat Inayat Khan[178]

Es gibt keine Übung.
Nur die: bei Mir zu sein.
Tanze mit Mir,

spiele mit Mir,
jeden Augenblick
sei frei für Mich.

Safi Nidiaye[179]

Wenn du das Leben der Dinge ... ergründest, kommst
du an das Unauflösbare; wenn du das Leben der Dinge ...
bestreitest, kommst du an das Nichts; wenn du das
Leben heiligst, begegnest du dem lebendigen Gott.

Martin Buber[180]

Die Lebensweise, die von Mystikern angeboten wird, die
ihre Zeit ganz erfüllt in der göttlichen Gegenwart verbringen, bietet dem Menschen von heute eine andere Art von
Einstimmung. Sie könnte unser tägliches leben durchdringen, Licht auf unsere Probleme werfen und uns helfen, die
Potenziale zu entfalten, die in uns liegen.

Pir Vilayat Khan[181]

Wenn wir versuchen, durch den Zen-Übungsweg
wunderbar weise und erleuchtet zu werden, dann
werden wir nichts verstehen. Jeder Augenblick, wie
er ist, ist die spontane Manifestation der absoluten
Wahrheit.

Charlotte Joko Beck[182]

Disziplinierte Schüler sind jene, die in ihren alltäglichen
Tätigkeiten immer versuchen, Möglichkeiten zu finden,
wie sie sich selbst wachrütteln können.

Charlotte Joko Beck[183]

Die Übungszeit

Willst du dich aufmachen, um Uns zu finden,
so werden Wir uns aufmachen, dich zu empfangen.

Hazrat Inayat Khan[184]

Nun beginnt die Übungsphase, das eigentliche Experiment. Hier noch einige Tipps dazu.

Beobachter bleiben

Während des ganzen Experiments empfehle ich, eine bewusste und neutrale Perspektive beizubehalten. Wir beobachten: Was geschieht, wenn wir Gott gemäß unserer Definition aktiv einbeziehen bzw. wenn wir den Leitsatz oder die Gott-Definition, die wir gewählt haben, als Arbeitshypothese für unser ganzes alltägliches Leben nehmen? Was wäre beispielsweise, wenn … es wirklich Gott wäre, der durch mich denkt; … ich wirklich ein Teil von Gott wäre … Es geht nicht so sehr darum, ein beabsichtigtes Ziel zu erreichen, sondern offen zu sein für das, was geschieht, wenn man sich unablässig auf die Anwendung der Hypothese konzentriert. Bleiben Sie Wahrnehmende.

Üben Sie, die Perspektive zu wechseln. Bedenken Sie, dass es möglicherweise Gott ist, der Sie sucht oder der sich selber erforscht – durch Ihre Suche. Möglicherweise ist unser Begriff von Gott viel zu eng gefasst. Möglicherweise ist er falsch. Lassen Sie sich von dem, was geschieht, belehren.

Kreativ sein und durchhalten

Nutzen Sie Ihre Instrumente kreativ. Was immer auch geschieht, halten Sie sich auf jeden Fall an Ihre selbst festgelegte Übungszeit. Wenn das Experiment Ihnen einmal keine Freude mehr macht, nehmen Sie die Freudlosigkeit, Anstrengung, Langeweile oder Frustration bewusst wahr und öffnen Ihr Herz dafür. Das ist ein wichtiger Teil der Übung! Setzen Sie sich dann hin und gehen Sie tiefer in sich. Fassen Sie eventuell einen neuen Vorsatz und gestalten Sie einen neuen Ablauf, der mehr zu Ihrer ehrlichen Intention passt. Gehen Sie immer tiefer und werden Sie immer ehrlicher in dem, was Sie tun.

Die Übungszeit beenden

Beenden Sie die Übungszeit mit einem Ritual. Auch wenn die Übung in Wirklichkeit natürlich niemals endet, wird sie kraftvoller, wenn Sie Anfang und Ende festlegen und zelebrieren.

Feiern Sie das Ende also mit einem schönen Ritual. Betrachten Sie die Übungszeit im Rückblick. Studieren Sie Ihre Tagebuchnotizen. Wenn sich eine wichtige Veränderung daraus ergeben hat oder eine Essenz abzeichnet, die Sie mitnehmen möchten, so verankern Sie sie in Ihrem Bewusstsein.

Bedanken Sie sich. Würdigen Sie die Essenz aus berührenden Erlebnissen. Atmen Sie sie ein. Füllen Sie Ihr Herz damit. Wenn es etwas gibt, das Sie sich für die Zukunft vornehmen möchten, fassen Sie diesen Vorsatz bewusst.

Möglicherweise gibt es eine bestimmte Übung, die Sie auch nachher fortsetzen möchten. In Teil VI, »Auf dem Weg«, gebe ich noch einige Anregungen für den weiteren Weg.

Zunächst aber haben Sie die Gelegenheit, die Berichte der Teilnehmer am Vorab-Experiment zu lesen.

Wir erwachen aus unserem Standpunkt und haben Zutritt zum Denken Gottes – und erkennen dadurch, dass wir das göttliche Wesen sind ... Wohin man geht, bringt man diese Einstimmung, dieses Bewusstsein, diese Erkenntnis mit sich. Es ist das letzte Ziel des spirituellen Lebens. Wir sind eingeladen, dieses Werk zu vollbringen, und vielleicht ist es der Bewusstseinszustand der zukünftigen Menschheit. Wir sind auf dem Weg dorthin; und wer einmal davon gekostet hat, der erkennt, dass es allein darum geht. Es ist der Grund, warum wir geboren sind.

Pir Vilayat Khan[185]

Berichte der Teilnehmer des Vorexperiments

*Das Leitwort für die Spiritualität der Zukunft könnte
lauten:* »*Was wäre, wenn ...?*« *... Was wäre, wenn ich viel
mehr wäre als ich das begrenzte Selbst, das ich zu sein meinte,
und wenn es bei meinen Problemen wirklich darum ginge,
Gottes Potenzial durch mich zur Entfaltung zu bringen?*

Pir Vilayat Khan[186]

Wie in der Einführung erwähnt, habe ich, als ich an diesem
Buch zu arbeiten begann, einige Freundinnen und Freunde eingeladen, das »Experiment« zeitgleich mit mir für eine Übungsphase von rund zwei Monaten durchzuführen und mir anschließend darüber zu berichten. In einigen dieser Erfahrungen
werden Sie sich vielleicht wiedererkennen, andere werden Ihnen wertvolle Hinweise geben. Für mich waren sie wichtig um
festzustellen, ob das Experiment, so wie ich es gestaltet hatte,
sinnvoll ist oder der Veränderung bedarf. Offensichtlich hatte es
»funktioniert«, wenn auch für jeden anders. Daher habe ich den
Ablauf nicht geändert. Einige dieser Berichte haben mich jedoch zu kleinen Ergänzungen, andere zu neuen Gedanken für
verschiedene Kapitel angeregt.

Hier finden Sie die – von mir nur leicht gekürzten – Berichte
der Menschen, die an dem »Probelauf« teilgenommen haben (in

243

alphabetischer Reihenfolge der Vornamen), einschließlich meines eigenen, wobei Teile meines eigenen Experiments bereits Eingang in andere Kapitel dieses Buches gefunden haben.

Die Teilnehmer am »Probelauf« hatten von mir eine wesentlich umfangreichere Zitatsammlung zur Verfügung gestellt bekommen, als in diesem Buch abgedruckt werden kann. Ich habe aber auf meiner Website eine Rubrik »Zitate zum Gott-Experiment« eingerichtet. Dort können Sie die vollständige Spruchsammlung finden.

Andererseits hatten die Teilnehmer am Vorexperiment von mir keinen Katalog von Übungen bekommen. Den habe ich erst später hinzugefügt.

Andreas Bericht

Mit großer Vorfreude und viel Engagement bin ich gestartet, mit Sehnsüchten wie »Sinn in den Alltag« zu bringen, eine andere Ebene zu beschreiten, mit *etwas* Höherem« verbunden zu sein – in Kontakt zu kommen.

Aus den zur Verfügung gestellten Texten habe ich mir mein Set gut zusammenstellen können. Ich habe mich innerlich eingestimmt. Und schon die Frage nach der Motivation und danach, wer »Gott« für mich ist, hat die ersten Prozesse ausgelöst:

Wie war das eigentlich in meinem Leben mit Gott?

Leitsatz: Ich habe den Satz von Jesus für mich abgewandelt: »Ich bin auf dem Weg, auf der Suche nach der Wahrheit und dem Sinn des Lebens.«

Vorsatz: Tägliches Meditieren zu den ausgewählten Texten, dem Vorsatz und dem Leitsatz – eine große Herausforderung in meinem recht stressigen Berufsalltag. Es erforderte Disziplin, Zeit und die Bereitschaft, mich zu wandeln.

Verlauf des Experiments: In den ersten Tagen öffnet es ein »Feld« in mir. Fragen tauchen auf wie: Wo ist es, was ist es, wie spüre ich es? Es ist eine Art innerer Ruhe spürbar, eine Verbindung. Ich beobachte es und nehme es wahr. Gleichzeitig taucht so etwas auf wie Druck, dass jetzt etwas Großartiges passieren muss, dass sich etwas bewegen, verändern soll. Als ich zu diesem Druck Herzensarbeit mache, entsteht eine Art Öffnung.

Mein Zugang ist die Musik, Mantren, die Natur, die Begegnung mit Menschen, das kann ich spüren. Es ist weniger das Gebet. Da ist kein »konkretes Du«, es ist eher die Stille.

Manchmal spüre ich so etwas wie Dankbarkeit und dann schicke ich es in den »Himmel«, wenn zum Beispiel etwas Schönes passiert, etwas sehr Berührendes oder ich gerade nochmal Glück gehabt habe, so etwas wie einen Schutzengel spüre. Da gibt es die tiefe Überzeugung, dass es kein Zufall war. Alles öffnet sich und ich bin guter Dinge.

Zwei Wochen später sehe ich einen Film über kirchliche Kinderheime und bin zutiefst erschüttert. »Im Namen Gottes« wurden Kinder gequält in einem bisher nicht geahnten Ausmaß. Es trifft mich tief in dem Prozess und ich bin raus aus der zarten Verbindung. Peng! Leere, Unzufriedenheit, Müdigkeit. Keine Lust auf tägliche Übung, »alles Lüge«, auf einmal nur resignierte Gefühle. Ich mache mir klar, dass das die Kirche ist und nicht der Glaube, aber ich komme nicht mehr in Kontakt mit dem Gefühl von vorher. Ich will mich auch nicht zwingen und mir keinen Druck machen – offen bleiben für alles was auftaucht, es ist wie es ist!

An dieser Stelle spüre ich, dass es sehr schwer ist, damit allein zu sein, keine Gruppe von Gleichgesinnten zu haben, in der so etwas wie Unterstützung zu spüren wäre. Das spirituelle Bewusstsein findet in meinem Berufsalltag wenig bis gar keine Resonanz, und es ist oft sehr schwer, damit in Kontakt zu bleiben.

Da ist gerade nichts, was mich inspiriert weiterzumachen. Es macht mich fast wütend. Ich bin enttäuscht, auch von mir! So kann das ja nichts werden ... Ich schaue mir die Blockaden an; finde Widerstände gegen die ganzen religiösen Klischees, die Verherrlichung, das sich Unterwerfen.

Ein Konzert bringt mich wieder in Berührung mit der Energie, die trägt und heilt. Ein Aufenthalt in Südfrankreich in den Bergen stellt die Verbindung zu allem und allen wieder her. Vielleicht ist das mein Tor. Da ist dieses *Etwas* zart spürbar. Ab und zu fallen mir meine Leitsätze und das alles ein. Plötzlich kommt ein Satz, ein Wort und dann bin ich verbunden und finde wieder einen Zugang zu dem »Feld« und dem Raum der ersten Wochen. Diesmal ohne Druck, ohne Stress, ohne Aufgabe, ohne Bilder, Klischees, ohne etwas zu müssen oder erreichen zu wollen.

Einfach präsent sein mit dem, was ist, und es wahrnehmen, leicht und frei; für die Menschen da sein, die einem am Herzen liegen. Die eigenen Gefühle bewusst wahrnehmen. Geht das, ist das erlaubt? Reicht das? Und in schwierigen Momenten sich darauf besinnen, was wirklich wichtig ist. Im Herzen bleiben. Oft sage ich: »Himmel hilf.« Das ist so ein Spruch, aber er hat jetzt an Bedeutung gewonnen.

Am Ende der zwei Monate läuft alles auf die Liebe hinaus. Die Liebe nicht in ihrer romantischen Form, sondern die Liebe zum Leben an sich, die Liebe als Haltung in allem, was ich tue, denke, wünsche, fühle – auch die Liebe zu mir selbst, wenn ich nicht zufrieden bin damit, wie ich mich verhalte, fühle, denke, wünsche. Und mich selbst nicht so ernst zu nehmen, einen größeren Zusammenhang zu sehen, zu spüren.

Ich schaue in meine Aufzeichnungen, lese die Texte, die mir mitgegeben wurden für den Weg und finde: »Gott ist gegenwärtig in der geheimen Kammer des Herzens.« Ich bleibe auch bei einem Zitat von Pir Vilayat Khan hängen: »Wir erwachen aus unserem Standpunkt und haben Zutritt zum Denken Gottes – und erkennen dadurch, dass wir das göttliche Wesen sind. Diese Erkenntnis ist es, die unser Wesen verwandelt ...«

Ich erkenne, dass ich in Bezug auf »Gott« viel mehr geprägt war von Erziehung und Gesellschaft, als ich mir jemals bewusst gemacht habe, und dass es erst einmal ein ganzes Stück Arbeit ist, sich davon zu befreien.

Es ist eine zarte, spürbare Ahnung davon entstanden, dass ich »begleitet« werde, dass »*etwas*« einen Sinn ergibt – manchmal mehr, manchmal weniger, manchmal erst im Nachhinein erkennbar.

Rückschau etwa drei Monate später: Das Experiment wirkt nach. Manchmal gibt es so etwas wie eine Erinnerung – ein »Glockenschlag«, da war doch was ... wenn ich besonders gestresst bin oder merke, dass die innere Qualität in meinem Leben verblasst, dann verbinde ich mich wieder mit dieser Energie.

Was hat sich verändert? Das »Wesentliche« ist mir bewusster geworden und lässt mich manchmal gelassener werden, mich schneller besinnen.

Ich würde es gerne später einmal wiederholen, um dann zu schauen, was anders ist, vielleicht auch tiefer möglich ist nach der ersten Erfahrung.

Christians Bericht

Ich habe alle meine Texte selbst gewählt (jedoch durch die vorgeschlagenen Texte angeregt und inspiriert) und bin eine Minimalverpflichtung (ohne besonderen Zeitaufwand) eingegangen, die in meinem Vorsatz zum Ausdruck kommt. Das Ganze habe ich als Bereicherung empfunden und empfinde es noch so, da dieses Projekt Leben ist und sich gut in meine anderen Themen einfügt.

Definition: (Für mich ist Gott ...)
Gott ist die Liebe. Der Weg zur Vergebung.
Ich öffne mich dafür und für meine eigene Göttlichkeit.

Vorsatz: Ab heute will ich jeden Morgen und Abend in mir bewegen, wie ich mich für Gott in meinem Denken, in meinem Fühlen und in meinem Handeln öffnen kann.

Leitsatz: Lieben bedeutet, frei von Urteilen zu sein.

Verlauf des Experiments: Definition und Leitsatz habe ich mehrmals am Morgen oder Abend wiederholt und wirken lassen. (Es gab auch Tage, an denen ich es vergaß). Dadurch entstand manchmal ein Gefühl von Sanftheit in mir, auch mal Gefühle von Ruhe und Frieden. Einige Male, als ich über mir nahestehende Menschen nachdachte und urteilen wollte, wurde mir dies bewusst und ich konnte es lassen. Dabei entstand ein gutes Gefühl oder, besser ausgedrückt, ein Gefühl der Gelassenheit in mir. Ich habe den Eindruck, dass es mir jetzt besser gelingt, das Urteilen bleiben zu lassen.

Drei Monate nach Abschluss auf Nachfrage: Wirkt das Experiment nach?
Ja, das, was ich als Thema gewählt habe, beschäftigt mich weiter und es läuft auch von selber weiter.

Francis' Bericht

Als Motivation fand ich hauptsächlich Liebe, vor allem zu Kindern, auch zu mir selber als Kind. Und die Sehnsucht, *wissen* zu wollen und zu *sein* (das Einssein mit Gott zu finden). Sowie eine Angst, den »Zug zu verpassen«. Ich widmete meine Übung Hazrat Inayat Khan, meiner Frau und Shiva.

Ich untersuchte, was in mir passiert, wenn ich mir die Frage stelle, wer oder was Gott ist und ob es ihn überhaupt gibt. Und: Wer bin ich, wenn er sich in mir manifestiert hat?

Als Gefühle tauchten auf: Ahnungslosigkeit sowie die Sehnsucht und die Hoffnung, mit Gott in Kontakt zu treten. Gefolgt von dem Gedanken und Gefühl, es sei zwecklos, das zu versuchen.

Nachdem ich mein Herz für alle diese Gefühle aufgemacht hatte, entstand ein Zustand von Neutralität. Und die Bereitschaft, auf dieses Ziel hinzuarbeiten.

Wer ist Gott? Wie kann ich Gott einladen, ich kenne ihn nicht und weiß nicht, wie er aussieht. Aber wenn ich sehe, wie Symbole auf uns wirken, wie Worte Wirkung auf uns haben, einfach weil sie ins kollektive Unterbewusstsein eingeprägt sind, muss auch Gott darin anwesend und auffindbar sein.

Ich fand: Gott ist für mich jeder Moment. In jedem Augenblick, da ich bewusst bin, kann ich in allem Gott erkennen. Wie er sich manifestiert im Leben und im Tod. In der blühenden Natur und in der sterbenden Natur. In beiden gleichzeitig. Dann kam ein Moment, da ich mir keine Fragen mehr stellte, ein Augenblick von kosmischem Dasein, von erfüllter Glückseligkeit.

Das Ritual: Liegt mir nicht so. Mir ist alles ein Ritual. Jeden Moment kann ich aufwachen und mich anschließen. Aber ich zünde eine Kerze an und stelle mir Shiva vor. Das ist mir am einfachsten zugänglich.

Vorsatz: Beim Spazierengehen Gott einbeziehen.

Bei der Durchführung merke ich: Im Kontakt mit der Natur und Tieren fällt mir das leicht. Ich komme sofort zur Ruhe und fühle mich Gott näher.

Im Kontakt mit Menschen ist das für mich schwieriger. Im Weg stehen all die Hemmungen – meine eigenen und die, die ich in anderen bemerke, all die Emotionen. Wenn ich Gott einbeziehe in die Begegnung mit erwachsenen Menschen, kommt bei mir oft ein Gefühl von Nichtverstehen auf, dann auch wieder Verstehen, Demut, manchmal Groll, Gleichgültigkeit ... Aber wenn ich jemanden treffe, der blüht, wie es hauptsächlich bei Kindern der Fall ist, dann erzeugt das sofort ein Gefühl von Entzücken, Berührtheit, Freude, Lebenslust. Aber generell ist es schwieriger, die Übung mit Menschen durchzuführen.

Trotzdem fahre ich fort mit meinem Versuch, Gott in alles einzubeziehen. Nun entdecke ich eine Spaltung. Einerseits gibt es mich, der ich das versuche, und andererseits gibt es den göttlichen Teil in mir. Ich versuche trotzdem, Gott aus meinen Augen schauen zu lassen, wenn ich eine Person anschaue. Zunächst taucht dabei der Gedanke auf, dass ich mich damit über diese Person stelle, verbunden mit Gefühlen wie Mitleid, Verständnis, Mitgefühl. Damit habe ich dann Körperzentrierte Herzensarbeit gemacht.

Zitate: Ein wichtiger Teil des Experiments war für mich die Arbeit mit den Zitaten, die zum Projekt gehören. Ich habe sie mir alle mit der Hand abgeschrieben, um sie mir zu verdeutlichen. Ich fand es wichtig, jedes Zitat lange wiederzukäuen. Am Ende hatte ich alle gut verdaut und verinnerlicht. Ich merkte, dass jedes Zitat, jedes Wort, das ich da las, ein Schritt näher zu Gott ist, weil Gott darin anwesend ist und das Lesen mir viel Licht bringt.[187]

Zu einigen Zitaten kommen mir Gedanken, manche davon notiere ich:

> *»Willst du dich aufmachen, um Uns zu finden, so werden*
> *Wir uns aufmachen, dich zu empfangen.«*

So fühlt es sich auch an – als wäre Gott schon immer da. Nur laufe ich immer daran vorbei.

> *»Ich bin der Weg, die Wahrheit und das Leben.«*

Wenn Jesus sagt: »Ich bin der Weg ...«, könnte auch ich diese Worte aussprechen. In dem Zustand, in dem ich Gott begegne, *bin* ich das.

> *»Wir haben Gott die Macht gegeben, sich durch uns zu*
> *manifestieren.«*

Wenn ich Gott in meinem Herzen erkenne, ihn darin aufblühen lasse, ihm Macht gebe, dann bekomme ich Macht und auch das Gefühl zu existieren.

> *»Wir sind ein Zustand Gottes.«*

Wenn ich bewusst bin, fängt das an, glaubwürdig zu werden.

> *»Gott träumt, er sei ich.«*

Ich bin Gott – unbewusst. Ich werde meiner göttlichen Essenz bewusst.

»Die Andersheit Gottes ist ein gefährliches Konzept.«

Deshalb gibt es auch soviel Extremismus!

»Ach, meine Mutter, wer ist sie ...«

Das All, das Universum ist ja die Mutter, daher leben wir *in* der Mutter.

»Gott liebt seine Gläubigen und rennt hinter ihnen her wie die Kuh hinter ihrem Kalb ...«

Gott war niemals entfernt von mir. Er ist immer da, nur wenn ich in Emotionen und Gedanken verschwunden bin, entferne ich mich von ihm.

Die Zitate, die helfen sollten, den Vorsatz zu finden, sind für mich eine große Hilfe auf dem Weg. Ich merkte, dass mir überhaupt alle Zitate helfen, einen Zugang zu meinem Ziel zu bekommen, wenn ich sie jeden Tag wieder und wieder lese und verinnerliche. Das ganze Projekt ist Neuland für mich. Es ist nicht einfach, sich darin zu bewegen. Es braucht Zeit, sich an diese neue Umgebung zu gewöhnen. Ich lese die Texte jeden Tag wieder und wieder und mache mir bewusst, dass ich wie in einem Retreat bin und beobachte, was sich verändert.

Ein paar Wochen später: Es ist für mich schwierig, mir einzubilden, alles sei Gott, und mich von der Ich-Es-Position in die Ich-Du-Position zu begeben. Das Einfachste für mich ist die Ich-Ich-Position. Das heißt, ich bin eins mit allem, ich bin alles, Gott ist alles, ich inklusive.

Es hat sich etwas verändert. Der Spruch *»Wenn du dich öffnest, werden Wir uns öffnen«* scheint eine Wirkung zu haben. Ich habe gemerkt: Um die Erfahrung Gottes zu verwirklichen, muss ich Gott anziehen wie ein Magnet. Er ist ein Magnet, und in dem Moment, in dem ich mir dessen bewusst bin, werde ich zum anderen Teil des Magneten und wir ziehen einander an. Mit dieser Erfahrung werde ich ruhiger und bewusster, bin mehr im Einklang mit mir selber und mehr im Einklang mit der Umgebung.

Was die Gedanken betrifft, die unwillkürlich auftauchen: Ich habe sie einfach in die Übung einbezogen. Das scheint mir einfacher als sie abzuwehren. Ich habe sie willkommen geheißen und als das wahrgenommen, was sie sind: Gedanken.

Ich merke: Um in der Gottsuche voranzukommen, ist es wichtig, einfach durchzuhalten. Weitermachen. Nicht aufgeben. Immer bereit bleiben. Ich komme in einen Zustand, wo alles eins ist, wo auch Dinge zu mir sprechen und wo, wenn ich an etwas denke, automatisch ein Phänomen in der Außenwelt auftaucht, das meinen Gedanken bestätigt.

Ich merke: Ich bin wie ein Gefäß, das nur ein Zehntel Gott enthält und neun Zehntel Ego und Gedanken. Aber es gibt Momente, in denen 51 Prozent Gott da sind. In diesen Momenten wird alles leichter.

Es hat sich ein Gottvertrauen in mir installiert, ein Gefühl von Gelassenheit, von Vertrauen. Wenn dieser Zustand überwiegt (das ist nicht immer der Fall), erscheint mir alles richtig. Alles erweist sich als richtig und sinnvoll, auch was zu Anfang überhaupt nicht so wirkt. Es hat alles einen Zweck. In schwierigen Momenten, wenn ich beispielsweise wieder Funkstress habe (ich bin elektrosensibel) und es sich lebensgefährlich anfühlt, kann es noch kippen, aber das Vertrauen ist im Hintergrund immer noch vorhanden. Wenn etwas Schlimmes auf meinem Weg geschieht, ist es wie ein Test von Gott. Die Angst ist zwar noch da, aber ich merke: »Ich bin da (sagt Gott), ich prüfe dich. Bist du auch noch da?« Das heißt: Bist du noch bereit – oder fällst du wieder in die Trennung?

Nachbemerkung, wenige Wochen später: Die Übung ist nicht so einfach durchzuhalten, da ich mich oft verliere und nicht richtig den Weg nach Hause zurückfinde. Ab und zu gelingt es mir, Gott wieder einzubeziehen. Aber es ist schwierig. Dennoch, etwas hat sich geändert. Wo ich früher den Weg gesucht habe, spüre ich, dass ich jetzt schon auf dem Weg bin. Ich bin wacher geworden. Etwas in mir ist aufrechter, entschlossener, erwachsener. Auch ist mir aufgefallen, dass mir Dinge deutlicher geworden sind. Es ist, als ob irgendeine Präsenz in mir aus einer anderen Perspektive auf die Dinge schaut. Es ist sehr subtil, aber doch deutlich. Als ob ich eine Tür geöffnet hätte, die offen bleibt.

Ich merke es auch beim Lesen. Wenn ich Gott einbeziehe, erwache ich zum universellen Denken. Ich spüre, dass mir das Denken erleichtert wird, dass ich Sätze/Zitate jetzt besser begreife als am Anfang der Übung. Alles spricht jetzt sehr deutlich zu mir und ich verstehe es schneller. Etwas in mir ist geistig reifer geworden. Wenn ich jemanden anschaue, ist viel mehr Bewusstheit in mir als früher. Die Person erscheint mir lebendiger, wie jemand, der zu Besuch ist auf Planet Erde und hier im Jetzt an etwas teilnimmt. Früher habe ich die Person einfach angeschaut, wie man eine Person eben anschaut, im üblichen Trance-Zustand. Jetzt ist eine neue Wachheit da.

Ich finde es wichtig, die Übung weiterzumachen. Für mich geht das zwar gegen die Gewohnheit. Ich bin es nicht gewohnt, mich jeden Tag hinzusetzen und lange zu meditieren. Aber ich merke, die Mühe lohnt sich. Ich meditiere jetzt lieber, und mir fehlt etwas, wenn ich es nicht tue. Aber ich merke, dass es auch von selber weiterwirkt.

Jeannes Bericht

Was ich nicht ahnte, war, dass dieses Experiment ganz entscheidende Wendungen hinsichtlich meiner Ansichten, meiner Wahrnehmung und meiner Erfahrung nehmen sollte. Es sollte eine Reise werden, auf der ich kräftig durchgeschüttelt wurde, auf der ein großer Halt immer wieder in meinem Herzen zu finden war, dort, wo ich während dieser Zeit Gott am nächsten gekommen bin und tief berührende Erfahrungen gemacht habe.

Was sich im Laufe des Experiments geändert hat, ist mein Bild von Gott. In meiner Vorstellung entsprach Gott eher dem Gottvater meiner Kindheit, der als älterer Mann im Himmel wohnt. Heute sehe ich Gott eher als göttliche Führung in meinem Herzen, der ich mich anvertrauen kann. Wenn ich bete, bete ich heute eher zu Gottvatermutter, binde also den weiblichen Aspekt viel stärker ein.

Verlauf des Experiments: Anfangs lief alles relativ technisch ab mit festgelegten Ritualen und täglichen Tagebucheinträgen. Doch dann verselbstständigte sich das Experiment und bekam eine ganz eigene Dynamik. Ich kam irgendwann an einem Punkt, wo ich den Eindruck hatte, dass die Rituale eher »zufällig« zu mir kamen. Und irgendwann ließ ich das Schreiben sein, da sich die Ereignisse nur so überschlugen, was nun seit fünf Monaten andauert.

Während ich anfangs immer noch schön brav zu einer bestimmten Uhrzeit vor meinem Altar saß, Texte las, Übungen machte, Kerzen anzündete, kamen irgendwann Menschen auf mich zu, die mir zu ganz bestimmten Themen, die mich sehr beschäftigten, Rituale anboten, die ich dann auch so durchführte. Die Herzensarbeit war immer wieder meine Ankerübung, aber dazu kamen weitere Impulse von außen. Einmal wurde ich beispielsweise aufgefordert, tief im Herzen zu beten, Gott mein Problem darzulegen und ihn zu bitten, mir ein Stück davon abzunehmen. Und tatsächlich konnte ich danach einen Trennungsschmerz loslassen, der mir immer zu groß zum Fühlen vorgekommen war. Auffallend oft halfen mir seltsame und sinnvolle Fügungen auf dem Weg weiter. Einmal nahm ich an einem Ritual in der Natur teil und fühlte ich mich stark mit der Natur, der Erde, dem Mond und dem Himmel verbunden. Ganz tief in meinem Herzen war ich mit allem verbunden, besonders mit der Erde und konnte ihre Hingabe an das Sein, den Menschen und das Göttliche deutlich spüren.

Einmal wurde ich auf einen Vortrag aufmerksam gemacht. Es war ein Vortrag über das Herz im Taoismus. Als ich mich eingehender damit beschäftigte, entdeckte ich, dass es ganz tief in meinem Herzen einen Raum gibt, den ich nur zu öffnen brauche und nichts weiter. Ich entdeckte, dass ich mich dort jederzeit mit meiner göttlichen Führung verbinden kann, mit einer Quelle, die mich fortwährend nährt.

Ein großes Thema war Liebe. Ich erkannte, wenn ich mir Liebe in meinem Leben wünsche, muss ich Liebe sein. Auf diese Weise ziehe ich Liebe an. Wenn ich mir die Begegnungen der letzten Monate so anschaue, gab es viele tief berührende Momente mit Menschen, die mir in schwierigen und entscheidenden Situationen unterstützend zur Seite standen, die mich aufgemuntert haben, die mir Trost oder eine Umarmung geschenkt haben. Oft dachte ich, dass Gottvatermutter mir diese Menschen vorbeigeschickt haben muss, denn sie sprachen immer genau das aus, was ich in dem Moment brauchte.

Meine vorrangigen Lebensprobleme haben sich zwar noch nicht gelöst, aber ich bin darin ein großes Stück weitergekommen. Ich habe viele meiner Glaubensmodelle und Muster entdeckt, konnte mich von unwahren Gedanken lösen und die bisher ungefühlten Gefühle fühlen und ins Herz holen.

Ich übte mich darin, mir vorzustellen, dass Gott durch mich in die Gesichter der Menschen schaut, denen ich auf der Straße begegne. Mir fiel auf, dass es zwei sehr unterschiedliche Reaktionen gab. Manche Menschen schauten mich wirklich an, schauten mir sogar lange und tief in die Augen und lächelten, andere ignorierten mich komplett. Bei den Menschen, die mich ansahen und lächelten, ging mir das Herz auf. Ich fühlte mich ihnen in diesem Moment verbunden und dankte ihnen, dass sie mich (also Gott) sahen. Bei den anderen Menschen fühlte ich Schmerz. Es tat mir weh zu sehen, dass sie Gott aus ihrem Leben verbannen und ihn nicht beachten.

Rückschau, ein paar Wochen später: Meine Beziehung zu Gottvatermutter hat sich verstärkt. Sie ist selbstverständlicher geworden.

Mittlerweile sehe ich mich selbst auch nicht mehr so sehr als »Opfer« meines Schicksals, sondern vielmehr als sein Schöpfer: Welchen Gedanken gebe ich Nahrung, was wünsche ich mir zutiefst, wofür bin ich dankbar? Was möchte ich in diesem Leben noch verwirklichen?

Das Experiment in dieser Form ist für mich abgeschlossen. Meine Gottesbeziehung ist ein integraler Bestandteil meines alltäglichen Lebens. Ich halte keine Regeln ein, sondern habe einfach Momente im Laufe des Tages, in denen ich mich an Gott oder den göttlichen Teil in mir erinnere und mit ihm in Verbindung und auch in Dialog trete.

Veränderung? Ich gehe viel bewusster durchs Leben. Ich sehe mehr, erlebe alles intensiver. Ich kann besser spüren, wer mir gut tut und wer nicht. Nicht unerwähnt lassen möchte ich aber, dass ich auch seelischen Schmerz viel intensiver erlebe. Es braucht keine großen Impulse, um große Schmerzen bei mir auszulösen. Doch auch dafür bin ich dankbar, denn ich sehe es als eine Heilungschance.

Kathrins Bericht

Vom ersten Tag des Experiments an fielen mir die Unzulänglichkeiten der Schöpfung auf. Das hat mich anfangs mit Verwunderung erfüllt. Warum erschafft eine angeblich allmächtige Instanz so unvollkommen? Dann habe ich zunehmend Wut bekommen. Nein, wenn es für all diesen Wahnsinn auf dieser Welt einen Schöpfer gibt, dann kann ich keine Dankbarkeit für ihn empfinden. Und will ihn auch nicht anbeten. Ohnehin glaube ich nicht, dass es einen Schöpfer gibt.

Die Evolutionslehre erscheint mir wesentlich glaubwürdiger. Der Evolution kann ich nicht böse sein wegen der verrückten Blüten, die sie getrieben hat. Und alles, was sich da einfach so entwickelt hat, betrachte ich voller Erstaunen, Bewunderung und Dankbarkeit.

Weiterhin habe ich festgestellt: Wenn ich annehme, dass da ein Gott ist, komme ich sehr in Versuchung, die Verantwortung abzugeben. Dann fange ich an zu beten, Gott um etwas zu bitten. Wobei ich nicht den Eindruck habe, damit zu irgendeinem Ergebnis zu kommen. Ich habe auch bemerkt, dass ich versucht bin, an Dingen vorbeizuschauen, weil dafür ja Gott zuständig ist. Die Aufmerksamkeit, die ich in den letzten Jahren durch Körperzentrierte Herzensarbeit mir und anderen Menschen, Lebewesen und Dingen gegenüber entwickelt habe, ist mir da viel sympathischer.

Ich bleibe in meiner Verantwortung, nehme deutlich jede Veränderung in meinem Körper wahr und kann darauf angemessen reagieren. Außerdem habe ich in den letzten Jahren die Erfahrung gemacht, dass die Dinge auf subtile Weise miteinander verbunden zu sein scheinen. Wenn ich ein Problem wirklich gründlich in mir geklärt habe, reagiert mein Umfeld immer passend darauf. Es reagiert auch passend, wenn ich die Dinge nicht kläre. Aber dann passt eben etwas anderes – etwas, was auch sehr ungemütlich sein kann. Es ist für mich ein wunderbares Gefühl, meine Handlungsfähigkeit mehr und mehr zu entdecken. Damit fühle ich mich weder äußeren Umständen noch einer höheren Macht ausgeliefert.

Während einer abschließenden Herzensarbeit ist mir klar geworden, dass ich mich bei meinem Einstieg in das Gott-Projekt mit der Idee, dass es einen Gott gibt, identifiziert hatte. Das war vorher nicht der Fall gewesen. Es war für mich bis dahin völlig offen, ob es einen Gott gibt oder nicht. Durch die Identifikation mit der Gott-Idee war ich auf einmal in schwer zu lösende Verstrickungen geraten. Dies hat mir eine Ahnung davon vermittelt, wie es immer wieder dazu kommt, dass aus religiösem Eifer so viele Grausamkeiten auf dieser Welt geschehen.

Mein Fazit: Manchmal habe ich das Gefühl, dass die Dinge verbunden sind. Manchmal habe ich das Gefühl, dass dem nicht so ist. Ich habe nicht den Eindruck, dass es irgendetwas gibt, das ich als göttlich bezeichnen würde. Nichts, was in mir das Bedürfnis weckt, es anzubeten. Da ist vielleicht die Sehnsucht, dass da doch bitte etwas sein sollte, was. ... Ja was eigentlich?
... mir das Gefühl gibt, behütet zu sein?
... mir das Gefühl gibt, verbunden zu sein?
... mir das Gefühl gibt, in meiner Entwicklung unterstützt zu werden?

Doch wenn ich Herzensarbeit mache, indem ich meine Sehnsüchte fühle, ihnen Raum gebe und zulasse, dass ich das positive Gefühl dahinter entdecke, erübrigt es sich, ein Bittgebet auszusprechen an etwas, das ich nicht kenne, das ich nicht fühle, von dem ich nicht weiß, ob es überhaupt existiert. Und wenn sich eine Sehnsucht erfüllt und ich die Freude in mir aufsteigen fühle, scheint mir das viel machtvoller als jedes Dankgebet. Den Menschen und den Dingen um mich teile ich meine Freude über sie mit, so oft ich das Bedürfnis dazu verspüre. Ist das nicht viel kraftvoller, als Gott zu loben? Was bleibt, und was mich schon viele Jahre begleitet, ist das Gefühl, dass es möglicherweise irgendetwas gibt, das alles verbindet. Aber ich bin weit davon entfernt, dies als Gott zu bezeichnen. Für mich ist es eher so etwas wie eine sehr angenehme physikalische Erscheinung. Wie Wärme. Oder Licht.

Safis Bericht

Mein Gott-Experiment läuft schon seit Langem, doch in der als Übungsphase zu diesem Buch deklarierten Zeit habe ich es verstärkt und intensiviert.

Zur Definition von Gott: Der Gott, der auf dem Grund meiner Psyche als Vorstellung lebt, ist hauptsächlich jemand, den man um Hilfe bittet, wenn man in der Tinte sitzt; jemand, demgegenüber ich ein schlechtes Gewissen habe, wenn ich nicht tue, was ich tun sollte (also meistens). Ansonsten ist er eine ziemlich unklare und auch widersprüchliche Gestalt.

Der Gott, der meinem heutigen Verständnis entspricht, ist eine vielschichtige Realität: das Wesen, dessen Ausdruck das Universum ist; die Präsenz auf dem Grunde meines Herzens; die Intelligenz, die meinen Körper aufgebaut hat und sich in meinen Erkenntnisprozessen einen Weg bahnt; das Ideal, das unserer Seele innewohnt; der Geliebte, der nur lebendig wird, wenn mein Herz offen ist und sich von der lebendigen Präsenz berühren lässt, die ich hinter den Erscheinungen spüre.

Als **Leitsatz** hatte ich mir einen Satz des andalusischen Mystikers Ibn Arabi (13. Jh.) ausgesucht: »Indem ich das göttliche Bewusstsein als den Grund meines Bewusstseins entdecke, verleihe ich Gott eine Art des Seins.«[188]

Als tägliche Praxis habe ich mir keine Extra-Zeit vorgenommen, sondern die Arbeit am vorliegenden Buch als meinen Gott-Prozess.

Den Leitsatz habe ich im Laufe der Zeit vereinfacht. »Durch mein Hiersein verleihe ich Gott eine Art der Existenz.« Der Satz begleitet mich durch die Tage und die Nächte. Seit ich Ibn Arabi in Cordoba in Gestalt einer lebensechten Wachsfigur begegnet bin, berühren mich seine Aussagen besonders.[189]

Ich variiere meine Version des Leitsatzes von Zeit zu Zeit, damit die Aussage in mir lebendig bleibt. »Ich bin die (oder eine) Art und Weise, in der Gott sich selbst eine Art der Existenz verleiht.« Als ich beginne, mir das konkret zu machen, merke ich, dass mir nicht ganz klar ist, warum Gott sich ausgerechnet diese Art und Weise ausgesucht hat. Ich meine, so schwer elektrosensibel zu sein, wie ich es bin, zwanzig, dreißig, vierzig Mal bei Tag und bei Nacht durch grässliches Unwohlsein und Leiden zu gehen und nichts mehr so richtig tun zu können, sich in eine Art wandelndes Wrack zu verwandeln – aber bitte sehr, wenn Er es so wünscht ... mir bleibt ohnehin nichts anderes übrig als zu leben. Viel Herzensarbeit ist nötig zu den Gefühlen, die das auslöst. Und immer wieder zurück zu dem Leitsatz. »Ich bin eine Art und Weise Gottes, sich Existenz zu verleihen.« Im Laufe der Zeit merke ich, dass es gar nicht so sehr darum geht, ob ich leide oder mich des Lebens erfreue, sondern darum, wer und wie ich bin. Man könnte auch sagen: »Ich zu sein ist eine Art und Weise, wie Gott sich Existenz verleiht.« Dabei merke ich, dass »ich zu sein« nicht gleichbedeutend ist mit dem, was ich durchmache; dass das, was ich durchmache, jedoch zu dem beiträgt, wer und wie ich bin. Die Erfahrungen, die ich durchlebe, schmieden »mich«.

Schön gesprochen. Nun untersuche ich diese Behauptung einmal ganz konkret. Auf welche Weise schmiedet mich dieses Leid? Was haben diese Leidensjahre noch bewirkt, außer Gefühlen des Leids, der Wut, Hilflosigkeit, Ohnmacht, Ungerechtigkeit, Resignation, Kapitulation in mir auszulösen? Ich forsche und stelle fest, dass es durchaus positive Resultate gibt.

Ich bin vorsichtiger geworden mit dem, was ich behaupte. Genauer.

Ich bin bescheidener geworden. Fast ein wenig demütig.

Die zigeunernde Lebensweise, welche die Funkflucht uns auferlegt, hat mich gezwungen, von vielen selbst auferlegten Grenzen, Gesetzen, Gewohnheiten Abschied zu nehmen. Bedingungen loszulassen, die ich ans Leben gestellt hatte. »Wenn ich nicht ... bekomme, will ich nicht leben.« Verhältnisse zu akzeptieren, die mir früher unlebbar erschienen wären. Mich von Gegenständen, Beziehungen, Bindungen, Überzeugungen befreien. Auch von Gewohnheiten.

Weiterer Pluspunkt. Ich bin gelassener geworden. Die vielen Situationen der existentiellen Bedrohung, die ich gemeinsam mit meinem Mann durchlebt habe, bis hin zu seinem Fast-Tod, meinem völligen Zusammenbruch und beiderseits vielen Rückfällen, habe ich durchlebt und irgendwie gemeistert.

Es ist mehr Verständnis für andere in mir entstanden. Und, und ...

Nach diesem Erkenntnisprozess mache ich mich an eine Neufassung des Satzes, die der ursprünglichen Formulierung näher kommt: »Indem ich Gott als den Grund meines Bewusstseins erkenne, verleihe ich Ihm eine Art des Seins.« Dieser Satz, so merke ich, führt mich auf die Spur zu Gott. Er wendet mich nach innen, meinem Bewusstsein entgegen und der schweigenden Präsenz, die dahinter steht. Dieser Satz hilft mir weniger durch die alltäglichen Situationen, aber in der Meditation führt er mich tiefer. Und er zeigt mir zu meinem Erstaunen, dass die Frage, ob ich Gott in mir erkenne oder nicht, für Gott wichtig ist.

Etwa nach der Hälfte der Übungszeit hat ein anderer Satz, von Pir Vilayat Khan, eingeschlagen wie eine Bombe: »Immer denken wir von Gott als von einem anderen Wesen; wenn wir nur begreifen könnten, dass wir Gott sind! Es ist nicht einmal so, dass Er durch uns wirkt; Wir sind Er.«[190]

Ich nehme dieses Zitat als zweiten Leitsatz dazu. Ich verkürze es zu: »Wir *sind* Gott.« Er fällt mir oft ein. Ich merke, wie er meine Sichtweise verändert. Wenn ich am Abend ein Mantra singe, merke ich, dass meine Herangehensweise erwachsener wird. Die Gottheit, die ich anrufe, deren Qualitäten der Text beschreibt und die beim Singen auf mich abfärben, ist nicht mehr etwas Entferntes, eine höhere Realität, sondern Teil von uns – von Uns – ebenso wie ich. Die neue Haltung, hervorgerufen durch die neue Perspektive, gibt mir auch mehr Kraft, wenn es darum geht, um Hilfe zu bitten. Was früher eine schüchterne oder verzweifelte Bitte war, bekommt nun den Charakter einer simplen Anforderung. Ich fordere aus einem anderen Teil der Wir-Gemeinschaft, die Gott ist, etwas an, das gebraucht wird.

Manchmal ist mir das Ganze aber zu groß. Dann will ich einfach meinen »lieben Gott« wieder, den ich anbetteln kann wie ein Kind seine Mami. Allerdings fällt mir, nachdem ich das getan habe, immer wieder ein: »Wir *sind* Gott«, und das hilft mir, mit meiner Bitte erwachsener umzugehen.

Der Prozess erstreckt sich über die vielen Monate, in denen ich an diesem Buch arbeite, und findet an drei verschiedenen Wohnorten statt, wird also immer wieder unterbrochen. Nach und nach rückt mein vorrangiges Lebensproblem – das Leiden an der Mobilfunkstrahlung –, obzwar unverändert vorhanden, in den Hintergrund und das Gott-Experiment in den Vordergrund. Es schenkt mir viele Einsichten und winzige Momente der Erleuchtung. »Ich *bin* die göttliche Gegenwart.«

Ich bemerke eine ziemlich große Veränderung in mir, ausgelöst durch den intensiven Gott-Prozess. Es ist, als sei vieles von mir abgefallen, als sei ich erwachsener geworden. Selten sind die Momente, da ich tiefe berührende Erlebnisse habe, was womöglich auch an der bäuerlichen Umgebung liegt. Ich schreibe den letzten Teil dieses Buches in der Lozère, einer Ende-der-Welt-Gegend in Südfrankreich, zwischen Kühen und Schafen. Vorher, hoch oben in den Bergen am Rand der Pyrenäen war die Stimmung erhebender und die Erlebnisse waren tiefer.

Gott ist mir nicht als spürbare Realität im Alltag nah. Aber sobald ich mich sozusagen nach Ihm umschaue, schenkt Er mir einen dieser Momente der Erkenntnis. Das reicht.

Ich bin nicht mehr so intensiv auf der Suche wie vorher, auch nicht mehr nach einer Lösung meiner Probleme. Ich bin mehr da. Es ist spannend. Es ist ein ständig fortschreitender, interessanter Prozess der Entdeckung. Ich bin nicht auf einem Weg, ich *bin* der Weg. Das ist die wunderbare neue Erkenntnis, die ich mitnehme und niemandem in vernünftigen Worten erklären kann.

Ansonsten hat sich nichts verändert, ich friere, wenn es kalt ist, mache bisweilen dumme Fehler und leide weiterhin unter Funkattacken.

Sonyas Bericht

Als Safi mir das Gott-Experiment vorschlug, befand ich mich gerade in einer Phase, in der ich innerlich gegen den Satz rebellierte, den so viele von sich geben: »Wir sind alle eins, alle verbunden. Alle Gott.« Ich konnte das nicht fühlen. Ich fragte mich, ob wohl jene, die das behaupten, nur Angelesenes von sich geben oder ob sie etwas besitzen, das ich nicht habe. Ich wollte dem Mysterium auf die Schliche kommen. Da kam mir das Gott-Projekt gerade recht.

Die schönsten **Einstimmungen auf Gott** sind für mich die von Pir Vilayat Khan. Ich verstehe sie, sie finden Resonanz in mir, wie ich Gott empfinde. Ausgesucht habe ich mir diese: »Liebe ist immer ein Geben seiner selbst, seines ganzen Wesens an ein anderes Wesen; und so gibt sich Gott selber in mich hinein.«[191]

Ich startete das Projekt mit dem **Vorsatz**, Gott als Präsenz in mir wahrzunehmen und ins tägliche Leben mitzunehmen. Mein Ziel war, aus einigen meiner persönlichen Identifikationen zu erwachen und des Heiligen in vielem gewahr zu werden. (Ich erwartete gar nicht, gleich aus *allen* meinen Standpunkten herausgelöst zu werden. Vordringlich ging es mir darum, die Geisteshaltungen aufzudecken, die Erfolg und Geldfluss blockieren.)

Meine tägliche Praxis: Morgens, nachdem ich meine Körperübungen gemacht hatte, hielt ich inne und gab Gott in mir Raum. Ich spürte, wie angenehme Energie mich durchflutete und ausfüllte. Ich fühlte mich lebendig und friedvoll, bat um Schutz und Führung und startete gestärkt und vertrauend in den Tag. Abends ließ ich das tagsüber Erlebte Revue passieren und dankte dafür. Manchmal trat ich auch in einen Dialog, stellte Fragen oder äußerte Bitten. Dies tat ich gern mit dem Gottesbild aus der Kindheit vor Augen. Es spricht sich einfach leichter mit einem »echten« Gegenüber als mit formloser Energie. Ich las in dieser Zeit jeden Abend eine Sequenz aus dem Buch *Ein Kurs in Wundern*. Es wurde zu meiner Bibel. Zum Abschluss formulierte ich stets ein persönliches Gebet und schlief danach ein.

Essenz meiner Übungszeit: Mit Gott in mir empfinde ich mehr Frieden und habe deutlich mehr Geduld mit anderen. Ich kann meine Ansprüche an das Erlebte besser ausbalancieren und entspannter loslassen.

In Gott kann ich eintauchen, was immer auch passiert.

Gott ist meine Sicherheit, mein Halt, meine Rettung und meine Zuflucht, meine Freude.

Selbst in kurzen Momenten kann ich mich anbinden an die Quelle der Energie und Liebe. Es braucht nur ein kurzes Wollen – und schon ist er da. Gott in mir und um mich.

Einzelne Einblicke: Es gab Zeiten der Unsicherheit, in denen etwas zu entscheiden war, und die Grundfrage stellte sich: Bin ich auf dem falschen Dampfer? Ich bat Gott, mir Zeichen zu senden, wenn ich mich im richtigen Fluss bewegte. Und ich erhielt kleine, beglückende, ermunternde Botschaften: ein Papierschnipsel, ein Steinchen, ein Wolkenfetzen, ein Farbklecks, eine Zahlenkombination ... Eine andere Ebene der tiefen Berührung mit Gott ergab sich in Momenten, in denen ich fremden Menschen etwas von mir schenken konnte, angefangen von einem Lächeln bis zu einer kleinen Hilfeleistung, und in ihren Gesichtern ein freudiges Aufblitzen zu sehen war. Wenn mir dies gelang, war ich mit Gott quasi per Du. Ich empfand uns als gutes Team. Es passierte aber leider auch, dass ich mir manches Mal, wo ich selbst eingegriffen oder vorschnell Schlüsse gezogen hatte, im Nachhinein dachte: Hätte ich das doch besser Ihm überlassen ...

Wenn ich mich auf das wahre Wesen oder den göttlichen Kern in den Menschen konzentriere, gelingt es mir leichter, manch unangenehme Schale bei anderen zu ertragen. Wenn ich doch mal meinte, mit einem bestimmten Menschen gehe es mir nicht gut bzw. dies oder jenes hielte ich so nicht mehr aus, passierte bald darauf etwas unerwartet Angenehmes, das meinen Eindruck relativierte.

Ganz konkret gibt Gott mir den Mut, mich beruflich selbständig zu machen und vermeintliche Sicherheiten aufzugeben. Mein Vertrauen in mich und Gottes Führung wächst mit jedem Tag, an dem die Dinge, die anstehen, gelingen. Wenn ich mal einen nicht so guten Tag hatte, unbewusst gewesen war und unbedacht gehandelt hatte, war klar: Hätte ich mal lieber Gott in mein Denken und Tun einbezogen! Manch Enttäuschendes erwies sich oft im Nachhinein als Glück. Es kam einfach besser.

Nachdem ich mit Gott aufgestanden und zu Bett gegangen bin, bin ich zwar nicht schlauer, aber erfüllter. Und ich weiß: Auch Momente des Erwachens, der Präsenz, der Tiefe und Weite und Höhe sind per se nicht haltbar! Es bedarf einer aktiven Handlung: den inneren Schalter anknipsen. Dann kann ich regelrecht den inneren Strom empfinden, der mich mit Energie versorgt, mit Liebe füllt, mich lebendig fühlen lässt, weich macht … und mir ein Strahlen ins Gesicht zaubert.

Ich lese in dieser Zeit auch Safis Buch *Das befreite Herz*. Eines Nachts, als ich nicht schlafen kann und einen seltsamen Schmerz spüre, entdecke ich in mir abgrundtiefes Leid, das meiner Oma und auch meiner Mutter gehörte, deren Gefühle und Haltungen ich unbewusst übernommen habe. Plötzlich verstehe ich vieles an meinem eigenen Verhalten viel besser. Ich öffne mein Herz für die leidvollen Gefühle und gebe sie den beiden Frauen zurück. Danach spüre ich, wie ich förmlich über meine Körperform hinauswachse und in die Weite strahle. Auf eine einfache Weise bin ich mit all dem in Verbindung, was wir uns in den Teilnehmergruppen[192] immer so sehr gewünscht und in der Abschlussrunde oft erlebt hatten: Wahrheit, Freiheit, Liebe, Frieden … Nun sind es keine spirituellen Gedankenblasen mehr, sondern ihr echter Inhalt ist ganz natürlich in mir anwesend, erfüllt mich. Ich bin voller Kraft und Freude, muss herzerfrischend lachen.

Nachtrag: So einfach, wie es gekommen ist, das wundervolle Verbundensein, so einfach ist es auch wieder in den Hintergrund getreten und überdeckt worden vom Alltäglichen, Gewohnten, Konditionierten. Aber jetzt habe ich eine Ahnung davon bekommen, was die Leute meinen, die von Einssein und Verbundenheit reden ... Und ich weiß, wo ich den Schalter dafür finde und wer mir beim Anknipsen helfen kann.

Rückblick zwei Monate später: Ich fühle mich meinen neuen Erkenntnissen und meinem verstärkten Draht zu Gott verpflichtet. Gott erweitert mich durch eine Schwingung, die ich in mir empfinden kann. Wenn ich mich in diese Schwingung einklinke, kann ich mich über mich hinaus in die Welt verströmen oder umgekehrt die Welt in mir empfangen. Gott schafft eine Verbindung, die ich nicht mehr missen mag. Abgeschlossen wird dieses Experiment für mich nie sein. So wie der Raum außerhalb unseres Körperbewusstseins unendlich ist, ist es auch das Gottesbewusstsein. Mich in diese Weiten hinein zu öffnen und sie zu erforschen ist sicherlich eine lebenslange Herausforderung. Das Experiment läuft in gewisser Weise von selbst weiter und mir scheint, dass ich dem Gottesbewusstsein durch mein bewusstes Einklinken in seinen Strom so etwas wie eine Einzugsberechtigung in mich gebe.

Veränderungen? Ich komme schneller in Kontakt mit der Göttlichkeit in mir ... und frage mich auf der anderen Seite umso mehr, warum denn mein Leben so ist, wie es ist ... wenn doch Gott mit am Mischpult sitzt.

Ich würde das Experiment gern einmal wiederholen. Die Übung an sich brachte einen Zugewinn an innerem Erleben und äußerer Wirkung. Ich bekam öfter zu hören, dass ich strahle.

Teil VI

Auf dem Weg

Schritt für Schritt für Schritt

Wenn uns unsere tiefste Innenschau und Suche in eine
bestimmte Richtung führt, warum nehmen wir dann an,
fehlgeleitet zu sein, sobald die Dinge schwierig werden?

Richard Moss[193]

Auch wenn Gott auf der einen Seite das Einfachste ist, was es überhaupt gibt – das Ein-fache selber, der/die/das Eine, das einzige Wesen; die Einheit, die allem zugrunde liegt; uns selbst näher als unsere Nasenspitze – und es somit auch das Natürlichste und Einfachste von der Welt ist, sich mit Gott zu befassen, mit Ihm in Dialog zu treten, zu leben, zu tanzen, zu arbeiten und zu feiern, ist Gott auf der anderen Seite so groß, so komplex, dass es ein aussichtsloses Unterfangen ist, SIE tatsächlich kennenzulernen. Ich meine, schon Paris ist zu groß, um es kennenzulernen, und nun stellen Sie sich vor, wie klein Paris auf unserem Planeten ist und wie klein unser Planet in unserem Sonnensystem und wie klein unser Sonnensystem in unserer Galaxie und wie klein unsere Galaxie in diesem Universum ...

Wir müssen uns mit Spuren Seiner Realität in der Natur, mit Andeutungen Seiner Gegenwart in unserem Fühlen, mit Ahnungen und seltenen Momenten der Begegnung begnügen und im Übrigen einfach leben. Ohnehin, meinte der weise Martin Buber, geht es ja gar nicht darum, dass wir uns mit Gott befas-

271

sen ..., sondern darum, dass wir in dem Wissen um Gott im Hintergrund den Sinn unseres Lebens erfüllen ... »Die Gottesbegegnung widerfährt dem Menschen nicht, auf dass er sich mit Gott befasse, sondern auf dass er den Sinn an der Welt bewähre. Alle Offenbarung ist Berufung und Sendung ...« Jedoch, der Mensch, schreibt er weiter, ist oft weniger an der Verwirklichung in der Welt interessiert als daran, sich zu Gott umzuschauen und sich mit ihm zu befassen, »von Gott als von einem Es zu wissen glauben und von ihm reden ... Im Ausgesandtsein bleibt Gott dir Gegenwart, der in der Sendung wandelnde hat Gott stets vor sich: je treuer die Erfüllung, um so stärker und stetiger die Nähe; befassen kann er sich freilich mit Gott nicht, aber unterreden kann er sich mit ihm.«[194]

Leichter gesagt als getan ...

Es fällt mir leicht, meine Intuition, mein inneres Wissen sprechen zu lassen und schöne, zugleich plausible und überraschende Aussagen über Gott zu machen – und wenn die New-Age-Literatur anschaue, stelle ich fest, dass es vielen so geht. Satsang, Channelling, intuitives Wissen, Aussagen über Gott und die Welt sprudeln nur so hervor. Aber es ist etwas anderes, das, was meine Intuition ahnt oder weiß, nicht nur in Worten zu äußern, sondern auch zu verwirklichen. Das bedeutet, dass ich mein intuitives Wissen zur tatsächlichen Grundlage meines Denkens, Fühlens und Handelns mache. Dass ich im Einklang mit meiner höchsten Intuition lebe, so dass diese schließlich zur gelebten Wahrheit wird. »Mache Gott zur Wirklichkeit und Er wird dich zur Wahrheit machen«, sagt Hazrat Inayat Khan.[195]

Schließlich darf es nicht bedeuten, dass diese Art zu leben eine permanente Anstrengung ist, in der ich meine wahren Gedanken und Gefühle unterdrücke und ohne es zu merken scheinheilig werde. Mein intuitives Wissen – Gott ist eins, Gott ist alles – muss auf eine natürliche Weise Realität für mich sein, sonst basiert alles auf einer Lüge. Dahin zu gelangen, ist alles andere als einfach. Das kann ein langer Weg sein.

Nach dem Experiment

Das Experiment war ein Anfang. Da war die Übung zeitlich begrenzt – und das macht jede Übung intensiver. Für den Rest des Lebens weiterzuüben, das könnte Gefühle der Überforderung, Anstrengung, Erschöpfung zutage fördern (die, bewusst gefühlt und ins Herz geholt, zur Unterstützung auf dem Weg werden können). Die Übung »Leben« ist ja ebenfalls zeitlich begrenzt, nur neigen wir dazu, das zu vergessen. Wir glauben, dass wir alle Zeit der Welt haben, weil wir alle die Tatsache verdrängen, dass dieses Leben jeden Augenblick zu Ende sein kann. Sich daran wieder zu erinnern gleicht einem Erwachen. Plötzlich merkt man, dass Zeit kostbar und dieses Leben eine einzigartige Gelegenheit ist. Daher ist es eine gute Übung, sich von Zeit zu Zeit an den Tod zu erinnern. Carlos Castanedas Lehrer Juan Matus erinnerte seinen Schüler immer wieder daran: *Dieser Tag könnte deine letzte Schlacht auf Erden sein.*[196]
Wenn Sie wüssten, dass Sie diese Woche sterben, was würden Sie am meisten bedauern? Was hätten Sie noch unbedingt tun, erreichen, werden oder erleben wollen? Und warum tun Sie es nicht, was hält Sie davon ab? Ich empfehle, zu diesem Thema Herzensarbeit zu machen. Entdecken Sie die Hindernisse – fast immer Ängste, manchmal aber auch Resignation, Depression oder Müdigkeit – und öffnen Sie Ihr Herz dafür. Graben Sie die Sehnsucht aus, die Sie unter irgendeinem Deckel begraben haben – zum Beispiel in der Annahme, es sei zwecklos sich zu sehnen – und holen Sie sie zurück ins Herz. Allein diese Sehn-

sucht leben zu lassen wird Sie ein Stück lebendiger machen. Manchmal gibt es auch eine entgegengesetzte Sehnsucht, die ebenfalls ins Herz geholt werden möchte. Wenn Sie beispielsweise immer von einer Reise nach Indien geträumt, diesen Traum aber unter »unrealistisch«, »gefährlich« oder »vielleicht später mal« abgelegt haben, könnte es auf der anderen Seite eine Sehnsucht nach Sicherheit oder Geborgenheit geben, die Sie davon abhält, die Reise zu wagen. Im Herzen haben beide Platz und oft ergibt sich eine überraschende Lösung, wenn man zwei einander entgegengesetzte Sehnsüchte ins Herz holt. Bemühen Sie sich auf keinen Fall, diese Lösung mit dem Kopf zu suchen. Versuchen Sie auch nicht, die beiden inneren Kontrahenten durch irgendwelche Argumente miteinander auszusöhnen oder einen Kompromiss zu finden. Fühlen Sie sie einfach ganz bewusst und stellen Sie fest, was sie von Ihrem Herzen brauchen. Die Lösung ist meist nicht dort, wo wir sie suchen.

Sich um die Teile kümmern, die keine Lust auf das Ganze haben

Unserer Sehnsucht nach Gott, nach Erwachen oder Erleuchtung kann auch eine anders geartete, scheinbar entgegengesetzte Sehnsucht gegenüberstehen. Finden Sie sie. Sie wird Ihnen den Weg schwer bis unmöglich machen, wenn Sie weiterhin unbewusst mit ihr identifiziert bleiben oder sie bewusst verdrängen. Wenn Sie sie jedoch in Ihr Herz holen und ihr den Platz geben, der ihr gebührt, wird sie sich als wertvoller Helfer auf dem Weg erweisen.

Ein Beispiel: Maritta sehnt sich nach Erwachen, meditiert und betet, praktiziert fleißig ihre Übungen und liest erweckende Bücher. Trotzdem hat sie den Eindruck, dass nichts passiert. Wenn sie ganz ehrlich ist, hat sie manchmal überhaupt keine

Lust dazu, möchte lieber faulenzen, sinnlose Spiele spielen, einen blöden Spielfilm im Fernsehen anschauen oder einen Krimi lesen. Diese Sehnsucht wird jedoch tapfer in den Hintergrund gekämpft, weil Maritta der Meinung ist, sie stünde dem erhabenen Ziel im Wege. Doch dann fängt sich Maritta eine Grippe ein, und auf einmal kann sie nicht mehr üben und meditieren. Sie muss im Bett liegen und darf nun ihren Krimi konsumieren. Alternative mit Herzensarbeit: Maritta setzt sich hin und konzentriert sich darauf, ihre Sehnsucht nach Erwachen bewusst wahrzunehmen. Aber sie kann sie nicht so richtig fühlen. Was sie fühlt, ist Müdigkeit. Beim Durchprobieren der Herzensschlüssel merkt sie, dass diese Müdigkeit (die immer auch ein Gefühl ist und nicht nur ein Körperzustand!) Erbarmen braucht, Achtung, Anerkennung und Raum. In der Müdigkeit entdeckt sie eine Stimme, die sagt: Ich bin dieses Kämpfens und der ständigen Anstrengung müde. Ich will mich einfach entspannen und es soll alles von selber geschehen. Darin erkennt sie einen Wunsch, eine verdrängte Sehnsucht. Es ist die Sehnsucht nach Entspannung. Sie braucht – das merkt Maritta, als sie sich dieser Sehnsucht zuwendet und sie fühlt – Achtung und Würdigung. Mit diesen Herzensschlüsseln stellt sich ein Aha-Erlebnis ein. In der Entspannung ist Raum für Erleuchtung – also genau das, wonach sie sich gesehnt hat! Wir sind aber noch nicht fertig: Wenn Maritta es hierbei belässt, betrachtet sie »Entspannung« als Tatsache und das bringt sie nicht viel weiter, denn sie kann sich ja eben nicht entspannen. Sie tut also den letzten Schritt, den ich in einem meiner letzten Bücher »den entscheidenden Schritt« genannt habe, und schaut sich auch das Ersehnte bewusst an. Sie schaut sich das Bild an, das mit ihrer Sehnsucht nach Entspannung verbunden ist. Sie sieht sich einfach da sein, ganz entspannt, und nichts tun. Der Körperzustand, der sich dazu einstellt: Es wird leichter in der Herzgegend, als ob da eine Last gesessen hätte, die nun von ihr abgefallen ist. Das Gefühl: Maritta fühlt sich erleichtert, befreit. Befreit, letztlich frei. Sie öffnet ihr Herz für dieses Gefühl von Freiheit. Es will wahrgenommen, mitgenommen, gepflegt werden. Zum Schluss denkt sie wieder an ihr Thema: ihre Sehnsucht nach Erwachen, die spirituelle Disziplin, die Müdigkeit. Und nun lässt sie ganz bewusst das Gefühl von Freiheit in ihrem Herzen sein. Nun entwickelt sich der Weg vor ihrem inneren Auge als eine ganz natürliche, mühelose Angelegenheit, als Weg, auf dem sie einfach das zu tun hat, was es von Augenblick zu Augenblick zu tun gibt – sei es ruhen oder handeln, beten oder schweigen, üben oder faulenzen.

Kannst du nicht gleich mich erfassen, behalte nur Mut,
Triffst du mich nicht an einer Stelle, so suche woanders,
Irgendwo bleib' ich und warte auf dich.

Walt Whitman[197]

Vertrauen

Guten Morgen.
Hier ist Gott.
Ich werde heute alle deine Probleme lösen.
Deine Hilfe brauche ich dabei nicht.[198]

Vertrauen war für mich früher einer der schwierigsten Punkte an der ganzen Sache mit Gott. Gottvertrauen – als etwas ganz Allgemeines, Abstraktes hatte ich damit immer etwas anfangen können, etwa im Sinne von: Gott weiß, was ES bezweckt, daher ist letztlich alles gut und sinnvoll. Aber Gott auf Schritt und Tritt zu vertrauen bis in die kleinsten Angelegenheiten meines Lebens hinein, wie manche es tun, das war mir unmöglich. So vielen Menschen geschieht Schlimmes: Wieso sollte ich davon verschont bleiben? Vor langer Zeit war ich mit einem jungen Mann befreundet, der gerade einige Jahre im Ashram von Sai Baba in Indien verbracht hatte. Er war noch ganz durchdrungen von Meditation und Spiritualität und Baba, in dem er eine Inkarnation Gottes sah. Wir meditierten frühmorgens bei Sonnenaufgang auf einem Hügel und gingen dann durch das hohe Gras barfuß zurück nach Hause. Ich ging langsam, ängstlich, vorsichtig, weil ich nicht wusste, was sich da alles im Gras verbarg und mich möglicherweise beißen würde. Er aber stapfte fröhlich voran, schaute sich manchmal um und rief: »Vertrauen!«

Ich habe oft versucht, diese Art Vertrauen in mir zu erzeugen – vergeblich. Da waren einerseits die Ängste, meine ständigen Begleiter. Vor allem aber war da, stets in mir gegenwärtig, das Wissen, dass andere Menschen auf diesem Planeten Tag für Tag Schreckliches erleiden müssen. Wie kann ich darauf vertrauen, dass mich auf meinem Spaziergang keine Zecke beißt, während woanders Kinder beim Spielen im Freien von Tretminen zerfetzt werden? Und wie viele Menschen haben Gott angerufen und angefleht sie zu beschützen und sind dennoch im Konzentrationslager gelandet, im Krieg umgekommen oder bei einem Autounfall schwer verletzt worden? Wie kann ich mir einbilden, ich sei durch die göttliche Liebe und Aufmerksamkeit geschützt, während unzählige andere ganz offensichtlich nicht unter Gottes Schutz stehen?

Vertrauen in den guten Ausgang meiner persönlichen Angelegenheiten war mir daher versagt. Es blieb mir nur die allerweiteste, grundsätzlichste Form von Vertrauen darauf, dass letztendlich alles irgendwie Sinn macht.

Vertrauen in die Intuition

Aber dann habe ich eine andere Form von Vertrauen in mir entdeckt. Ohne sie gesucht zu haben. Ein Vertrauen, das an Intuition gekoppelt ist. In vielen Situationen habe ich eine Ahnung, eine vage oder deutliche innere Stimme oder eine Gewissheit, die mich vorausfühlen lässt, ob etwas gut geht oder nicht, ob ich bleiben oder weggehen soll und falls Letzteres, wohin. Folge ich dieser Intuition, so stellt sich, wie aufreibend und gefahrvoll die Umstände auch sein mögen, eine innere Gewissheit ein, dass die Entscheidung richtig war und der Ausgang gut sein wird. Dieses Vertrauen war manchmal in Situationen vorhanden, in denen es tatsächlich um Leben und Tod ging und es von größter Wichtigkeit war, die richtige Entscheidung zu treffen. Es gab mir Ruhe und Stärke mitten in der größten Panik.

Es gibt ein passives und ein aktives Vertrauen. Bisher haben wir von passivem Vertrauen geredet. Aktives Vertrauen entspricht dem, was jener Freund, mit dem ich barfuß durchs hohe Gras gegangen war, mich lehren wollte. Sein Vertrauen war nicht von der passiven Art, nicht einfach eine Überzeugung, dass nichts passieren würde. Es war ein aktiver Akt. Ich kann einem Menschen passives Vertrauen entgegenbringen – einfach weil ich naiv, unerfahren oder vertrauensselig bin; weil es mir nicht in den Sinn kommt, dass ein Mensch unehrlich sein könnte, oder weil ich Derartiges einfach ausklammere, aus welchen psychologischen Motiven auch immer. Oder ich bin mir der Tatsache durchaus bewusst, dass jeder in bestimmten Situationen zum Betrüger werden kann, bringe den Menschen aber dennoch aktiv Vertrauen entgegen. Dieses Vertrauen kann in meinem Gegenüber etwas bewirken. Indem uns jemand auf diese Weise vertraut, stärkt er unseren wahrhaftigen Kern, den Teil unseres Wesens, an den sein Vertrauen sich wendet. Wenn uns jemand auf passive Weise vertraut – naiv, unerfahren, vertrauensselig –, könnten wir geneigt sein, sein Vertrauen auszunutzen, wenn es gerade in unserem Interesse zu sein scheint.

Perspektivenwechsel:
Gott ist es, der vertraut

Es gibt aber noch eine andere Dimension des Vertrauens. Vertrauen ist nicht nur eine menschliche Eigenschaft oder Möglichkeit, sondern auch eine göttliche. Unter den 99 Gottesnamen der Sufis, die archetypische Qualitäten wie Liebe, Mitgefühl, Erbarmen, Macht, Schönheit beschreiben, gibt es auch »Vertrauen«. Gott als der, der vertraut. Auf den ersten Blick merkwürdig. In was sollte Er/Sie vertrauen? ES ist doch sowieso vollkommen, vollständig, allwissend – was gibt es da noch zu vertrauen? Aber genau dies könnte ja der Grund für das göttliche Vertrauen sein: ES ist ja alles selbst. Letztlich: Ich bin ja alles selbst. An uns ist es, diese göttliche Eigenschaft des Vertrauens in unserer Persönlichkeit konkret zu machen, zu manifestieren.

Übung – Vertrauen kontemplieren

Denken Sie an Ihr Schicksal – Ihre Vergangenheit, Gegenwart, Zukunft – und sprechen Sie laut aus oder denken Sie deutlich: »Ich vertraue dem Leben.« Spüren Sie in Ihren Körper hinein. Wie fühlt sich das an? Können Sie das Vertrauen auch fühlen? Oder spüren Sie in Ihrem Körper Anspannung, Verkrampfung, Widerstand? Lernen Sie die Gefühle kennen, die mit dem Thema verbunden sind, und öffnen Sie Ihr Herz für sie (siehe Kapitel »Körperzentrierte Herzensarbeit«).

Denken Sie an Ihren Lebenspartner oder eine Person, mit der Sie eine wichtige Beziehung verbindet. Sprechen Sie laut oder denken Sie: »Ich vertraue dir.« Spüren Sie in Ihren Körper hinein und lernen Sie die Gefühle kennen, die dabei auftauchen. Öffnen Sie Ihr Herz für sie.

Denken Sie an Gott, und diesmal nicht nur in Bezug auf Ihr persönliches Schicksal, sondern auf das der gesamten Menschheit und aller Lebewesen auf diesem Planeten, und sprechen Sie laut oder denken Sie: »Ich vertraue.« Wie fühlt sich das an? Welche Gefühle sind damit verbunden? Lernen Sie sie kennen und öffnen Sie Ihr Herz dafür.

Arbeiten Sie auf die gleiche Weise mit allem, was mit dem Thema »Vertrauen« verbunden ist. Beispielsweise können Sie auch an einen Umstand in Ihrem Leben, im Leben eines geliebten Menschen oder in der Welt denken, den Sie nicht akzeptieren können (oder den Sie zwar versucht haben zu akzeptieren, der jedoch immer noch Trauer, Wut, Hilflosigkeit, Unverständnis, Empörung oder andere negative Gefühle in Ihnen auslöst, wenn Sie daran denken). Wenn Sie sich danach sehnen, vertrauen zu können, holen Sie diese Sehnsucht ebenfalls ins Herz. Entdecken Sie den emotionalen Zustand »Vertrauen« als Gefühl und geben Sie ihm einen Platz in Ihrem Herzen, indem Sie die Herzensschlüssel durchprobieren.

Stellen Sie sich Gott vor, der Sie anschaut – als Sein Kind, Sein Geschöpf oder als Teil von Ihm/Ihr – und zu Ihnen sagt: »Ich vertraue dir.« Wie fühlt sich das an? Welche Gefühle löst das aus? Lernen Sie sie kennen und öffnen Sie Ihr Herz dafür.

Machen Sie sich mit der Idee vertraut, dass Vertrauen nicht nur eine menschliche Qualität ist, sondern auch eine göttliche. Somit ist sie wie jede göttliche Qualität latent in Ihnen angelegt, als mögliche Fähigkeit, die mehr oder weniger oder fast überhaupt nicht ausgeprägt ist (etwas Vertrauen gibt es immer, sonst könnten wir keinen Fahrstuhl benutzen, keine Beziehung eingehen und keine Straße überqueren). Meditieren Sie darüber.

Üben Sie sich darin, in allem auf Ihre innere Stimme – Ihr Gefühl – zu achten und ihr zu folgen.

Lernen Sie auch die andere Seite des Vertrauens kennen: Achten Sie bewusst darauf, was es in Ihnen auslöst, wenn jemand Ihnen Vertrauen entgegenbringt. Oder Misstrauen. Machen Sie Herzensarbeit damit.

Wir selbst sind das einzige, das wir Gott geben können – unser unmittelbarer Zustand, was auch immer wir gerade erleben … Und dabei ist es unwesentlich, ob wir uns gut oder schlecht fühlen, ob wir zufrieden sind oder nicht. Wenn wir mit diesem Verständnis zu leben beginnen, leben wir ein Leben gläubigen Vertrauens.

Richard Moss[199]

Präsenz

*Nach einer anstrengenden Lebensreise, vorzeitig beendet
durch Herzversagen, kommt der gestresste Manager wieder
nach Hause zu Gott.*
»Na, wie war die Reise für dich?«, fragt Gott.
»Wieso fragst du mich, du warst doch dabei?«
»Ich schon«, sagt Gott. »Aber du nicht.«[200]

Ohne Präsenz geht nichts. Wie wollen wir »die göttliche Gegenwart wahrnehmen«, »Gott gegenwärtig machen«, wenn wir
nicht gegenwärtig sind? Und wann sind wir gegenwärtig? Ab
und zu für den Bruchteil einer Sekunde, wenn es ein Loch zwischen zwei Gedanken gibt, eine Pause im Gespräch, die wir
nicht mit Gedanken füllen, eine Unterbrechung im Fernsehprogramm, die wir nutzen, um aus der Hypnose zu erwachen; in
besonderen Momenten, zum Beispiel wenn wir frisch verliebt
sind und den ersten Kuss bekommen, oder bei einem Mannschafts- oder Zweiersport, wo es ganz auf Präsenz ankommt.
Oder wenn ein Vogelschrei, das Rauschen der Bäume, das Plätschern eines Bachs uns aus unseren Gedanken aufweckt und in
die Realität zurückholt. Die übrige Zeit verbringen wir nicht in
der Gegenwart, sondern in Gedanken bei etwas, das geschehen
ist oder noch geschehen wird. Dieses ständige Denken hielt ich
früher für eine falsche Gewohnheit, die es abzuschaffen gilt. Pir

Vilayat Khan jedoch nannte es den »psychischen Verdauungsprozess«, und dadurch wurde mir klar, dass es unsinnig ist, es abschaffen zu wollen, und falsch, es zu verurteilen. Es hat seinen Sinn. Jedoch – die Denkerei muss unsere Aufmerksamkeit nicht absorbieren. Wir müssen uns nicht davon hypnotisieren lassen. Wir können sie wahrnehmen wie ein Radioprogramm, das im Hintergrund läuft, während wir uns auf etwas anderes konzentrieren. Ab und zu merken wir, dass die Gedanken um ein bestimmtes Thema kreisen. An dieser Stelle ist es sinnvoll, sich den Gedanken einmal vollständig und aufmerksam zuzuwenden und Herzensarbeit mit dem Thema zu machen: Wie fühlt es sich an, das zu denken? Wie fühle ich mich dabei? Und was braucht dieses Gefühl von meinem Herzen? Danach hört das zwanghafte Kreisen der Gedanken auf und ich bin wieder präsent – ganz von selbst, ohne Anstrengung. Es ist jedes Mal ein Erwachen, ein Zurückkehren in die Gegenwart. Manchmal reicht es, sich das Gefühl bewusst zu machen, das ganz an der Oberfläche sitzt, und es ins Herz zu holen. Es ist nicht immer notwendig und auch nicht in jeder Situation möglich, sich durch die ganze Palette der Gefühle, die mit dem jeweiligen Thema verbunden sind, hindurchzufühlen. Es ist das Gefühl an der Oberfläche, mit dem wir gerade identifiziert sind, das nach Aufmerksamkeit ruft. Geben wir sie ihm! Dazu müssen wir es bewusst fühlen und als Gefühl erkennen. Dann ist es zufrieden und hört auf uns zu hypnotisieren.

Danach können wir das Denken wieder sich selbst überlassen und uns der Gegenwart widmen. Anstatt unsere Aufmerksamkeit in den kreisenden Gedanken verschwinden zu lassen wie in einem Strudel, können wir aufmerksam bleiben, während die Gedanken kreisen, beziehungsweise uns immer wieder in die Gegenwart zurückholen. Den Atem spüren, den Körper spüren, die Sinneseindrücke wahrnehmen. Unsere Vorstellung von Zeit und unsere »persönliche Geschichte« (so nannte Castaneda unsere Interpretation unseres Schicksals)[201] werden durch unser Denken erzeugt. Sind wir gegenwärtig, spielt das alles keine Rolle. Wir unterbrechen den Fluss der Geschichte, die wir ständig in unseren Gedanken weiterspinnen, und sind da.

Gegenwart hat in unserer Sprache eine doppelte Bedeutung: Gegenwart ist ein Augenblick innerhalb der linearen Zeit – das Jetzt. Aber Gegenwart ist auch die Präsenz, bedeutet hier zu sein (statt abwesend zu sein) – das Hier. Die göttliche Gegenwart finden wir nicht in der Vergangenheit und nicht in der Zukunft, sondern nur in der Gegenwart – eben jetzt.

Die schwierigste Übung von allen – und die wichtigste

Ich stelle immer wieder fest – bei mir selber und bei all meinen Freunden und Seminarteilnehmern –, dass Präsenz die schwierigste Übung ist. Wir wollen alles andere als das. Wir wollen denken. Wir wollen Lösungen finden. Wir wollen über das reden oder grübeln, was gestern und vorgestern passiert ist und morgen geschehen wird. Und wenn wir gerade nicht denken, wollen wir wenigstens »Zerstreuung« und »Ablenkung«. Fernsehen. Im Internet surfen. Mit dem Handy spielen. SMS schicken. Telefonieren. Alles – nur nicht präsent sein.

Das ist mehr als eine Gewohnheit. Es ist eine Sucht. Auf dem Grund jeder Sucht findet man ein schlimmes Gefühl, das man vermeiden will, und ein gutes, das man haben möchte (und im Suchtmittel sucht). Um von der Sucht kuriert zu werden, muss man beide finden, bewusst fühlen, als Gefühle erkennen (statt sie weiterhin für Tatsachen zu halten) und ins Herz holen. Wir können herausfinden, was sich hinter der Sucht, sich ständig durch Gedanken, Unterhaltung, Kommunikation von der Gegenwart abzulenken, verbirgt. Wir können uns fragen: Was will ich dadurch vermeiden? Wovor flüchte ich? Wovon möchte ich abgelenkt werden? Um das wirkliche Gefühl zu finden, suchen Sie die Antwort nicht in Gedanken, sondern machen Herzensarbeit mit der Frage. Hierfür brauchen Sie eine konkrete Vorstellung. Stellen Sie sich vor, das Suchtmittel wäre ab sofort nicht mehr vorhanden, nicht mehr erreichbar oder absolut verboten (was immer Ihnen hilft, das schlimme Gefühl auftauchen zu lassen). Also zum Beispiel: Sie würden ab sofort und für immer darauf verzichten, in Gedanken zu sein, und wären stattdessen immer und überall im Hier und Jetzt präsent. Versetzen Sie sich in diese Vorstellung hinein (machen Sie sich aber vorher klar, dass es nur eine Vorstellung ist und Sie hinterher wieder nach Herzenslust nachdenken dürfen). Wie fühlt sich das körperlich an? Lernen Sie den Körperzustand kennen, indem Sie ihn bewusst erleben. Spüren Sie Ihren Atem dabei und achten Sie dann darauf, wie Sie sich in diesem Zustand fühlen (ungeschützt? allein? ausgeliefert? unsicher? bedroht? überfordert? Oder empfinden Sie Langeweile?). Vielleicht taucht als erstes ein positives Gefühl auf und will gefühlt und ins Herz geholt werden. Aber hören Sie nicht auf, nach dem negativen Gefühl zu forschen, denn es steckt hinter der Sucht. Oder: Was wäre, wenn ich ab sofort auf Telefonate (natürlich nicht die beruflich notwendigen) verzichten würde, wenn ich mein Handy wegwerfe, nicht mehr erreichbar bin und niemanden mehr anrufen kann? (Beispiele dafür, wie sich viele dabei fühlen: abgeschnitten, isoliert, allein, verloren, gelangweilt, bedroht.) Aber schauen Sie tiefer hin, körperzentriert. Wenn Sie danach im Alltag konsequent üben, das entdeckte negative Gefühl wahrzunehmen, ohne mit ihm identifiziert zu sein, wird das Bedürfnis nach dem Suchtmittel (hier: ständig zu denken, zu telefonieren, im Internet zu surfen oder sich anderweitig abzulenken) geringer. Ist es weiterhin ungebrochen vorhanden, müssen Sie noch das gute Gefühl entdecken und ins Herz holen, welches das Suchtmittel Ihnen verschafft. Auf diese Weise können Sie sich Schritt für Schritt durch das Thema »nicht in der Gegenwart sein« hindurchfühlen und den Griff der Sucht nach und nach lockern. Allerdings stecken oft emotionale Muster dahinter, die bereits in frühester Kindheit, zu Beginn des Lebens, gewoben wurden und nicht so leicht ins Bewusstsein zu bringen sind. Ich habe beispielsweise entdeckt, dass hinter meinem zu bestimmten Zeiten herrschenden Bedürfnis, Romane zu lesen oder Spielfilme zu schauen, die Sehnsucht steckt, in einem Zustand der Passivität, Sicherheit und Geborgenheit interessante Erfahrungen zu machen. Und hinter dieser Sehnsucht steckt das Urbedürfnis des Babys, am Körper der Mutter getragen zu werden, während es durch passive Teilnahme am Leben im Schutz der Mutter seine ersten Erfahrungen macht. (Jean Liedloff[202] zufolge ist dies eine Erwartung, mit der jedes Baby evolutionsbedingt auf die Welt kommt.)

Auch solche tief verborgenen Themen können durch Körperzentrierte Herzensarbeit ans Licht gebracht und nach und nach gelockert und aufgelöst werden.

Wir stehen zu viel unter Spannung

Präsent zu sein ist leicht. Eine kurze Erinnerung, und wir sind wieder präsent. Den Atem spüren. Den Körper spüren. Die Sinneseindrücke wahrnehmen. Was es so schwer macht, ist die eben erwähnte Sucht. Diese kann durch Herzensarbeit entmachtet werden. Doch wir brauchen noch mehr. Das ständige Denken und Grübeln erzeugt Spannung. Unser Gehirn, unser Nervensystem steht unter Dauerspannung; hinzu kommt die elektrische Spannung, die all die Geräte erzeugen, mit denen wir uns umgeben – Kühlschrank, Computer, alle Haushalts-

und Bürogeräte strahlen ein elektrisches oder elektromagnetisches Feld aus, Teppichböden laden uns elektrisch auf, Kunstfaserkleidung ebenso. Handy, WLAN und Schnurlostelefone erzeugen starke Felder. Wer so sehr unter Spannung steht, wird nicht so leicht vom ständigen Denken herunterkommen, denn all diese Elektrizität regt offenbar den Teil des Gehirns an, der für diese Art Denken zuständig ist. Was wir brauchen, sind Praktiken, die uns erden, von der überschüssigen Spannung befreien, in den Körper zurückbringen und andere Teile des Gehirns aktivieren. Das kann durch jede körperliche, erdende Aktivität erreicht werden – spazieren, schwimmen, laufen, Sport, Sauna, Tanz, Gymnastik, Gartenarbeit, handwerkliche und künstlerische Arbeit (sofern sie nicht mit Hilfe von Computerprogrammen ausgeführt wird) – und in passiver Form durch Massagen und Bodywork (etwa Shiatsu, Rolfing, Bioenergetische Massagen, Tibetan Pulsing und andere Körpertherapien). Ideal für unseren Zweck ist Tai-Chi. Es wirkt erdend, harmonisierend, entspannend und leert den Kopf. Ähnliches gilt für guten und gesunden Sex. Unter »gesund« verstehe ich, dass Körper, Herz und Seele einbezogen sind, dass es einen wirklichen Energieaustausch gibt und nicht nur eine kurze Entladung und dass er dann praktiziert wird, wenn beide Partner fit sind. Aber auch nichtsexuelle Zärtlichkeiten oder gegenseitige Körper-, Kopf- oder Fußmassagen können helfen, die Aufmerksamkeit aus der Welt des Denkens in den Körper und damit ins Hier und Jetzt zurückzubringen und Körper und Psyche zu entspannen. Um den Körper regelrecht von elektrischer Spannung zu entladen (was heutzutage jeder brauchen kann), hilft Barfußlaufen im feuchten Gras oder auf feuchter Erde (notfalls einfach die Füße nass machen oder einen Fleck Rasen oder Erde mit Wasser begießen), ein Meersalzbad, Waten im Schlamm oder ein Bad im Meer.[203]

Mantras als Medizin

Nichts kann uns den Kopf so gut leeren und uns so leicht auf höhere Ebenen der Wirklichkeit einstimmen wie die bewusste und achtsame Wiederholung heiliger Worte. Sie haben diese Praxis möglicherweise während der Zeit des Experiments genutzt. Falls Sie sie noch nicht kennen, empfehle ich es nachzuholen. Suchen Sie sich ein »Mantra«, das Sie wirklich anspricht – egal aus welcher Tradition (siehe Kapitel »Spirituelle Übungen«), und beginnen Sie mit der Übung an einem Tag, an dem Sie mindestens eine halbe Stunde dafür aufwenden können. Arbeiten Sie mit Uhr (ab und zu ein Auge öffnen und die Uhrzeit anschauen) oder zählen Sie die Wiederholungen überschlägig (mit einem Rosenkranz oder mit den Fingern). Hundert Wiederholungen sind gut für den Anfang. Wenn Sie sich hinsetzen und hundertmal ein Mantra wiederholen, wird das eine Wirkung auf Ihren Körper, Ihre Psyche und Ihren Geist haben, der durch reine Meditation nicht zu erreichen ist (und schon gar nicht durch gedankliche Anstrengungen). Seien Sie sich beim Sprechen der Bedeutung des Mantras bewusst und nehmen Sie alle Gefühle, die dabei auftauchen, bewusst wahr. Beziehen Sie Ihre Probleme, Ihre Sorgen, Ihre Sehnsüchte in die Übung mit ein, lassen Sie sie konkret und lebendig werden. Lassen Sie auf das laute Sprechen ein ausführliches Schweigen folgen, während die Übung nachwirkt. Wenn die Übung Sie inspiriert, nehmen Sie sie mit in Ihr tägliches Leben. Aber nun praktizieren Sie keine hundert Wiederholungen mehr, sondern nur noch einige. Legen Sie die Zahl selber fest.

Präsenz als Gefühl zu entdecken macht es leichter

Die entscheidende Erkenntnis und den Durchbruch zu einer wesentlich leichteren Praktikabilität der Präsenz habe ich durch Körperzentrierte Herzensarbeit gewonnen. Anhand eines Themas, das ich mir anschaute, entdeckte ich Präsenz als Gefühl. Was vorher eine Tatsache zu sein schien, die schwer erreichbar beziehungsweise schwer beizubehalten war – präsent *sein* –, erwies sich nun als Gefühl: Ich *fühlte* mich präsent. In den darauffolgenden Tagen vergaß ich zunächst wieder, dass ich Präsenz als Gefühl entdeckt hatte. Ich versuchte den Zustand als Tatsache wiederherzustellen. Ich erinnerte mich wieder und wieder: »Präsent sein. Präsent sein.« Das war anstrengend. Hinzu kam, dass ich mich jedes Mal wenn ich versuchte, präsent zu *sein*, irgendwie bedroht, ausgesetzt, der Umwelt ausgeliefert fühlte. Dann fiel mir ein, dass ich Präsenz ja als Gefühl wahrnehmen wollte, statt zu versuchen, eine Tatsache daraus zu machen. Statt mich nun zu erinnern, präsent zu sein, erinnerte ich mich nun einfach an das Gefühl und sagte zu mir: »Ich fühle mich präsent.« Es war ein himmelweiter Unterschied. Durch das »Ich fühle mich« war das Ich, das zuvor in der Präsenz (paradoxerweise) verschwunden war, wieder da, und dadurch entstand das Gefühl, geschützt zu sein. Zudem bekam das Ganze eine große Leichtigkeit. (Dies sind Erfahrungen, die nur verstehen kann, wer Körperzentrierte Herzensarbeit praktiziert hat.) Sich einfach nur zu erinnern: »Ich fühle mich präsent« ist eine leichte Übung, die mich sofort in die Präsenz bringt. Der Versuch, präsent zu *sein*, ist anstrengend und ruft Widerstände auf den Plan.

Wenn Sie das für sich realisieren möchten, gehen Sie nicht abstrakt vor, sondern konkret, so wie ich in der obigen Geschichte. Denken Sie an eine bestimmte Situation, in der Sie sich wünschen, präsent zu sein (was Sie bisher nicht geschafft haben). Spüren Sie die Sehnsucht, präsent zu sein. Versetzen Sie sich in das Bild ihrer Erfüllung hinein (Sie haben es erreicht). Wie fühlt sich das körperlich an? Und wie fühlen Sie sich darin? Geben Sie dem Gefühl den Namen, der es wirklich trifft. Präsent? Gegenwärtig? Da? Was braucht dieses Gefühl von Ihrem Herzen? Wahrgenommen werden? Da sein dürfen? Anerkennung? Gefühlt werden? Als Gefühl erkannt werden (statt als Tatsache)? Raum? Pflege?

Ganz gleich wie wir es nennen – »präsent sein«, »sich präsent fühlen«, »im Hier und Jetzt« oder »da sein« –, da wir so daran gewöhnt sind, nicht da zu sein, erfordert es bewusste Übung, sich an das »Dasein« zu erinnern. Das ist die größte Herausforderung auf dem spirituellen Weg und der einzige wirklich schwierige Teil: sich zu erinnern. Ganz gleich wie wir unser Ziel nennen oder welchen Weg wir praktizieren – sich erinnern ist das A und O. Sich an Gott erinnern. Sich an Präsenz erinnern. Sich an Bewusstheit erinnern.

Schaffen Sie sich eine Erinnerungshilfe

Ich finde es hilfreich, sich eine kleine Erinnerungshilfe zu schaffen. Unter »klein« verstehe ich, dass die Erinnerungshilfe sehr simpel und kurz sein soll. Beispielsweise das Wort »atmen«: Es bringt mich zurück zum Atem und damit in den Körper und damit zu den Sinneseindrücken, in die Gegenwart, in die Bewusstheit. Welche Erinnerungshilfe ist für Sie sinnvoll? Es kann auch ein sehr kurzer Satz sein. »Gott ist ich.« »Gott ist anwesend.« »Bewusst fühlen.« Manche Menschen behelfen sich damit, dass sie ihre Erinnerungshilfe auf Zettel schreiben, die sie überall verteilen, wo sie sie immer sehen: im Kalender, am Kühlschrank, auf dem Schreibtisch, beim Klo ... Andere nutzen Signale dafür (eine Empfehlung des Zen-Meisters Thich Nhat

Hanh), prägen sich ein, dass jedes Klingeln des Telefons oder an der Tür oder jedes Glockenläuten oder Hundegebell sie an ihre Übung erinnert. »Atmen.« »Ich fühle mich präsent.« »Gott ist anwesend.« Oder wie auch immer die derzeitige Übung heißt.

Machen Sie Körperzentrierte Herzensarbeit zum Thema Gegenwart. Wie fühlen Sie sich, wenn Sie gegenwärtig sind? Was braucht das Gefühl von Ihrem Herzen? Lernen Sie auch den Zustand kennen, in dem Sie nicht gegenwärtig, sondern abwesend sind, von Gedanken absorbiert. Wie fühlt sich das an? Welche Gefühle verbergen sich darin? Eventuell findet sich ein angenehmes Gefühl (sicher? geschützt? geborgen?) oder auch ein unangenehmes (isoliert, getrennt, einsam, verwirrt ...).

Meditieren Sie über Gegenwart

Wer ist gegenwärtig?
Was bedeutet die »göttliche Gegenwart«? Können Sie sie wahrnehmen? Fühlen? Sich vorstellen? Falls ja, wo stellen Sie sich vor, sie wahrzunehmen? In Ihrem Herzen? In Ihrem Atem?
Können Sie Ihre eigene Gegenwart fühlen?
Wer ist gegenwärtig?
Machen Sie sich mit der Idee vertraut, dass Sie möglicherweise die göttliche Gegenwart *sind.*
Und dass die ganze Kunst darin bestehen könnte, sich das zu *vergegenwärtigen.*

Auch wenn wir Gott alles geben wollten, könnten wir nur die augenblickliche Erfahrung unserer selbst geben. Darum liegt das Tor zu Gott oder zu unserem wirklichen Wesen im Erleben des Augenblicks.

Richard Moss[204]

291

Unglück muss kein Unglück sein

*Ein Pfarrer und ein Busfahrer kommen gleichzeitig in den
Himmel. An der Himmelspforte wird dem Pfarrer der
Eintritt verwehrt, während der Busfahrer mit offenen
Armen aufgenommen wird.*
*Der Pfarrer, der den Busfahrer zufällig kennt, beschwert
sich bei Petrus. »Das muss ein Irrtum sein, Exzellenz«, sagt
er. »Ich habe mein ganzes Leben lang dem Herrn gedient
und Sein Wort gepredigt, und jener Busfahrer dort hat nichts
Besseres getan als zu trinken, zu fluchen und das Leben
seiner Passagiere in Gefahr zu bringen!«*
*»Stimmt schon«, erwidert Petrus. »Aber bei deinen Predigten
sind die Leute eingeschlafen, während auf seinen Busfahrten
alle angefangen haben zu beten!«[205]*

Früher dachte ich, Unglück sei immer auf einen Fehler zurück-
zuführen. Grundsätzlich seien wir dafür geschaffen, glücklich
zu sein. Sind wir es nicht, so müssen wir etwas falsch gemacht
haben.

Diese Betrachtung basiert jedoch auf einem Ursache-Wir-
kung-Denken, bei dem Zeit als Einbahnstraße betrachtet wird,
die von der Vergangenheit in die Zukunft führt. Die Ursache für
die Wirkung, die ich jetzt erlebe, liegt so gesehen in der Vergangenheit. Von Pir Vilayat Khan lernte ich jedoch, dass Zeit auch

umgekehrt betrachtet werden kann – dass es auch eine »Ursache« in der Zukunft gibt, nämlich den Zweck.

Oft erkennen wir im Rückblick, dass ein Ereignis, das wir zunächst für einen unerträglichen, ja unakzeptablen Schicksalsschlag hielten, zu etwas Positivem geführt hat, zu einer unerwarteten Neuentwicklung, einer Änderung in unserem Charakter, einer Öffnung des Herzens, einer neuen Sichtweise, einem erweiterten Horizont ... Und diese positive Entwicklung, die von einem schmerzlichen oder unangenehmen Ereignis herrührte, kann man als den Zweck der Sache betrachten.

Oft brauchen wir ein schmerzhaftes Ereignis, um wach zu werden. Wenn Gott, unser wahres Selbst, etliche Male mit dem Zaunpfahl gewinkt hat und wir es nicht bemerkt haben (oder vorgezogen haben, es nicht zu bemerken), schlägt ES uns vielleicht mal mit dem Zaunpfahl statt nur zu winken ... Ich erlebe jedenfalls immer wieder, dass die meisten Menschen, und ich bin da keine Ausnahme, sich Gott erst zuwenden oder irgendeine Art von spiritueller oder psychologischer Bewusstseinsarbeit beginnen, wenn sie mit dem Rücken zur Wand stehen.

Körperzentrierte Herzensarbeit als Vorbeugung

Herzensarbeit ist eine gute Möglichkeit, sich vor so manchen Unglücksfällen zu schützen, nämlich vor solchen, die man später als Materialisierung bestimmter nicht wahrgenommener Gefühle und Gedanken erkennt. Ein Beispiel: Ich hatte mit einer spirituellen Übung gearbeitet, die ich mir selber ausgesucht hatte und die mit dem Thema Macht zu tun hat. Am nächsten Tag hatte ich einen Unfall beim Spazierengehen. Ich blieb mit dem Fuß in einer Schlinge hängen und fiel auf meine rechte Hand, und zwar in der unseligsten Weise, die Finger waren nach oben abgespreizt. Die Hand war zwar nicht gebrochen, aber schwer verstaucht, so dass ich in den nächsten Tagen nichts tun konnte. Mir wurde bewusst, wie wichtig die rechte Hand ist! Und wie abhängig ich in der Situation von jemandem war, der Dinge für mich verrichtet. Dann kam mir in den Sinn, dass ich am Abend vor dem Unfall diese Übung mit dem Thema Macht gemacht hatte – aber ohne Herzensarbeit. Ich hatte versäumt, mir das Thema »Ohnmacht« bewusst zu machen, das gerade zu jener Zeit in meinem Leben eine große Rolle spielte. Nun war ich gezwungen, die Ohnmacht wahrzunehmen!

Leid kann uns zur Suche anregen

Wir sind hypnotisiert von den Reizen und Angeboten der äußeren Welt, hypnotisiert von unseren Gewohnheiten, von Ablenkungen, von unseren üblichen Gedanken, ganz wie die Menschen in der Film-Trilogie »Matrix«[206], die in einer durch Computersimulation erzeugten Scheinwelt leben, ohne es zu wissen. Solange es uns gut geht in dieser Welt, möchten wir nichts davon wissen, dass es eine Scheinwelt ist. Doch wenn wir eine schwere Enttäuschung erleben oder einen großen Verlust, interessieren wir uns auf einmal doch dafür, ob es nicht eine Alternative gibt, eine echte Welt hinter der Scheinwelt, einen verborgenen Sinn dahinter oder einen Ausweg. Das ist der Moment, in dem der spirituelle Weg beginnt, die Suche nach Gott. In der»Matrix-Trilogie« ziehen die Menschen, die in der realen Welt leben, diejenigen, die sich nach Befreiung aus der Matrix sehnen, aus der Scheinwelt heraus und bringen sie in die wahre Welt.

Zu erwachen bedeutet zu entdecken, dass es andere Interpretationsmöglichkeiten gibt. Und noch andere. Mit jeder neuen Interpretationsmöglichkeit lockert sich die Identifikation mit der vorhergegangenen. Bis wir erkennen, dass es alles Interpretationen sind und nichts davon die Wahrheit ist. Das ist der Augenblick, da wir auf alles Wissen verzichten. »Wissen ist ein Schleier über dem Gewussten«, formuliert es der andalusische Sufi-Mystiker Ibn Arabi poetisch.[207]

Zu erwachen bedeutet, die göttliche Perspektive einzunehmen. Diese verbindet Ursache, Zweck und alle Geschehnisse zu einer Einheit. In gewissen Momenten erreicht uns eine Intuition, die uns einen Einblick in diese Perspektive gewährt. In anderen Momenten gelingt es uns, bewusst in die göttliche Perspektive einzutreten oder zumindest ihr nahezukommen (so wie in den »Dialogen mit Gott« in einem der vorhergehenden Kapitel). Im Übrigen bleibt uns der göttliche Standpunkt ein Mysterium.

Für diese übrigen Zeiten finde ich den Weg des Experimentierens mit einer Hypothese am interessantesten. Wenn der letztendliche Zweck unseres Daseins Gott heißt, die Verwirklichung oder Menschwerdung Gottes und die Vollendung der Entfaltung der göttlichen Eigenschaften (unsere Grundhypothese), dann kann jedes Ereignis, ganz gleich, ob wir es als angenehm oder unangenehm, freudvoll oder schmerzhaft empfinden, diesem Zweck dienen. Die Frage, ob dies nun der Wahrheit entspricht oder nicht, können wir nicht klären, und ich finde sie auch nicht wichtig. Weitaus interessanter finde ich, mit diesem Gedanken wiederum wie mit einer Hypothese zu arbeiten und zu schauen, wie er mich, meine Sichtweise und mein Leben verwandelt. Und ich kann Ihnen versichern: Es ist eine großartige Veränderung. Sie gibt der Aufmerksamkeit eine andere Richtung. Sind wir normalerweise gewöhnt, ganz selbstverständlich bestimmte Ansprüche an das Schicksal zu stellen – Sicherheit, Bequemlichkeit, Vorhersagbarkeit, Verlässlichkeit zu erwarten und wütend oder verbittert zu reagieren, wenn uns ein Strich durch die Rechnung gemacht wird –, so beginnen wir nun wahrzunehmen, in welcher Weise unser Schicksal uns selbst beeinflusst; in welcher Weise wir Ereignisse als Herausforderung nutzen können um uns zu erweitern, um neue Fähigkeiten, Erkenntnisse, Eigenschaften zu entdecken und auszuprobieren. Das erspart uns nicht die negativen Gefühle. Es wäre ein großer Fehler, diese durch die neue Sichtweise zu unterdrücken, nach dem Motto: »Es muss alles in Ordnung sein, denn es dient einem Zweck. Daher hat es keinen Zweck sich aufzuregen oder unglücklich zu sein.« Doch mit der Körperzentrierten Herzensarbeit haben wir ein wunderbares Instrument, um diesen Gefühlen gerecht zu werden, ihnen den Platz zu geben, der ihnen gebührt und zugleich von (der Identifikation mit) ihnen frei zu werden. Frei für den Weg, frei für die Wahrheit, frei für die Gegenwart.

Ich will dich nackt und frei,
nicht schwerbeladen und voller Sorgen
hinter Mir herstolpernd.

Safi Nidiaye [208]

Übung, Disziplin und der Weg zu Gott

Als der alte Matthäus im Himmel ankommt, ist er müde und ein wenig verbittert. Er hat sein Leben damit zugebracht, Gott zu suchen; er hat viermal am Tag lange Gebete gesprochen; er hat Anrufungen aus den heiligen Schriften zitiert; er hat Gott alle seine Probleme und Fragen vorgetragen. Aber er hat nie eine Antwort bekommen.
»Ich habe dich jeden Tag mehrmals angerufen«, sagt er zu Gott. »Wieso habe ich dich nie erreicht?«
»Mir ging es genauso«, sagt Gott. »Ich habe andauernd versucht dich zu erreichen, aber du warst immer besetzt.«[209]

In diesem Buch haben Sie viele Anregungen und Informationen gefunden, die Ihnen hoffentlich nützlich waren, und viele Übungen kennengelernt, die Sie hoffentlich auch praktiziert haben.

Nur dummerweise kann man Gott nicht herbeizwingen. Wozu dann das ganze Üben? Sie haben es vielleicht gemerkt: Das Üben hat seinen Zweck in sich. Der Weg ist das Ziel. Jeder Schritt auf dem Weg *ist* es schon.

»Durch Suchen kann man Gott nicht finden, aber es hat noch nie jemand Gott gefunden, der nicht gesucht hätte«, sagt Hazrat Inayat Khan.[210]

Vielleicht machen wir den Fehler, dass wir uns Gott als etwas vorstellen, das am Ende der Suche steht ... Statt zu erkennen, dass ES in jedem Augenblick gegenwärtig ist.

Für mich ist das Gott-Üben ein Fest. Und wenn es einmal keines ist, weil ich gerade keine Lust dazu habe, lasse ich es lieber bleiben. Wenn ich es lange genug habe bleiben lassen, treibt mich die Sehnsucht wieder zurück zum Fest und mir wird wieder klar, wie flach und fade das Leben ohne die Übung ist.

> *Ist der Geliebte dir fern, so lachst du im Vergessen;*
> *ist Er dir nah, so weinst du vor Freude.*
> *Denn Glanz kommt nur mit der Liebe.*
>
> Safi Nidiaye [211]

Nach und nach wird das ganze Leben zur Übung. Und die »Übungen« sind nicht mehr der eigentliche Weg, sondern die Glanzpunkte auf dem Weg. Schließlich erkenne ich: Ich *bin* der Weg. Dann wieder versuche ich, den Moment der Erkenntnis zu verewigen, und was eine lebendige Erleuchtung war, wird zum krampfhaften Versuch. All das gehört dazu. Sie werden es auch erleben. Und wir sind damit in guter Gesellschaft, denn den großen Mystikern ist es ähnlich ergangen.

Bei allem Üben dürfen wir nicht vergessen, wer der eigentlich Suchende ist – Gott selber.

> *Gott rennt hinter jemandem, der ihn liebt, her wie die Kuh*
> *hinter dem Kalb.*
>
> Ramakrishna[212]

Danksagung

Ganz herzlich bedanke ich mich bei Dr. Karl-Peter Dostal dafür, dass er mir seine Arbeiten über die großen Physiker Albert Einstein und Werner Heisenberg in Bezug auf ihre Einstellung zum Religiösen zur Verfügung gestellt hat sowie für seine kritische Prüfung meiner Zitate von Wissenschaftlern.

Für ihre Mitwirkung am Vorexperiment und ihre aufrichtigen und lebendigen Berichte darüber bedanke ich mich bei Andrea Hellmich, Christian Solmsdorf, Francis Gabriel, Jeanne Surmont, Kathrin Rosemann und Sonya Schreyögg.

Meinem Mann, Francis Gabriel, der mein erster Leser und Lektor war, danke ich für seine Anregungen und seine tatkräftige Unterstützung dieses Projekts.

Jakob Mallmann und seinem Team vom Integral-Verlag danke ich für die viele Ermutigung und Unterstützung und die schöne und kreative Zusammenarbeit.

Meiner Lektorin Dr. Juliane Molitor danke ich für die kritische Prüfung, und für die behutsame, gründliche und bereichernde Bearbeitung meines Manuskripts.

Quellen und Literatur

Beck, Charlotte Joko: *Zen im Alltag*, Goldmann, München 2011

Buber, Martin: *Ich und Du*, Reclam, Leipzig 1995

Bührke, Thomas: *Albert Einstein*, DTV, München 2004

Calaprice, Alice (Hg.): *Einstein sagt – Zitate, Einfälle, Gedanken*, Piper, München 2001

Castaneda, Carlos: *Reise nach Ixtlan*, Fischer TB, Frankfurt 1976

Die Namen Gottes – Weisheit der Sufis (Meditationskarten), Azim Verlag Ernst Grünwald, Weinstadt 1999

Dietrich, Ernst Ludwig: *Außerbiblische Worte Jesu*, Hermann Glock, Wiesbaden 1950

Einstein, Albert: *Mein Weltbild*, Hg. Carl Seelig, Ullstein, Berlin 2005

Hazrat Inayat Khan et al.: *Die Gathas – Weisheit der Sufis*. Verlag Heilbronn, Weinstadt 2011

Hazrat Inayat Khan: *Gayan – Vadan – Nirtan*, Verlag Heilbronn, Weinstadt 1996

Heisenberg, Werner: *Gesammelte Werke*, Hg. Walter Blum, Hans-Peter Dürr und Helmut Rechenberg, Piper, München und Zürich 1984

Heisenberg, Werner: *Ordnung der Wirklichkeit*, Piper, München und Zürich 1989

Heisenberg, Werner: *Der Teil und das Ganze. Gespräche im Umkreis der Atomphysik*, Piper, München 2001

Herneck, Friedrich: *Einstein und sein Weltbild*, Buchverlag Der Morgen, Berlin 1976

Laotse: *Tao Te King*, übersetzt von Richard Wilhelm, DTV, München 2005

Mallasz, Gitta: *Die Antwort der Engel*, Daimon, Einsiedeln 1998

Richard Moss: *Der schwarze Schmetterling*, Ansata, Interlaken 1989

Richard Moss: *Krankheit – Tor zur Wandlung*, Ansata, Interlaken 1988

Mulford, Prentice: *Unfug des Lebens und des Sterbens*, Fischer TB, Frankfurt (1977) 2003

Nidiaye, Safi et. al.: *Führung durch Intuition. Die Wende in Berufspraxis und Management*, Ariston, München 1997

Nidiaye, Safi: *Die Stimme des Herzens. Der Weg zum größten aller Geheimnisse*, Bastei-Lübbe, Köln 2000

Nidiaye, Safi: *Aufwachen und lachen. Der einfache Weg zur Freiheit von Ärger, Angst und Leid*, Allegria, Berlin 2007

Nidiaye, Safi: *Meditationen: für den Morgen – für den Abend*, Knaur, München 2008

Nidiaye, Safi: *Gedichte*. Mit Bildern von Francis Gabriel, BoD, Norderstedt 2008

Nidiaye, Safi: *Intimität. Das Geheimnis des Glücks,* Integral, München 2009

Nidiaye, Safi: *Den Weg des Herzens gehen,* Allegria, Berlin 2010

Nidiaye, Safi: *Der entscheidende Schritt. Das letzte Geheimnis der Wunscherfüllung,* Allegria, Berlin 2011

Nidiaye, Safi: *Das befreite Herz. Von der Wohltat des emotionalen Aufräumens,* Allegria, Berlin 2012

Nitzsche, Friedrich: *Ecce homo. Wie man wird, was man ist,* DTV, München 2005

Paramhansa Yogananda: *Autobiografie eines Yogi,* Hans-Nietsch-Verlag, Freiburg, 2008

Pir Vilayat Khan: *Auf der Suche nach dem verborgenen Schatz. Eine Sufi-Konferenz,* Edition Nada, Bad Bevensen 2011

Pir Vilayat Khan: *Der Ruf des Derwisch,* Synthesis, Essen 1996

Planck, Max: *Vorträge und Erinnerungen,* Wissenschaftliche Buchgesellschaft, Darmstadt 1981

Rilke, Rainer Maria: *Die Aufzeichnungen des Malte Laurids Brigge,* Süddeutsche Zeitung Bibliothek, Band 26, München 2004

Rilke, Rainer Maria: *Florenzer Tagebuch,* Insel-TB, Frankfurt, 1994

Roberts, Jane: *Die Natur der persönlichen Realität. Ein neues Bewusstsein als Quelle der Kreativität,* Kailash, München 2007

Seelig, Carl: *Albert Einstein – Leben und Werk eines Genies unserer Zeit,* Europa, Zürich 1960

Suarès, Carlo: *Bericht über die Rückkehr eines Rabbi namens Jesus. Ein kabbalistisches Evangelium*, Bruno Martin, Südergellersen 2002

Torwesten, Hans: *Ramakrishna. Ein Leben in Ekstase*, Benziger, Zürich 1997

Weinreb, Friedrich: *Zahl Zeichen Wort*, F. Weinreb-Stiftung 2011

Whitman, Walt: *Walt Whitmans Werk in zwei Bänden*, Zweiter Band, S. Fischer, Berlin 1922; im Internet unter: http://www.whitmanarchive.org/published/foreign/german/reisiger2/text.html

Zeland, Vadim: *TransSurfing. Die Realität ist steuerbar*, Silberschnur, Güllesheim 2006

Links zu Vorträgen auf YouTube

Über Buddha und Gott, in Englisch
http://www.youtube.com/watch?v=wL1V1eURgDI

Jim Carrey über Erwachen; in Englisch
https://www.youtube.com/watch?v=pI1KKveHFGA

Bruder David Steindl-Rast, Benediktiner- und Zen-Mönch, in Deutsch
http://www.youtube.com/watch?v=Z_BBaf8HpKA

Pir Vilayat Khan, in Englisch
http://www.youtube.com/watch?v=K08CI7Fcf0c

Pir Vilayat Khan, in Deutsch, leider nur ein kurzer Ausschnitt über Humor
http://www.youtube.com/watch?v=th9dbSva5gI

Pir Zia Inayat Khan, in Englisch
http://www.youtube.com/watch?v=nqjaR4tzI6U

Pir Vilayat Khan dirigiert die Hohe Messe von Bach in Dachau
https://www.youtube.com/results?search_
query=Pir+Vilayat+Khan+Dachau
(ab ca. 14. Minute)

Anmerkungen

1 *Florenzer Tagebuch*, Insel-TB, Frankfurt, 1994, Seite 24.

2 Physik-Nobelpreisträger Werner Heisenberg, Harmonie der Materie, Neue Stadt 10, Nr. 3, S. 32 (1967), veröffentlicht auch in: Werner Heisenberg, *Gesammelte Werke*, hrsg. von Walter Blum, Hans-Peter Dürr und Helmut Rechenberg, Piper, München und Zürich 1984.

3 Heft vom 22. September 2011, Titelschlagzeile: »Oh Gott«.

4 In einem Interview mit der Zeitschrift SPIEGEL (4. Januar 2010)

5 Aus einem 1942 fertiggestellten und von Heisenberg unveröffentlichten Essay, den H. Rechenberg unter dem Titel *Ordnung der Wirklichkeit* herausgab. Werner Heisenberg: *Ordnung der Wirklichkeit*, S. 158.

6 Hypothese, griechisch: Grundlage, Unterlage. Eine nicht bewiesene Behauptung, von der man so tut, als sei sie wahr, um zu beobachten, was dabei herauskommt. Grundlage eines wissenschaftlichen Experiments.

7 Pierre Teilhard de Chardin, Jesuit, Priester, 1881-1955, französischer Theologe und Philosoph.

8 Von Safi Nidiaye Anfang der 1990er-Jahre entwickelte meditative Selbsthilfemethode.

9 Man lese hierzu das äußerst inspirierende und inspirierte Buch *Bericht über die Rückkehr eines Rabbi namens Jesus* von Carlo Suarès, Alterswerk eines sehr weisen Kabbalisten (leider schwer zu lesen).

10 Ich verwende manchmal der Einfachheit halber nur die
    männliche Form. Natürlich meine ich auch weibliche Vorbilder.

11 Von mir zu Beginn der 1990er-Jahre entwickelte Methode der
    Meditation, Selbsterkenntnis und Selbstheilung, die ich in
    zahlreichen Büchern vorgestellt habe und der ich im vorliegen-
    den Buch ein späteres Kapitel widmen werde, da sie ein für
    unser Experiment wichtiges Instrument ist.

12 Gemeint ist der Dichter Rainer Maria Rilke, der sich sein
    Leben lang mit Gott auseinandergesetzt hat. Rilkes Gedichte
    an und über Gott sind der Beweis dafür, dass nur ein Dichter in
    der Lage ist, das Wesen Gottes sprachlich zu erfassen.

13 Paramhansa Yogananda, berühmt geworden durch sein Buch
    Autobiografie eines Yogi.

14 Eine Phase, die ich in dem recht populär gewordenen Buch
    Den Weg des Herzens gehen beschrieben habe.

15 Begriff, der viel in meinem von höheren Ebenen inspirierten
    Buch *Führung durch Intuition* verwendet wird.

16 Stellvertretende Chefredakteurin zweier Avantgarde-Zeit-
    schriften (GALA mit den fünf Journalen – nicht zu verwech-
    seln mit der heutigen »Gala«,) und »Bio«, eine poppige
    Hochglanzzeitschrift, (nicht zu verwechseln mit dem »Bio
    Magazin«). Beide existieren nicht mehr. In einem der fünf
    Journale von GALA hatten wir zu Beginn der 1980er-Jahre
    alternative Medizin, Spiritualität und Esoterik eingeführt und
    schließlich mit »Bio« diesen Themen eine eigene Zeitschrift
    gewidmet. Danach freie Tätigkeit als Fernsehjournalistin.

17 »Retreat«, englisch, (spiritueller) Rückzug, ähnlich wie die
    christliche »Einkehr«. Man verbringt eine gewisse Zeit in
    Abgeschiedenheit und Schweigen und widmet sich von
    morgens bis abends spiritueller Übung, Meditation und Gebet.
    Meine Retreats fanden hauptsächlich im damals von Pir
    Vilayat Khan geleiteten Zenith Camp in den Alpen statt.

18 *Der entscheidende Schritt* (Buchtitel) besteht, verkürzt gesagt,
    darin, sich auch mit dem Positiven, nach dem man sich sehnt,

nicht zu identifizieren, sondern es ebenfalls als Gefühl zu erkennen und ins Herz zu holen. Auf diese Weise entdeckt man das Ziel jeder Sehnsucht im eigenen Innern und realisiert es.

19 Nicht jeder Elektrosensible hat die gleichen Symptome. Der eine reagiert mehr mit Schlafstörungen und Hitzewallungen, der andere mit Herzrhythmusstörungen, Drüsenstörungen, Gehirnblockaden, Nervosität oder Aggressivität oder, wie ich, mit allem gleichzeitig.

20 5-10% der Bevölkerung sind offiziell elektrosensibel; jedoch betrifft die schädliche Wirkung der künstlichen elektromagnetischen Felder jeden, wie längst wissenschaftlich erweisen ist. In Frankreich gibt es eine Studie, nach der man mit einem Anstieg der Elektrosensibilität in den nächsten Jahren auf 50 % der Bevölkerung rechnet! Daher rate ich jedem dringend zu einer sparsamen Nutzung von allem, was kabellos arbeitet, und womöglich, zur Wiederverkabelung (Telefon, Internet). Wer unter Burnout leidet, dem sei dringend geraten, sich wann immer möglich aus dem Funkstress herauszuziehen (zumindest nachts alles abschalten und Urlaub machen in der Natur, entfernt von Mobilfunkantennen).

21 Überhandnehmen von Stress und Aggression, verändertes Aussehen, graue Gesichtsfarbe, Schwärze um die Augen, ein Zunehmen von emotionaler Kälte und Gleichgültigkeit, Verwirrung, eiskalte Hände schon bei jungen Menschen – Zeichen, die wir an uns selber gut kennen als Ergebnis von Stress durch Elektrosmog.

22 *Der Ruf des Derwisch.*

23 Zitiert in Friedrich Herneck: *Einstein und sein Weltbild*, S. 99.

24 Zitiert in Werner Heisenberg: *Ordnung der Wirklichkeit*, S. 51.

25 In Pir Vilayat Khan: *Auf der Suche nach dem verborgenen Schatz* als Kommentar zu einer Aussage des Sufi-Mystikers Ibn Arabi: »Indem ich das göttliche Bewusstsein als den Zeugen auf dem Grund meines Bewusstseins entdecke, verleihe ich Gott eine Art der Erkenntnis.«

26 Zitiert nach Bührke: *Albert Einstein*, S. 95.

27 Amerikanischer Physiker, in *What the Bleep do we know.*

28 Kluge: *Etymologisches Wörterbuch der deutschen Sprache*, De Gruyter, Berlin/Boston, 2011, Seite 368.

29 Laotse: *Tao Te King*, übersetzt von Richard Wilhelm, DTV, München 2005, Seite 9.

30 Formulierung von Seth in den Büchern von Jane Roberts.

31 Formulierung von Prentice Mulford.

32 Formulierung von Hazrat Inayat Khan.

33 Amerikanischer Biologe, Philosoph, Komplexitätsforscher (geb. 1939), in einem Interview mit der Zeitschrift SPIEGEL vom 4. Januar 2010.

34 *Der Ruf des Derwisch*, S. 35.

35 Gitta Mallasz: *Die Antwort der Engel*, Seite 413.

36 1997, gemeinsam mit dem Dirigenten Maarten Ophiel van Leer.

37 Unveröffentlicht, aus einem Brief an seine Schüler.

38 »It is the spirit of all souls which in all ages has been personified as God.« Vol. IX, The God Ideal, Part II, Abschnitt 5, S. 81 (in *The Sufi Message of HIK*).

39 http://www.zeit.de/1969/34/kein-chaos-aus-dem-nicht-wieder-ordnung-wuerde/seite-6

40 Definitionen aus *Lexikon der östlichen Weisheitslehren*, O.W. Barth Verlag, München 1986.

41 Buddha: Siddharta Gautama, 563 v. Chr. – 483 v. Chr. (ca.), erreichte im 35. Lebensjahr das Erwachen.

42 http://bilddung.wordpress.com/2014/03/23/der-frager-bestimmt-die-antwort/

43 Hebräisch ist eine kabbalistische Sprache, d.h. eine Sprache, in der jeder Buchstabe einer Zahl entspricht und jede Zahl eine Bedeutung hat, und zwar nicht eine Bedeutung, die ein findiger Kopf da hineingelegt hat, sondern die tiefere Bedeutung, die man findet, wenn man dem Wesen der Zahl auf den Grund geht. Siehe Friedrich Weinreb: *Zahl, Zeichen, Wort*. Die ganze Bibel ist

ein kabbalistisches Werk, in dem jedem Buchstaben eine Zahl zugeordnet wird, das heißt, es gibt eine verborgene Bedeutung, die nur der kennt, der die Zahlen zu lesen vermag. Daher die »Schriftgelehrten«. Übrigens soll das auch für die Worte von Jesus gelten, der nach Auffassung mancher Forscher ein Großmeister der Kabbala war. Siehe: Carlo Suarès, *Bericht über die Rückkehr eines Rabbi namens Jesus*. Laut Suarès war Jesus ein Großmeister der Kabbala und seine Worte haben ebenfalls diese verborgene Bedeutung. Seine Sprache war Aramäisch und die ist offenbar ebenfalls »kabbalistisch«. Das heißt, jeder Buchstabe hat seine Bedeutung ebenso wie übrigens auch im Arabischen.

44 Eigentlich eine Weiterführung der jüdischen. Jesus, der mit »Rabbi« angesprochen wurde, war ein Lehrer der jüdischen Religion. Seine Absicht war, nach seinen eigenen Worten, nicht, eine neue Religion zu gründen, sondern die alte zu erfüllen.

45 Apokryphes Evangelium, Oxyrynchus (Papyri in Mittelägypten, zwischen 200 und 300 n. Chr., entdeckt 1897, hrsg. v. Grenfell-Hunt, London 1897 und 1904.)Hier nach: Ernst Ludwig Dietrich: *Außerbiblische Worte Jesu*, Hermann Glock Verlag, Wiesbaden 1950, S. 21.

46 Thomas-Evangelium, eine wohl schon im 2. Jh. bekannte Sammlung von Jesus-Sprüchen. Spruch 77.

47 Jesus, kurz vor seinem Tod (Joh. 14,12): »Wahrlich, wahrlich, ich sage euch: Wer an mich glaubt, der wird die Werke auch tun, die ich tue, und wird größere als diese tun, weil ich zu meinem Vater gehe.«

48 Eine »Hadith qudsi«, Ausspruch, der Gott zugeschrieben wird, vom Propheten Mohammed kundgetan, zitiert nach: Pir Vilayat Khan: *Auf der Suche nach dem verborgenen Schatz*, S. 29.

49 Um 1700-1760, bekannt vor allem durch Schriften von Martin Buber. http://www.mystiek.net/mystiek/baal-shem-tov/

50 *Predigten, Traktate, Sprüche*; Kapitel 15 »Von der Erkenntnis Gottes«.

51 *Der Ruf des Derwisch,* S. 111.

52 *Gayan – Vadan – Nirtan,* S. 105.

53 Unter dem Pseudonym Caspar Hauser, »Der Mensch«. http://
www.glanzundelend.de/konstanteseiten/tucholskyuebersicht.htm

54 Meine Eltern waren spirituell, sich also der höheren geistigen
Realität bewusst, glaubten jedoch nicht an einen persönlichen
Gott und hatten sich von den Kirchen losgesagt.

55 *Ecce homo,* Kapitel »Warum ich so klug bin«, Kindle-Ausgabe
(E-Book), Location 245 von 1356.

56 Aus einem im Jahr 2008 veröffentlichten, bis dahin in Privatbe-
sitz befindlichen Brief von Einstein an den jüdischen Religi-
onsphilosophen Erich Gutkind, verfasst am 3. Januar 1954,
http://www.sueddeutsche.de/wissen/einstein-brief-bei-ebay-
die-bibel-ist-eine-sammlung-primitiver-legenden-1.1490997
(9. Oktober 2012).

57 Albert Einstein: *Mein Weltbild,* l. c., S. 7.

58 Das genaue Zitat in Max Planck: *Vorträge und Erinnerungen,*
Wissenschaftliche Buchgesellschaft, Darmstadt 1981, S. 318:
»Wenn also beide, Religion und Naturwissenschaft, zu ihrer
Betätigung des Glaubens an Gott bedürfen, so steht Gott für
die eine am Anfang, für die andere am Ende allen Denkens.«

59 1942 fertiggestellter und von Heisenberg unveröffentlichter
Essay, den H. Rechenberg unter dem Titel *Ordnung der
Wirklichkeit* herausgab. Werner Heisenberg: *Ordnung der
Wirklichkeit,* S. 158.

60 Hazrat Inayat Khan: *The Dutch or New Papers,* Religion II.

61 Hier beziehe ich mich auf das berühmte Werk des jüdischen
Weisen und Philosophen Martin Buber: *Ich und Du.*

62 Hier zit. n. Friedrich Herneck: *Einstein und sein Weltbild,* S. 98.

63 Hier zit. n. Friedrich Herneck, *Einstein und sein Weltbild,* S. 98.

64 *Der Ruf des Derwisch,* S. 52.

65 Journalistin, 1926-2004, manchen meiner LeserInnen bekannt
als Co-Autorin von einigen meiner frühen Bücher, z.B. *Liebe ist
mehr als ein Gefühl.*

66 In *Erwachen,* S. 104.

67 Jesus im Thomas-Evangelium, siehe Anmerkung 45.

68 *Auf der Suche nach dem verlorenen Schatz,* S. 142.

69 *Tao Te King,* übersetzt von Richard Wilhelm, Köln/München, 1978.

70 Zit. n. Alice Calaprice (Hg.): *Einstein sagt – Zitate, Einfälle, Gedanken,* Piper, München 2001, S. 180.

71 Das war in den 1980er- und 1990er-Jahren, in Großstädten und Dörfern.

72 Prentice Mulford: *Unfug des Lebens und des Sterbens,* Essay »Der Gott in dir«, S. 169.

73 Seth-Sitzung 634-635 in: *Die Natur der persönlichen Realität.*

74 Heisenberg gibt hier ein Gespräch mit Niels Bohr und Wolfgang Pauli vom Jahre 1952 aus der Erinnerung wieder. Werner Heisenberg: *Der Teil und das Ganze - Gespräche im Umkreis der Atomphysik,* Piper, München 1969, WHGW CIII; das hier besprochene Kapitel findet sich auch in: H.-P. Dürr, l. c., S. 309.

75 In: *Unfug des Lebens und des Sterbens,* Seite 79 ff.

76 *Gayan – Vadan – Nirtan,* Seite 24.

77 Rabia al'Adawiya, * 714, 717 oder 718 in Basra; † 801 in Basra, Sufi-Mystikerin.

78 *Gayan – Vadan – Nirtan,* S. 228.

79 Meine AltleserInnen mögen mir verzeihen, dass ich ihn schon wieder erzähle.

80 Safi Nidiaye: *Die Stimme des Herzens,* S. 16.

81 Richard Moss: *Der schwarze Schmetterling,* S. 164.

82 Ausführlich dargestellt ist dieser Zusammenhang in *Die Stimme des Herzens.*

83 P.V. Khan: *Auf der Suche nach dem verborgenen Schatz,* S. 131.

84 *Der Ruf des Derwisch,* S. 163.

85 *Der Ruf des Derwisch,* S. 162.

86 Im Kartenset *Die Namen Gottes.*

87   Fragment aus dem Gedicht »Ich fürchte mich so vor der
      Menschen Wort«, Zyklus: »Gebete der Mädchen zu Maria« aus
      Frühe Gedichte, Insel, Frankfurt 1985, Seite 67.

88   Safi Nidiaye: *Intimität.*

89   Das vollständige englische Orignal lautet: »This happiness
      cannot come by merely believing in God. Believing is a process.
      By this process the God within is awakened and made living«
      aus: HIK, *Message*, Volume IX (The Unity of Religious Ideals),
      The God Ideal, The Birth of God.

90   *Gayan – Vadan – Nirtan,* S. 314.

91   *TransSurfing. Die Realität ist steuerbar.*

92   »Al Mumin« ist der entsprechende Gottesname.

93   *Unfug des Lebens und des Sterbens,* S. 158.

94   *Unfug des Lebens und des Sterbens,* S. 28.

95   Aus einem Brief an seine Schüler, gegen Ende seines Lebens
      geschrieben, unveröffentlicht. Vollständiges Zitat: »Mögen
      Sie frei sein. Frei von den Umständen, frei von sich selbst,
      frei von Ihren Gedanken, frei von Ihrem Bewusstsein.
      Mögen Sie emporgehoben werden durch die Gegenwart
      des Geliebten, der auch Ihr eigenes Selbst ist. Begreifen Sie
      Gott als Wir anstelle eines Er. Und lassen Sie die ungeheure
      Weite dieser Vision die Enge Ihres Bewusstseins erschüt-
      tern, verwerfen Sie alle vorgefassten Ideen und optischen
      Täuschungen, so dass Sie eins werden mit der Harmonie
      des Kosmos.«

96   *Auf der Suche nach dem verborgenen Schatz,* S. 142.

97   Engl. *body, breath, phenomena.* Eine ganz kurze Zusammenfas-
      sung der Zen-Meditationstechnik, die ich von Zen-Meister
      Richard Baker Roshi hörte und die mir gefiel, weil sie so kurz
      und bündig ist.

98   *Gayan – Vadan – Nirtan,* S. 16.

99   Safi Nidiaye: *Meditationen für den Morgen, für den Abend,*
      S. 29.

100   Pir Vilayat Khan: *Erwachen,* S. 132.

101 Safi Nidiaye: *Die 10 Herzensschlüssel, Herz öffnen statt Kopf zerbrechen, Aufwachen und lachen, Der entscheidende Schritt, Das befreite Herz, Das Tao des Herzens, Wieder fühlen lernen.*

102 CD »Aufwachen und lachen« sowie die CD, die dem Buch *Die 10 Herzensschlüssel* beigepackt ist.

103 Dieses Erkennen und Zurückgeben von Fremdgefühlen ist ein so wichtiger Reinigungsprozess, dass ich ihm ein Buch gewidmet habe: *Das befreite Herz.* Dort ist beschrieben, wie man Fremdgefühle erkennt, wie man sie zurückgibt und wie man die Gründe entdeckt, aus denen man sie übernommen hat, zusammen mit der Grundübung der Körperzentrieren Herzensarbeit.

104 Sie müssen es nicht für möglich halten, sondern nur prüfen, ob dieser Gedanke etwas in Ihrem Herzen bewegt, also ob die Sehnsucht davon berührt wird.

105 Diesen letzten Schritt habe ich beschrieben in *Der entscheidende Schritt. Das letzte Geheimnis der Wunscherfüllung.*

106 Safi Nidiaye: *Aufwachen und lachen*, S. 15.

107 *Auf der Suche nach dem verborgenen Schatz*, S. 28.

108 Zitiert nach Pir Vilayat Khan: *Auf der Suche nach dem verborgenen Schatz*, S. 176.

109 *Gayan – Vadan – Nirtan*, S. 50.

110 *Gayan – Vadan – Nirtan*, S. 16.

111 *Unfug des Lebens und des Sterbens*, S. 120.

112 *Die Aufzeichnungen des Malte Laurids Brigge*, Seite 21.

113 Dokumentiert in *Den Weg des Herzens gehen.*

114 *Ich und Du*, S. 137.

115 Zitiert aus P.V. Khan: *Auf der Suche nach dem verborgenen Schatz*, S. 95.

116 *Der Ruf des Derwisch*, S. 123.

117 http://cms.sufismus.de/index.php/de/allgemein/der-sinn-des-lebens

118 »It is the spirit of all souls which in all ages has been personified as God.« Vol. IX, The God Ideal, Part II, Abschnitt 5, S. 81 (in *The Sufi Message of HIK*).

119 Apokryphe Evangelien (Oxyrynchus Papyri), *Außerbiblische Worte Jesu*, S. 21.

120 Pseudo-Cyprian, De duobus montib. 13, *Außerbiblische Worte Jesu*, S. 21.

121 *Auf der Suche nach dem verborgenen Schatz*, S. 131.

122 *Der Ruf des Derwisch*, S. 52.

123 *Auf der Suche nach dem verborgenen Schatz*, S. 109.

124 *Der Ruf des Derwisch*, S. 98.

125 *Der Ruf des Derwisch*, S. 54.

126 Carl Seelig: *Albert Einstein – Leben und Werk eines Genies unserer Zeit*, Zürich: Europa 1960, S. 285 f.

127 *Walt Whitmans Werk in zwei Bänden*, Zweiter Band, S. Fischer, Berlin 1922, S. 24; siehe auch: http://www.whitmanarchive.org/published/foreign/german/reisiger2/text.html

128 *Der schwarze Schmetterling*, S. 181.

129 Hans Torwesten, *Ramakrishna*, S. 30.

130 Zitiert nach Pir Vilayat Khan: *Auf der Suche nach dem verborgenen Schatz*, S. 35.

131 *Gedichte*, S. 88.

132 *Der Ruf des Derwisch*, S. 115.

133 Zitiert nach Pir Vilayat Khan: *Auf der Suche nach dem verborgenen Schatz*, S. 118.

134 *Gayan – Vadan – Nirtan*, S. 111.

135 Torwesten: *Ramakrishna*, S. 188.

136 Hazrat Inayat Khan: *Die Gathas*, S. 136.

137 *Krankheit – Tor zur Wandlung*, S. 31.

138 *Gayan – Vadan – Nirtan*, S. 228.

139 *Gayan – Vadan – Nirtan*, S. 201.

140 Torwesten: *Ramakrishna*, S. 174.

141 *Ich und Du*, S. 99.

142 Zitiert nach Pir Vilayat Khan: *Auf der Suche nach dem verborgenen Schatz*, S. 24.

143 Aus einem Brief an seine Schüler.

144 Zitiert nach Pir Vilayat Khan: *Auf der Suche nach dem verborgenen Schatz,* S. 130.

145 *Gayan – Vadan – Nirtan,* S. 226.

146 *Gayan – Vadan – Nirtan,* S. 273.

147 *Den Weg des Herzens gehen,* S. 61.

148 *Die Stimme des Herzens,* S. 190.

149 *Die Stimme des Herzens,* S. 40.

150 *Intimität,* S. 37.

151 *Gayan – Vadan – Nirtan,* S. 15.

152 *Gayan – Vadan – Nirtan,* S. 16.

153 Vertont in dem Lied »Nada te turbe« aus Taizé, spanischer Originaltext: Quien a Dios tiene, nada le falta – Solo Dios basta.

154 Zitiert aus P.V. Khan: *Auf der Suche nach dem verborgenen Schatz,* S. 56.

155 Hier in Worten von Pir Vilayat Khan in: *Auf der Suche nach dem verborgenen Schatz,* S. 104.

156 Nach Pir Vilayat Khan: *Auf der Suche nach dem verborgenen Schatz,* S. 104.

157 *Ich und Du,* S. 159.

158 *Der Ruf des Derwisch,* S. 31.

159 Zitiert nach P.V. Khan: *Auf der Suche nach dem verborgenen Schatz,* S. 176.

160 Torwesten: *Ramakrishna.*

161 Zitiert nach Pir Vilayat Khan: *Auf der Suche nach dem verborgenen Schatz.*

162 Zitiert nach Pir Vilayat Khan: *Auf der Suche nach dem verborgenen Schatz.*

163 *Unfug des Lebens und des Sterbens,* S. 28.

164 *Unfug des Lebens und des Sterbens,* S. 73.

165 *Den Weg des Herzens gehen,* S. 91. Ich hatte um Geld zum Leben und Geld, um meine Schulden zu bezahlen, gebeten, und bekam dann von »oben« den Hinweis: »Ich lehre dich beten«, gefolgt von diesem Text.

166 Torwesten: *Ramakrishna,* S. 47.

167 Abdruck mit freundlicher Genehmigung des Internationalen Sufi-Ordens. Eine ältere Version der deutschen Übersetzung findet sich auch in *Gayan – Vadan – Nirtan*, S. 116.

168 Abdruck mit freundlicher Genehmigung des Internationalen Sufi-Ordens. Eine ältere Version der deutschen Übersetzung findet sich auch in *Gayan – Vadan – Nirtan*, S. 118.

169 Abdruck mit freundlicher Genehmigung des Internationalen Sufi-Ordens. Eine ältere Version der deutschen Übersetzung findet sich auch in *Gayan – Vadan – Nirtan*, S. 121.

170 *Auf der Suche nach dem verborgenen Schatz*, S. 142.

171 Zitiert nach Pir Vilayat Khan: *Auf der Suche nach dem verborgenen Schatz*, S. 104.

172 Zitiert nach Pir Vilayat Khan: *Auf der Suche nach dem verborgenen Schatz*, S. 139.

173 *Den Weg des Herzens gehen*, S. 61.

174 *Meditationen für den Morgen, für den Abend*. In meinen *Meditationen für den Morgen, für den Abend* finden Sie viele Anregungen für Gebet und Meditation, z.B. auf S. 36 f., S. 69 und 70 (Lobgebet), S. 83, S. 92 (Lichtmeditation).

175 Ausführliche Erläuterung im Internet-Lexikon Wikipedia unter »Gayatri-Mantra«.

176 Richtig heißt der Plural in der arabischen Sprache nicht »Wazifas«, sondern »Wazaif«.

177 *Der schwarze Schmetterling*, S. 47.

178 *Gayan – Vadan – Nirtan*, S. 16.

179 *Den Weg des Herzens gehen*, S. 60.

180 *Ich und Du*, S. 96.

181 *Erwachen*, S. 48.

182 *Zen im Alltag*, S. 200.

183 *Zen im Alltag*, S. 208.

184 *Gayan – Vadan – Nirtan*, S. 15.

185 *Der Ruf des Derwisch*, S. 179.

186 *Erwachen*, S. 139.

187 Die vollständige Zitatliste des Vorexperiments finden Sie, wie erwähnt, auf www.safi-nidiaye.de

188 *Auf der Suche nach dem verborgenen Schatz,* S. 104, siehe auch nachfolgende Fußnote.

189 Es gibt vier grundsätzliche Leitgedanken von Ibn Arabi, die ich hier in einer Formulierung von Pir Vilayat Khan vollständig wiedergebe, damit Sie wissen, aus welchem Zusammenhang mein Leitsatz stammt.
»Indem ich das göttliche Bewusstsein als den Zeugen auf dem Grund meines Bewusstseins entdecke, verleihe ich Gott eine Art der Erkenntnis. Indem ich die göttliche Natur, die der Grund meiner Persönlichkeit ist, verwirkliche, verleihe ich Gott eine Art des Seins. Indem ich das göttliche Bewusstsein als den Grund meines Bewusstseins entdecke, verleihe ich Gott eine Art des Seins. Indem ich die göttliche Natur, die der Grund meiner Persönlichkeit ist, verwirkliche, verleihe ich Gott eine Art des Erkennens.« *Auf der Suche nach dem verborgenen Schatz,* S. 104.

190 Pir Vilayat Khan: *Der Ruf des Derwisch,* S. 52.

191 Pir Vilayat Khan: *Der Ruf des Derwisch,* S. 115.

192 Hier bezieht Sonya sich auf die Seminare von Safi Nidiaye.

193 *Der schwarze Schmetterling,* S. 182.

194 Martin Buber: *Ich und Du,* S. 136.

195 *Gayan – Vadan – Nirtan,* S. 16.

196 *Reise nach Ixtlan.* Ich habe das Zitat verkürzt. In den Original-Äußerungen des Lehrers von Carlos Castaneda, Juan Matus, finden Sie diese Aussage mehrere Male, z.B. auf Seite 90 f.: »Unser Tod wartet, und gerade die Handlung, die wir jetzt tun, mag unsere letzte Schlacht auf Erden sein ... Ein Jäger zollt seiner letzten Schlacht die Achtung, die er ihr schuldet.«.

197 Walt Whitman: *Grashalme,* Leipzig 1904, S. 39-104, http://www.zeno.org/nid/20005903386

198 Rundmail im Bekanntenkreis ohne Autorenangabe. (Englischer Originaltext: »Good Morning. This is God. I shall resolve all your problems today. I do not need your help.«)

199   *Der schwarze Schmetterling*, S. 65.

200   Witz von Safi Nidiaye.

201   *Reise nach Ixtlan*, S. 24 ff.

202   *Auf der Suche nach dem verlorenen Glück*, S. 103.

203   Tipp für Elektrosensible oder stark durch Elektrosmog belastete Menschen: Man kann den Körper ebenso erden wie man das elektrische System eines Hauses erdet, nämlich mit einem kupfernen Erdungsstab. Falls Sie einen Garten oder ein Grundstück haben oder einen Platz in der Natur, den Sie nutzen können, kaufen Sie sich im Baumarkt einen Erdungsstab und schlagen ihn in die Erde. Er sollte ca. 1,50 m tief in der Erde stecken – etwas weniger tut's auch, falls er nicht so tief hineingeht. Ein Stück muss oben herausragen. Dieses umfassen Sie mit einer Hand, mit beiden Händen oder mit den Fußzehen täglich oder bei Bedarf einige Minuten lang.

204   *Krankheit – Tor zur Wandlung*, S. 31.

205   Witz von Unbekannt.

206   Mit Keanu Reeves, unbedingt sehenswert, allerdings muss man die ganze Trilogie sehen und mindestens zweimal, bevor man anfängt zu verstehen, worum es geht.

207   Zitiert von Pir Vilayat Khan in: *Auf der Suche nach dem verborgenen Schatz*, S. 150.

208   Safi Nidiaye: *Den Weg des Herzens gehen*, S. 56.

209   Witz von Safi Nidiaye.

210   *The Dutch or New Papers, Religion II*.

211   *Die Stimme des Herzens*, S. 16.

212   Torwesten: *Ramakrishna*, S. 169.